Herbst – Fülle und Erfüllung

Epilog

Anhang

PROLOG

SPIRITUALITÄT – WONACH SUCHEN WIR EIGENTLICH?

Was hilft alles Suchen, wenn wir nicht wissen, wonach? Das Interesse in unserer westlichen Gesellschaft an spirituellen Themen ist groß. Das Angebot an geistigen Lehren und Praktiken ebenfalls. So groß und verwirrend wie ein überquellender orientalischer Basar.

Oft hastet der Suchende daher von einem Thema zum nächsten oder befasst sich mit den unterschiedlichsten Ansätzen gleichzeitig, ohne rechten Plan. So kann es geschehen, dass wir uns für tibetischen Buddhismus erwärmen, beim Sonnengruß schwitzen im wöchentlichen Hatha-Yoga-Kurs und, immer wieder zu Silvester, ein paar Tarotkarten ziehen als Orakel für das neue Jahr. Vielleicht studieren wir aber auch den Maya-Kalender, fahren jeden Mai zum Katholikentag, mit lässig gebundenem lila Halstuch als wehendem Bekenntnis unseres gelebten Christentums, und haben, für alle Fälle, ein Set von Engelkarten mit dabei. Oder darf es doch lieber die Kabbala sein, mit ihren geheimnisvollen Pfaden und Sephiroth? Nicht zu vergessen unsere Praxis der Achtsamkeit im Alltag und ein Leben im „Jetzt"!

Mir ist es selbst so ergangen. Von den östlichen Weisheitslehren bis zu den westlichen Mystikern hatte ich so ziemlich alles durchforstet, bis ich auf die Philosophie der Evolution des Bewusstseins stieß: meinen Ariadnefaden im spirituellen Labyrinth. Sie führte mich weit über alles Verstehen hinaus, mitten ins Herz hinein mit seiner unmittelbaren Erfahrung.

Wenn wir Glück haben und zu den Privilegierten der nördlichen Halbkugel dieses Planeten gehören, haben wir es im mittleren Erwachsenenalter wahrscheinlich zu einer kleinen Familie gebracht, zu einer netten Wohnung oder gar einem Eigenheim, zu mehr oder weniger Befriedigung in Privatleben, Freizeit und Beruf. Die meisten unserer früheren Träume haben wir verwirklicht. Und was nun? Für viele beginnt an diesem Punkt der Sättigung die Suche nach mehr: die Frage nach einem tieferen Sinn des Lebens und einer spirituellen Antwort darauf.

Vermutlich hat der Mensch, solange es ihn gibt, nach einer Erklärung seiner irdischen Existenz gesucht. Und hinter seinem Streben nach Freiheit, Liebe und Glück, nach Unsterblichkeit, ja sogar nach Gott, verbarg sich im Grunde doch nichts anderes als die Suche nach sich selbst. Weil der Mensch schon immer spürte, dass ihm etwas Wesentliches abhandengekommen ist, das, was ihn erst wirklich zum Menschen macht und sein Leben zu einem einzigen, sich offenbarenden Wunder: seine Seele.

Vom Abenteuer, seine Seele wiederzufinden und mit ihr eine völlig neue Welt, die dort beginnt, wo alle Wege enden – davon handelt dieses Buch.

HERBST

ABSCHIEDE UND AUSBLICKE

Das Feuer der Erde

… was aber geschehen ist,
das wirklich Neue, ist dies,
dass eine neue Welt *geboren* ist,
sie wurde *geboren, geboren.*
Nicht die alte wandelt sich um,
eine *neue* Welt ist *geboren.*

(Mirra Alfassa)[1]

Es ist jetzt, Ende Oktober, fast zwei Jahre her, dass ich selbst unvermittelt hineinschlitterte in diese „neue Welt". Zumindest erschien mir die Welt vollkommen neu, wie eine gänzlich andere Realität. Vielleicht aber war es auch nur eine urplötzliche radikal neue Sicht. So schaute ich die Welt rein und klar und unverstellt – in jähem Erwachen. Sah, dass alles frisch ist in jedem Moment, reingewaschen wie das Land nach einem heftigen Gewitterregen. Und dass alles aus sich selbst heraus leuchtet, in ungeahnter Brillanz, im Einklang mit sich und allem anderen.

Seither weiß ich, dass dieses Erwachen zur Wahrheit, zur Wirklichkeit, Ausdruck eines neuen Bewusstseinszustands, einer bestimmten inneren Haltung ist. Einer Haltung der Stille, des Vertrauens und der Offenheit für das Unerwartete, Neue. Mehr braucht es nicht, um sich selbst und Welten zu wandeln.

Die Welt an sich ist in jeder Sekunde jungfräulich, frei und vollkommen. Wir können dies jedoch weder begreifen noch sehen, solange wir alles nur auf uns selbst beziehen, auf unsere kleinen Vorstellungen, Bedürfnisse, Nöte. Nicht unser Körper ist unser Gefängnis, oder gar die Erde, wie so viele religiöse und spirituelle Traditionen glauben, sondern unsere kurzsichtige, verstellte Sicht auf die Welt. Jahrtausendelang hat sie über alles einen dunklen, einen verwirrenden Schleier gewoben: die Illusion des Unvollkommenen und Vergänglichen. Dieser Schleier aber war nur eine Maske, ein Traum, hinter dem der Ewige sich vor unseren unreifen Augen verbarg.

Wach auf! Dann schaust du in dem Augenblick die Göttlichkeit von allem, in dem du deine eigene Göttlichkeit erkennst. Es ist die Sehnsucht, die die Vollkommenheit offenbart. Die Welt selbst ist immer so rein und klar, so schön und wahr wie das Herz ihres Betrachters.

Das Ersehnte, das Neue ist längst schon da – HIER, mitten unter uns! Die alten Zeiten sind definitiv vorüber. Die alte Welt mit ihren starren Regeln und Gesetzen, ihren geistigen und körperlichen Verrenkungen, um Erleuchtung dann irgendwann als „spirituelle Belohnung" zu erlangen.

Wir leben in einer Zeit, in der selbst kleinste Bemühungen und etwas Aufrichtigkeit schon Wunder bewirken können. Denn Aufrichtigkeit richtet auf, verbindet in uns selbst Erde und Himmel. Es braucht keinen Rückzug mehr von der Welt, keine Höhle irgendwo im Himalaya, um dort Jahrzehnte zu meditieren, keine Rituale oder irgendein Brimborium, schon gar kein heiliges. Es reicht, den entscheidenden Schritt *nach innen* zu tun und von dort aus zu leben: wach, wahrhaftig, allgegenwärtig – JETZT, in dieser einen Sekunde mit ihrer unverschnörkelten Wahrheit.

Diesen *einen* Moment gilt es zu erhaschen, dieses innere Tor in die Weite, die Freiheit. Und was *einmal* geschah, kann jederzeit wieder geschehen. Das neue Bewusstsein, die neue Welt senden längst schon ihre Botschaften aus. Dabei sind die Spielregeln des Neuen so völlig anders als alles Bisherige: Es blitzt auf, wann und wo es ihm gefällt. Es ist unberechenbar, schelmisch, kommt und versteckt sich wieder, als wolle es einen necken. Es lacht dir entgegen in tausend klitzekleinen Augenblicken, wie übermütig herabpurzelnde Sonnenstrahlen, wenn für einen Moment der verhangene Himmel aufreißt, oder wie funkelnde Sterne auf dem dunklen Samt der Unendlichkeit.

Das, was da blitzt, ist Feuer – ein Feuer, das im Herzen eines jeden Wesens, im Innersten eines jeden Dinges ruht und glüht. Es ist stets dasselbe: *ein* Feuer, *eine* Substanz, *eine* Gegenwart, die alles, den ganzen Kosmos, durchdringt. Es ist das in der Erde verborgene Licht, ein Feuer, das immer schon brennt. Es heißt so oft, der Mensch sei aus Sternen-*Staub* gemacht, doch in seinem Herzen trägt er Sternen-*Feuer*! Wird man sich dieses Feuers in sich selbst gewahr, geht der ansonsten so schleppende Gang der Evolution schnelleren Schrittes voran – lässt sich in dem Maße beschleunigen, wie es dem Glauben des Menschen entspricht, der sich ihm zur Verfügung stellt, und seiner Bereitschaft, Wunder zuzulassen.

Je bedingungsloser man sich diesem Feuer hingibt, umso machtvoller wird es und formt den Menschen gemäß seiner ureigensten Wahrheit um. Denn es brennt überall: im Innersten der Atome, in der Sonne, den Sternen und in einem jeden von uns. Es ist ein Feuer, das niemals verlöschen kann – göttliches Feuer, ewiges Licht. Es ist das Ur-Licht im Innersten von allem, die größte Macht der Welt, die der Schöpfung schweigend innewohnt. Es ist der Drang zu jeglicher Entwicklung und Evolution, die Sehnsucht, alles zu umfassen, um sich wieder mit allem zu vereinen. Dringt ein Mensch zu diesem Feuer in sich vor, wird er sich in dieser Morgendämmerung seines Herzens nicht nur der Wahrheit seiner selbst, sondern auch der Wahrheit alles anderen gewahr: Er schaut die strahlende Herrlichkeit der wirklichen Welt.

Was im einzelnen Menschen geschieht, geschieht auch im Kollektiv. Denn das Kollektiv ist die Summe der Einzelnen. Wir befinden uns inmitten einer Übergangszeit der Evolution, in der der Mensch ein neues und höheres Bewusstsein aus sich heraus gebiert. Dieses war – als Ausdruck der göttlichen Wirklichkeit – insgeheim immer schon da und wurde von Mystikern aller Zeiten und aller Kulturen erlangt und besungen. Neu hingegen ist, dass diese göttliche Wirklichkeit sich nicht nur im Bewusstsein solch Erleuchteter, sondern ganz konkret hier auf der Erde, im Physischen, manifestiert: als die „*eine* Wirklichkeit" und „Welt der Wahrheit".

Und so zieht mit diesem neuen Bewusstsein eine neue Welt herauf: „*ein neuer Himmel und eine neue Erde*" (Offenbarung 21,1), wie es auch die Bibel verheißt. Offenbaren wird sie sich jedoch nur dem, dessen Seele erwacht, weil die Welt der Wahrheit zugleich das Heimatland der Seele ist. Und für dieses Erwachen braucht es Mut: den Mut, unsere Vorstellung über das Menschsein zu wandeln, unser Bild von der Erde und unser Bild von Gott – vor allem aber uns selbst. Ist das Erwachen doch nicht weniger als unsere Transformation in die Unsterblichkeit hinein.

Materialist und Asket

Betrachtet man die Antworten auf die Frage nach dem Sinn menschlicher Existenz, so gab es im Verlauf der Menschheitsgeschichte und bis heute vor allem zwei völlig gegensätzliche. Die eine Antwort ist der Materialismus, der von der ausschließlichen Wirklichkeit des Materiellen überzeugt ist. Die andere Antwort ist der Asketismus, der nur den reinen Geist für real erklärt und das Leben auf der Erde somit zum puren Inbegriff von Illusion.

Der Materialist hat für seine Argumentation zunächst den scheinbaren Vorteil, sich auf den Beweis der physischen Sinne berufen zu können. Daher brüstet er sich gern damit, nur das zu glauben, was er sehen kann, und nennt dies einen „gesunden Menschenverstand".

Die Wahrnehmung unserer Sinne ist jedoch nur ein winziger Ausschnitt eines immensen Bewusstseins- und Erfahrungsspektrums. Wir Menschen sind, im Vergleich zu manch anderen Mitgeschöpfen dieses Planeten, noch nicht einmal in der Lage, den ultravioletten oder den infraroten Bereich des Lichts zu sehen oder die Frequenzen von Infra- oder Ultraschall zu hören. Daher zeugt die so selbstbewusste Gewissheit des Materialisten eher von einer beachtlichen Ignoranz, denn von wahrer Intelligenz.

Wenn zudem das Auge der Seele, das Auge des Herzens, als das eigentliche Erkenntnisorgan des Menschen, noch geschlossen ist, ist das, was man sehen kann, nicht sonderlich viel. *„Man sieht nur mit dem Herzen gut!"*, wusste schon Saint-Exupérys „Kleiner Prinz".

Auch ist das Leben für den Materialisten durch blinden Zufall bestimmt: ein einmaliges, fragwürdiges Ereignis, das seiner Meinung nach mit dem Tod des Körpers für immer endet und auf das es keine überzeugende Antwort gibt. So haben für ihn weder das Leben an sich noch das Universum, in dem Erde und irdisches Leben eingebettet sind, eine tiefere Bedeutung oder einen höheren Sinn.

Und obwohl der Materialist, als bekennender Atheist, die Materie zu seinem alleinigen „Gott" erklärt, verachtet er die Erde doch. Sie ist einzig zur Befriedigung seiner Wünsche und Begehrlichkeiten da. Für eine Befriedigung, die nicht andauert, weil Endliches nicht zu unendlichem Glück führen kann. Die Lösung des Materialisten ist daher, sich mit unersättlichem Hunger auf alles Weltliche zu stürzen. Und so schlingt und rafft er, um in seinem – vermeintlich einzigen – Leben auszukosten und auszuleben, so viel er nur kann, gemäß dem Motto: „Nach mir die Sintflut!" Mit den katastrophalen Folgen eines solch hemmungslosen Materialismus schlägt sich inzwischen die gesamte Menschheit herum.

Dem Asketen hingegen erscheint nur die Transzendenz erstrebenswert und wahr, der reine „sterile" Geist, der frei ist vom Makel des Lebens: von Geburt und Tod und damit vom Makel des Leides.

Der Asket lehnt alles Irdische und damit die Erde selbst ab, als unwirklich, als Versuchung oder gar als Ort der Verdammnis. Seine Reaktion darauf ist, allem Irdischen zu entsagen, ins Schweigen der Unendlichkeit zu entfliehen, in ein „Nirvana" (sanskrit) jenseits der Schöpfung und dort zu „verwehen".

Diese Flucht beruht auf der Annahme, der Mensch sei nur dazu auf der Welt, um seine leidige Individualität in einem Zustand apersonalen reinen Seins – das dann eher einem Nicht-Sein gleichkäme – auszulöschen. Und ein ganzes, über Milliarden von Jahren hinweg entstandenes Universum diene dem Menschen nur zu *einem* Zweck: als Sprungbrett in jene aseptische Transzendenz.

Damit wäre im Grunde alles individualisierte Leben auf Erden ein einziger tragischer Irrtum.

Eine größere Sinnlosigkeit und Verneinung der Schöpfung ist kaum vorstellbar. Dann hätte man sich erst gar nicht auf die große Reise des Lebens zu begeben brauchen, wenn man sie auf halber Strecke abbricht! Zur Entlastung des Asketen sei jedoch noch angemerkt, dass die Weltflucht vor allem die Antwort der traditionellen spirituellen und religiösen Richtungen auf die Frage des Suchenden war. Sie hielten es anscheinend für unmöglich, die menschliche Natur mit all ihren Begierden, Automatismen und ihrer so sturen Widerspenstigkeit in etwas Höheres zu transformieren. Daher erklärten sie Materie, Erde und Leben gleich ganz als ungöttlich.

Es war, meines Wissens, der große indische Weise und Yogin Sri Aurobindo, der als Erster in geradezu wissenschaftlicher Akribie darlegte, dass Erde, Materie, Leben sehr wohl göttlich sind, womit er sich auf verschiedene indische heilige Schriften, wie den Rig Veda und die Upanishaden, berief.

Auch in der westlichen Mystik war diese Überzeugung bekannt – weshalb sich ein Alchemist darum bemühte, das irdene „Blei" in himmlisches „Gold" zu verwandeln. Es waren jedoch nur wenige, die um dieses große Geheimnis wussten, weshalb man sie auch „Eingeweihte" nannte.

Dabei ist diese Überzeugung vollkommen logisch: Wenn alles Gott ist und Gott der alleinige Ursprung von allem, dann kann alles, was daraus entsteht, ebenfalls nur göttlich sein. Es gibt keine Dualität, keine zwei Welten oder Bewusstseinssphären – materiell *und* spirituell, weltlich *und* geistig –, sondern nur EINE. Eine einzige Wirklichkeit, die alles umfasst.

Die Ewigkeit trägt die Schöpfung auf ihren Schwingen des Schweigens. Und so kann es bei unserem Erdendasein in seinem höchsten Ziel nur darum gehen, uns und die Erde zu *vollenden*, statt sie zu *verlassen*. Denn alles auf Erden ist ein Abbild von etwas Himmlischem, Geistigem und hat eine weit über das Irdische hinausgehende Bedeutung – auch die menschliche Individualität. Denn wozu hätte jeder Mensch eine einzigartige Persönlichkeit, wenn es sein Auftrag wäre, diese für immer in der Apersonalität auszulöschen? Den damaligen Welt-Verneinern war vermutlich noch nicht bekannt, dass der Zustand der Apersonalität nicht als *End*stadium, sondern als *Übergangs*stadium zu verstehen ist. Als ein Übergang, bei dem nur die vordergründige Ich-Persönlichkeit aufgelöst wird, um zur wahren Individualität „dahinter" zu finden: zur Seele. Der Asket kannte womöglich das Wunder des Erwachens der Seele noch nicht, die das Leben zum Ausdruck einer sich steigernden inneren „Entwicklung" oder „Offenbarung" macht, zu einer Pilgerfahrt zum Licht – mit eben dieser Seele als Pilger. Und so ahnte er wohl auch nicht, dass es, *gerade* auf Erden und sogar für die Erde selbst, eine Erfüllung und göttliche Vollendung gibt.

Die spirituelle Bedeutung der Erde

> Die Erde wird meine Werkstatt sein und mein Haus,
> mein Lebensgarten zu säen göttliche Saat.
>
> (Sri Aurobindo)[2]

Auch ich habe, wie der Asket, in meinen jungen Erwachsenenjahren viel zu sehr nach der Transzendenz gestrebt, fast ausschließlich: höher und höher, Hauptsache, fort von der Erde, irgendwohin, in ein fernes, Seligkeit versprechendes Jenseits. Ab meinem fünften oder sechsten Lebensjahr fühlte ich mich auf diesem Planeten ungeborgen, verloren und heimatlos. Dies war gewiss *eine* der Ursachen meines Fluchtbestrebens. Dahinter aber verbarg sich noch mehr: eine unstillbare Sehnsucht, ein drängendes Heimweh nach Unendlichkeit, Weite, nach Gott als Ausdruck der Ewigkeit.

Dabei hatte ich all dies während meiner ersten Lebensjahre noch deutlich gespürt: eine tiefe Geborgenheit in galaktischen Weiten. Sie war für mich der Inbegriff seligen Aufgehoben-Seins. Doch als ich dieses allmählich verlor, glaubte ich, Gott in irgendeiner nebulösen Unendlichkeit wiederzufinden – nur „dort" als „jenseits von hier".

Die Erde, die Materie, und alles, was zu ihr gehört, habe ich daher lange Zeit selbst nicht zu schätzen gewusst. Schon gar nicht das irdische Leben. Ich fand es keineswegs schön. Es war voller Kummer, weitgehend bedeutungslos und immer „irgendwie" viel zu eng. Mit zwölf durfte ich das erste Mal mit in die Oper; man spielte „Aida" von Verdi. Gleich zu Beginn der Inszenierung wurde jemand lebendigen Leibes eingemauert; da überkam mich die erste Panikattacke meines Lebens. Denn genau dies war mein damaliges Grundgefühl: lebendig begraben! Und scheinbar verlassen von allen guten Geistern und Göttern.

So habe ich wohl unbewusst nach Erlösung gesucht. Ich suchte so lange, bis ich Gott schließlich fand. Oder fand Er mich? Wahrscheinlich hatte Er angesichts meiner inneren Not irgendwann Erbarmen mit mir und trat aus seinem Versteck hervor. Man braucht sich nur genügend zu sehnen, Gott selbst ist immer da. (Weshalb es im Grunde auch kein „Suchen" und kein „Finden" gibt. Dies sind mentale Konstrukte, um etwas zu beschreiben, das an sich unbeschreiblich ist.) Es liegt jedoch allein an uns, ob Gott sich zu erkennen gibt oder nicht. Aber Er und ich, wir „fanden" uns zu meiner Überraschung: HIER! Ausgerechnet hier, auf diesem für mich so öden Planeten! Genauer gesagt, entdeckte ich ihn in mir, in meinem eigenen Herzen, und damit, auf einen Schlag, auch in allem rings um mich her. Das eine bedingt das andere.

Das ist nämlich etwas Merkwürdiges mit diesem Absoluten, das wir „Gott" nennen: Es scheint sich erst dann zu offenbaren, wenn wir bereit sind, eine höhere Instanz als unser Ich anzuerkennen, an einen Gott „oberhalb" oder „jenseits" von uns zu glauben. Und dann finden wir ihn doch *in uns selbst, als das eigene Selbst,* und dieses noch weit übersteigend! Da war die Erde nicht länger verlassen und öde, sondern unerwartet der Wunder voll. Denn ich sah jetzt das Lächeln Gottes darin.

Seither steht für mich fest, dass unsere Suche nach dem Göttlichen, nach dem Sinn des Lebens und nach uns selbst – im Sinne einer zeitgemäßen Spiritualität – unsere Erde mit einbeziehen muss. Denn verbleibt man innerhalb der Schöpfung und wagt die Selbsttransformation, erwacht nicht nur die eigene Seele, sondern auch die der Erde; es erwacht die ganze Welt. Man erhält zum transzendenten Frieden noch die Liebe, die Seligkeit und die Fülle des irdischen Lebens hinzu – als die überströmende Ernte menschlichen Seins. Und begreift, ja erlebt, die außerordentliche spirituelle Bedeutung unseres Heimatplaneten: als Schauplatz einer sinnhaften, zielgerichteten Evolution. Als Bühne der Offenbarung Gottes durch uns Menschen. Und damit als Ort der Vollendung der Schöpfung in einem göttlichen Leben:

> „Dieser Aufstieg zum Göttlichen Leben
> ist des Menschen Reise, sein Werk der Werke,
> sein willkommenes Opfer.
> Er allein ist des Menschen wirkliche Aufgabe
> und die Rechtfertigung für sein Dasein in der Welt."
>
> (Sri Aurobindo)[3]

Hilfe, ich werde unsichtbar!

Während es in der Welt draußen allmählich herbstlich stiller wird, breitet sich auch in mir immer deutlicher eine innere Stille, ein tiefes Schweigen aus; und mein „Ich" ist nicht mehr das, wofür ich es hielt. Denn ich spüre, wie sich mein Selbstbild grundlegend wandelt – anscheinend um etwas, das sich bisher dahinter verbarg, in die Freiheit zu entlassen. Es ist schon ein merkwürdiges Gefühl, sich selbst abhanden zu kommen, bei vollem, klarem Bewusstsein. Wenn man sich immer weniger mit der eigenen Person identifizieren kann, weil das bisherige Zentrum der Identifikation, die Ich-Persönlichkeit, sich verliert und verflüchtigt, zusammen mit den welken Blättern der Bäume verweht. Ein „Ich“ kann von sich sagen, welche Eigenschaften es hat oder zu haben glaubt, und was es mag oder nicht. Oft behauptet man von sich: „Ich bin ein Mensch, der …“, woraufhin dann die Aufzählung bestimmter Charakteristika erfolgt. Bei mir bleiben die Pünktchen nach dem „der“ inzwischen frei, so als würde ich meiner bisherigen Persönlichkeit entleert. Da ist immer öfter nur noch das Gewahrsein einer schweigenden Allgegenwart, eines stillen „ICH BIN“.

Dieser Prozess, bei dem mir manchmal doch ein wenig mulmig wird, geht mit dem Hineinwachsen oder Hineinschmelzen in etwas wesentlich Größeres jenseits aller Körperlichkeit einher. In etwas zuhöchst Intensives, Bleibendes, das alles Irdische überdauert. Und das wiederum ist beruhigend. Auch wenn dieses „Etwas“ so unvergleichlich größer und anders ist als das gewohnte Ich: ohne Anfang, ohne Ende, unermesslich weit, größer noch als Raum und Zeit.

Wer seine Ich-Persönlichkeit transzendiert, wird offensichtlich unweigerlich kosmisch. Ich fühle mich, als dehnte ich mich gleichermaßen in alle Richtungen aus: nach oben, nach unten sowie zu allen Seiten. So muss es einem Tropfen ergehen, der plötzlich spürt, dass er eins mit dem Ozean ist. Da darf einem schon mal ein wenig mulmig werden: Hilfe, ich werde unsichtbar!

Normalerweise ist das Ich des Menschen wie eine dicke, zuverlässig schützende Mauer: ein Bollwerk vor dem Ansturm solch kosmischer Bewusstseinsbrandungen, scheinbar undurchlässig und fest.

Mein eigenes Bollwerk habe ich im Laufe dieses Lebens – anfangs unfreiwillig, später willig – schon emsig abgetragen. Dennoch verblieb wenigstens noch ein gewisses Ich-*Gemäuer*. Aber auch dieses scheint in letzter Zeit hinweg zu bröckeln; ein paar kümmerliche Reste stehen vielleicht noch. Aber selbst da bin ich mir nicht mehr so sicher. Und wenn, dann sind sie wie aus Glas oder nur noch eine hauchdünne Membran. Sodass jenes Feuer, das in mir brennt, immer ungehinderter hindurchdringen kann und mich noch durchsichtiger und durchlässiger macht. Am ehesten fühle ich mich zurzeit wie ein Fenster. Wie ein sich öffnendes Fenster, das stetig größer und weiter wird, und durch das ich gleichzeitig nach innen wie nach außen zu schauen vermag. Aus unerfindlichen Gründen hielt ich bisher noch an einem vermeintlichen „Rahmen“ als einer Begrenzung dieses Fensters fest. Vielleicht weil die Weite doch ziemlich erschreckend ist, wenn der Blickwinkel der Wahrnehmung auf einmal in alle Richtungen 360 Grad beträgt und sich eine völlig neue Dimension des Bewusstseins offenbart.

Zum Glück fühle ich mein Innerstes als Anker, wie ein unumstößliches Fundament oder einen Urgrund, der diese ganze Wandlung und Auflösung in sich umfasst und trägt. Das gibt mir Halt. Denn so, wie es aussieht, werden nicht nur die eigenen Hüllen transparent, die *meine* Seele verbargen, sondern auch die *der Welt:* Der Anschein des Vergänglichen vergeht – dieser uralte täuschende Schleier der Maya.

So bin ich jetzt bereit, mir einzugestehen, dass es nie ein Fenster mit Glas und Rahmen gab, sondern nur einen zu engen Fokus. Und ich öffne meine Augen ganz.

Ins Blau

Zeit des Abschieds – nicht nur bei mir. Ein Ende, das unaufhaltsam näher rückt. Die alte Mutter, kaum mehr als ein Bündel Knochen, von pergamentener Haut mühsam umspannt. Ohne Haut wäre das Skelett wahrscheinlich längst auseinandergefallen. In der Vase auf dem Tischchen neben dem Bett ein paar dornige Äste mit verschrumpelten, fast schwarzen Hagebutten. Wie verzweifelt sie an ihren so zerbrechlich gewordenen dünnen Stielchen hängen! Aus lauter Angst, ins Leere zu fallen. Genauso angstvoll wie die greise Mutter auch. Da sind nur noch Knochen und Haut, wie ein kahles Geäst, und ein Sich-Klammern an ein zerrinnendes Leben. Ach, gnädiger Tod, warum nur bist du so unwillkommen? Kann man denn jemals irgendwo anders hingehen als zu Gott?

„Deine Augen leuchten heute so blau!“, sagt die Mutter zu mir. „Ja, es scheint jetzt der Himmel hindurch,“ antworte ich ihr. Da lachen wir beide und freuen uns.

Es waren Mutters letzte Worte. Am nächsten Tag ist sie selbst ins Blau gegangen. Friedlich.

Ein Hauch von Ewigkeit

Es waren ausgerechnet zwei Begegnungen mit dem Tod, die zum ersten Mal in meinem Leben die Gewissheit einer unsterblichen Seele in mir aufflackern ließen. Aber vielleicht ist dies gar nicht so verwunderlich, schließlich ist man bei diesem großen Übergang dem Metaphysischen ja ganz nah.

Bis zu diesem Zeitpunkt hatte ich mich, was das Göttliche anbelangt, nur stumm und ohne näher definierten Adressaten vor mich hin gesehnt. Spiritualität war mir noch kein Begriff. Ich kannte nur Religiosität, die in den mir vermittelten christlichen Glaubensinhalten bestand, in sonntäglichen Gottesdienstbesuchen und ziemlich verzweifelten Gebeten, die manchmal erhört wurden, aber meistens nicht. Als ich jedoch durch die beiden Begegnungen mit dem Tod auf die Spur der Seele stieß, bekam ich eine erste Ahnung davon, wonach ich *wirklich* suchte, und nahm, wie eine schnüffelnde Hündin, zielstrebig die Fährte auf.

Das erste Ereignis war der Tod meiner Großmutter mütterlicherseits, wozu ich ein wenig ausholen muss: Früher, in der Grundschule, schrieben wir Kinder einmal im Jahr einen Aufsatz mit der Überschrift: „Mein schönster Tag“. Dieses Motto fiel mir wieder ein, als meine Großmutter starb. Über Jahre hinweg blieb ihr Todestag „mein schönster Tag“. Nun war meine Großmutter gewiss nicht ein solcher Drachen gewesen – zumindest nicht ihren Enkelinnen gegenüber –, dass ihr Ableben eine solch überragende Freude gerechtfertigt hätte. Etwas ungeheuer war sie mir als Kind allerdings manchmal schon, mit ihren eng zusammenstehenden Augen und der schrumpeligen und markant gekrümmten Nase. Vielleicht war daher „Hänsel und Gretel" mein liebstes Märchen, zu dessen gemeinsamer Inszenierung ich sie wieder und wieder drängte. In Großmutters Schlafzimmer stand ein niedriger runder Tisch, den wir mit drei umgedrehten Stühlen, deren verstrebte Rückenlehnen dann nach unten hingen, zu einem glaubwürdigen Käfig umfunktionierten. Sobald ich als Hänsel darin gefangen saß und meiner Großmutter einen meiner dünnen Kinderfinger durch die Gitterstäbe entgegenstreckte, erfasste mich ein wohliges Gruseln. Von diesem Moment an wurde die Großmutter zur Hexe. Wenn sie sich dann mit ihren blitzenden Augen und der doch sehr verdächtigen Nase meinem Fingerchen näherte, um zu prüfen, ob ich fett genug zum Braten sei, wuchs das Gruseln zu echter Angst. Und Erleichterung kehrte erst wieder ein, wenn es mir gelungen war, mich aus dem Käfig zu befreien und gemeinsam mit der zur Verstärkung herbei imaginierten Gretel die nun fraglos böse Hexe in den Ofen – Großmutters gut gepolstertes Bett – zu schubsen.

Grundsätzlich aber liebte ich meine Großmutter sehr, und meine Trauer nach ihrem Tod war aufrichtig und tief. Dennoch war ihr Sterben für mich ein unermessliches Geschenk, ließ es mich doch urplötzlich die Existenz einer göttlichen Seele und einer größeren Wirklichkeit erahnen.

Es war kurz nach meinem dreißigsten Geburtstag. Meine Großmutter, schon weit über achtzig Jahre alt, war an Krebs erkrankt und wurde von meiner Mutter gepflegt. An einem Tag im damaligen Sommer hatte ich in meiner Heimatstadt als angehende Psychotherapeutin einen Supervisionstermin, den ich mit einem Besuch bei der Familie verbinden wollte. Der Zustand meiner Großmutter war schlecht, aber keineswegs kritisch; mehrere Monate noch verbleibender Lebenszeit hatte ihr Hausarzt prognostiziert. Da ich bis dahin noch nie mit dem Tod eines nahen Angehörigen konfrontiert war, machte ich mir, etwas ängstlich, so manche Gedanken darum, was wohl wäre, wenn vielleicht doch … Wenige Tage vor dem Besuch bei den Eltern träumte ich, dass meine Großmutter ausgerechnet an diesem Tag sterben würde. Der Traum offenbarte mir den gesamten Ablauf en détail. Besagter Tag kam – und meine Großmutter starb! Alles ereignete sich genauso, wie zuvor geträumt. Unter anderem der Nervenzusammenbruch meiner Mutter, als sie nach unserer Rückkehr von einem kurzen Ausflug in die Stadt entdecken musste, dass ihre Mutter die Lücke in der Betreuung genutzt hatte, um sich davonzustehlen.

Für mich jedoch war alles, was geschah, überwältigend! Nicht nur die Tatsache, nun sämtliche Szenen meines Traums in der hiesigen Realität zu durchleben. Es war vor allem die Stimmung in dem Zimmer der soeben Verstorbenen. Friedlich lag die Großmutter da. In ihrem gelösten Gesicht umspielte ein leicht spöttischer Zug den Mund, den ich auf ihre Freude am klammheimlichen Entkommen zurückführte. Sie hatte die letzten Jahrzehnte allein gelebt, nun hatte sie offensichtlich auch allein gehen wollen. Feierlichkeit, ja etwas Sakrales erfüllte den Raum und eine mir bis dahin unbekannte erhabene Seligkeit. Das ganze Zimmer war wie in Gold getaucht. Ein Blick auf den schon wächsern wirkenden Körper ließ mich erkennen, dass dort auf dem Bett tatsächlich nur noch eine leere Hülle lag. Eine Hülle unbelebter Materie. Großmutters Wesen war seiner Behausung entschlüpft. Und doch spürte ich sie noch – ihre Anwesenheit, ihre Essenz. Sogar deutlicher denn je, nur jetzt gestalt- und körperlos, alles umhüllend, alles durchdringend. Erst drei Tage später löste sich Großmutters Präsenz im Sterbezimmer auf, der Seelenvogel war davongeflogen. Aber das, was ich in jenem zeitlosen Augenblick geschaut hatte, konnte unmöglich ein Tod gewesen sein, es war – ein erster Hauch von Ewigkeit.

Kaum ein Jahr danach war es eine weitere Begegnung mit dem Tod, die mir noch tiefere Einblicke in das Mysterium der menschlichen Existenz gewährte. Ich war inzwischen approbiert und nahm an einer Ausbildung in einem körperorientierten Therapieverfahren teil. Bei Gerda Boyesen, der damaligen „Grande Dame“ der Körpertherapie, lernte ich gemeinsam mit anderen Kollegen und Kolleginnen, tiefsitzende emotionale Blockaden aufzuspüren und zu lösen. Die Versuchskaninchen, an denen wir die neuen Techniken erprobten, waren natürlich wir. Jeden Tag war, neben der Vermittlung der Theorie, somit eigene Körperarbeit angesagt. Und während sich die anderen auf den Matten ringsum mit Mama und Papa auseinandersetzten, weinend, schreiend, um sich schlagend, war ich unversehens und völlig ahnungslos darüber, dass es so etwas überhaupt gibt, in ein anderes Leben gerutscht. Genauer gesagt, in das Durchleben eines Todes, welches ich mir nur als das Wiedererleben eines früheren Todes erklären konnte.

Auf einmal war ich ein kleiner Junge, vielleicht sieben oder acht Jahre alt, mit sonnengebräunter Haut. Gemeinsam mit drei Männern saß ich in einem langen, schmalen Boot, um uns herum ein türkisblaues, klares Meer. Es schien, von der Stimmung her, eine noch frühe Morgenstunde zu sein. Von einem azurnen Himmel brannte heiß schon die Sonne herab – eine Szene irgendwo in südlichen Gefilden. Allerdings war ich bis zu diesem Zeitpunkt noch nie in den Süden und an ein türkisblaues Meer gereist, sodass es sich nicht um eine Erinnerung handeln konnte. Die Männer im Boot waren hinausgefahren und ich, der kleine Junge, durfte mit. Ich saß auf der Kante des Bootes am Heck, seitlich weit vorgebeugt, um mit meinen Armen durchs kühle Nass zu paddeln. Selbstversunken planschte ich vor mich hin, als ich plötzlich das Gleichgewicht verlor und, geräuschlos wie ein Fisch, ins Meer hineinglitt. Sofort schloss sich die Wasseroberfläche über mir. Ich konnte weder schwimmen noch schreien. Die Männer vorne im Boot hatten noch nichts von meinem Verschwinden bemerkt. Sie waren lautstark am Palavern, in einer Sprache, die ich – die Yvonne auf der Matte – nicht verstand. Wie ein Senkblei, wie ein Stein ging ich unter, und doch auch schwebend. Meine weit aufgerissenen Augen verfolgten die Sonne durch das kristallklare Wasser hindurch. Ihr gelbliches Licht wurde sanfter, je tiefer ich sank, vermischte sich mit dem transparenten Blau des

Meeres zu einem hellen, lichten Grün. Wasser begann, meine Lungen zu füllen, während ich noch immer, wie hypnotisiert, auf die sich entfernende Sonne starrte. Schon halbwegs erstickt, begriff ich endlich, was geschah. Fing an, wie wild zu strampeln, mit aller mir verbleibenden Kraft. Blankes Entsetzen begleitete meinen Kampf, der endlos zu dauern schien. Irgendwann gab ich auf. Ließ los. Gab mich hin. Und dann: absolute Stille, Frieden, in den ich mich, nun alles bejahend, hineinsinken ließ. Ich atmete nicht mehr und existierte doch, breitete mich in die Unendlichkeit aus. Wesen tauchten auf, mir unbekannt und doch vertraut, gestaltlos, pure Gegenwart, deren Sein mich umfing. Nie zuvor hatte ich eine solche Liebe verspürt, nie eine solche Seligkeit. – Inzwischen weiß ich: Auch *das* war ein erstes Hindurchscheinen der Ewigkeit.

Da ahnte ich ein wenig von dem, was uns Menschen erwartet, wenn wir uns hingeben können, wenn wir einverstanden sind. Von da an war ich zum ersten Mal seit meiner Jugendzeit wieder leicht depressiv. Weil ich nun doch lieber tot als lebendig sein und dort „hinüber" gehen wollte, wohin das Tor schon offenstand. Mein Flehen aber wurde nicht erhört, und so harrte ich weiterhin in diesem Körper, in diesem Leben aus. Zum Glück! Denn heute erlebe ich, wieviel seliger es doch ist, die Seligkeit schon zu Lebzeiten zu erfahren, und nicht erst nach dem Tod.

Vom Tod zur Unsterblichkeit

Mein Lieblings-Cartoon: Charlie Braun und Snoopy schauen, Seite an Seite, nachdenklich auf einen See hinaus: „Eines Tages werden wir sterben, Snoopy!", sagt Charlie Braun. „Ja", antwortet Snoopy, „aber an allen anderen Tagen nicht."

Fangen wir mit einer guten Nachricht an: Einen Tod gibt es in Wirklichkeit nicht. Zumindest keinen, so wie wir ihn in der Regel verstehen: als *endgültiges* Vergehen eines seiner selbst bewusst gewordenen, lebendigen Wesens. Tod, so es ihn denn gäbe, wäre ein Sich-Widersetzen gegen den stetig voranschreitenden Wandel. Aber auch dies gibt es letztendlich nicht. Denn es gibt keinen „Tod" als Gegensatz zum an sich unsterblichen und unzerstörbaren Leben. Und so wandelt man sich entweder freiwillig und strömt mit dem großen Fluss des Lebens seiner eigenen Vollendung zu oder man wird dazu gezwungen. Eigentlich braucht man nur die Natur zu betrachten, die doch für so vieles Gleichnis ist. Es gab meines Wissens noch nie einen Winter, auf den nicht ein Frühling folgte – und Sommer und Herbst und Winter und von Neuem der Frühling …

An dieser Stelle würde man nun die schlechte Nachricht erwarten, aber ich teile stattdessen gleich die nächste gute Nachricht mit: Es gibt keine schlechten Nachrichten, nur noch weitere gute! Ich habe diese bei jenen großen Geistern zusammengetragen, von denen ich weiß, dass sie zu Leben, Tod und Unsterblichkeit aus tiefer eigener Erfahrung heraus etwas zu sagen haben. Und so habe ich verstanden, dass wir Menschen in einem Bewusstseinskontinuum leben, das sich über mehrere Abstufungen hinweg von der Materie bis hin zum Geist erstreckt. In diesem Kontinuum sind Materie und Geist in Wirklichkeit *eins:* göttliches Sein und Bewusstsein. Tod und Leben existieren darin als unterschiedliche Bewusstseinszustände, ebenso Wachsein, Schlaf und Traum.

Dieses Bewusstseinskontinuum ist eine Einheit, ist die *eine* und *einzige* Wirklichkeit, in der wir alle für immer und ewig leben. Es existiert nichts davon Verschiedenes oder etwas außerhalb davon. Ob wir gerade in einem physischen Körper inkarniert sind (= „Leben") oder nicht (= „Tod"), alles findet in diesem einen und unendlichen Bewusstsein statt. Wir alle sind „Seelen im Werden", Wesen, die lernen, über sich selbst hinauszuwachsen, was an Wandel und Selbstüberschreitung gebunden ist, bis hin zum endgültigen Erwachen. (Wobei, korrekt betrachtet, die Seele niemals *wird*, sondern immer schon *ist*. Die Bilder eines „Werdens", „Erwachens" und „Wandelns" dienen nur einem leichteren Verständnis und orientieren sich daran, wie die Dinge uns zunächst erscheinen.) Der Erwachte aber ist unsterblich. Nicht etwa, weil er für immer in einem „unverrottbaren“ physischen Körper leben würde, sondern weil er die Bewusstseinszustände von Leben und Tod, Wachen, Träumen und Schlaf transzendiert hat und niemals mehr den leuchtenden Faden seines Bewusstseins verliert. Unsterblich zu sein bedeutet, sich mit seinem Selbst – Ursprung und Ziel jeglicher menschlichen Entwicklung – vollends vereint zu haben. Daher ist mit Unsterblichkeit auch keineswegs ein Auflösen oder Erlöschen der Individualität des Menschen gemeint, sondern deren Vollendung in einem vergöttlichten Zustand.

In ihrem tiefsten Grund sind alle Wesen unsterblich. Was aber ist es dann, was uns als „Tod“ so bedroht und ängstigt?

Um dies zu erläutern, stellen wir uns vor, dass die Seele sich einst auf einen großen Auftrag eingelassen hat: auf das Abenteuer, sich als strahlendes, geistiges Wesen in das dunkle Umfeld der Materie zu begeben, um ihr das göttliche Feuer zu bringen und sie damit zu erleuchten und zu erlösen. Hierzu stieg die Seele aus ihren geistigen, himmlischen Höhen in die Tiefen der materiellen, irdischen Welt hinab. Die an sich unvergängliche Seele nahm damit eine vergängliche Existenz auf Erden an, um hier die eigene Unsterblichkeit und Unendlichkeit wiederzuerlangen und *„auf einer endlichen Grundlage unendliche Erfahrung zu suchen,“*[4] wie Sri Aurobindo es so treffend beschreibt.

Dies ist jedoch nur durch einen ständigen Wechsel der Form möglich. Zu diesem Zweck umhüllt sich die Seele in jedem Leben mit einem physischen Körper. Dieser ist ihr „Gefährt“, mit dem sie auf Erden Erfahrungen sammeln und sich allmählich immer vollkommener zum Ausdruck bringen kann. Als das unsterbliche Element im Menschen reist die Seele so durch viele Leben hindurch. (Was es mit diesen „vielen Leben“ genauer auf sich hat, dazu an späterer Stelle mehr: siehe „Haus des Lebens“, Seite 173.) Die Seele, als der „innere Mensch“, bewohnt nacheinander viele Körper, die sie am Ende eines jeden Lebens ablegt, so wie wir abends unsere Kleidung.

Am nächsten Morgen ziehen wir neue, frische Kleidung an, und das Leben geht – ebenso wie die Seele – weiter.

Der „äußere Mensch“, der sich als Ich oder Ego zunächst nur mit seiner „Hülle“ aus Körper, Gefühlen, Gedanken identifiziert, hat allerdings noch keinen bewussten Kontakt zu seiner Seele im Inneren und deren göttlichen Qualitäten. Deshalb verliert er am Ende des Lebens mit jeder Auflösung seiner physischen, emotionalen und mentalen Gestalt die Bewusstheit seiner selbst und die Erinnerung an seine Erfahrungen. (Dieser Vorgang ist das, was wir im Allgemeinen unter „Tod“ verstehen.) Die wesentlichen Erfahrungen sind jedoch in der Seele wie in einem Archiv gut verwahrt. Sie bringt sie als Grundstock mit ins nächste Leben und baut darauf ihre neuen Erfahrungen auf; so entsteht Fortschritt.

Anders als das vordergründige Ich weiß die Seele um ihre Existenz jenseits von Leben und Tod, von Zeit und Raum, um ihre Dauer ohne Anfang und Ende. Aus ihrer Sicht wird der Körper, als eine vorübergehende praktische Behausung, einfach nur „abgelegt“. Und wer würde um den vertrockneten Kokon trauern, der verlassen an der Unterseite eines Blattes klebt, wenn der bunt schillernde Schmetterling sich doch frei in die Lüfte, gen Sonne erhebt?

Irgendwann innerhalb dieses unablässigen Wechsels gibt es jedoch *ein* Leben, in dem sich für einen Menschen alles entscheidet – jenes Leben, in welchem der bewusste Kontakt zu seiner Seele entsteht. Man könnte sogar behaupten, dass alle Leben zuvor nur diesem *einen* Zweck dienten: dem Erwachen des Menschen zu seiner Seele, womit nun sein Weg der *bewussten* Selbst-Verwirklichung beginnen kann. Je mehr es ihm gelingt, sich von seiner bisherigen, nur vordergründigen Ich-Persönlichkeit zu des-identifizieren und sich mit seiner Seele zu identifizieren, umso mehr hat der Mensch an ihren Erfahrungen und ihrem göttlichen Bewusstsein teil. Dann fängt das innere Feuer, das hinter dem dichten Vorhang der Ich-Persönlichkeit verborgen war, wieder sichtbar an zu lodern. Der Betreffende wird immer durchlässiger für das Licht; er öffnet sich seiner Seele und seinem höchsten Selbst. Ist er eins damit geworden, dann hat das göttliche Licht ihn vollständig erfasst und damit „erleuchtet". Der Erleuchtete ist unsterblich: Er identifiziert sich weder mit dem Beginn eines irdischen Lebens noch mit dessen Ende, denn er hat beides transzendiert. „Kein Mensch stirbt je, nachdem er spirituelle Erleuchtung erlangt hat. Ein kleines bisschen Erkenntnis, dass das Leben mehr ist als nur Materie, mehr als was dem Auge begegnet, bedeutet schon Erleuchtung genug, um zu verhindern, dass wir je sterben. Es bedarf nur eines Körnchens Gottbewusstsein"[5], versichert der zeitgenössische amerikanische Mystiker Joel S. Goldsmith so wunderbar.

Mystiker und Weise behaupten gewiss zu Recht, dass das, was wir für unser Leben halten, viel eher einem Traum oder einem todähnlichen Dämmerzustand gleicht. Denn in Wirklichkeit ist es gerade umgekehrt, als wir normalerweise meinen: Wir *glauben* nur, wir würden „leben"! Dabei sind wir so lange unbewusst und somit wie „tot", bis das seelische Feuer wieder in uns erwacht. Die Ich-Persönlichkeit muss in der unvergleichlich größeren Seele aufgehen oder „sterben", damit die Seelen-Persönlichkeit leben kann.

Dieses „Stirb und Werde" will allerdings zu Lebzeiten schon errungen sein, sonst ist man „nur ein trüber Gast auf der dunklen Erde", wie auch der gute alte Goethe wusste und dichtete. Für den Erwachten ist der Wechsel der äußeren Gestalt kein unbewusster „Tod" mehr, sondern bewusster freudiger Übergang. Für ihn gibt es nur noch DAS LEBEN – und das wird dann zu einem kosmischen Fest!

Engel ohne Flügel

Eine Gestalt, die hell nach oben steigt. Nicht Mann, nicht Frau, nicht Mensch. Engel ohne Flügel; selber Flügel: Seele. Traumhafter Schemen in leerem Raum. Eine runde Öffnung im Nichts, in die die Gestalt nach kurzem erstauntem Innehalten entschwebt. Dahinter: Jubel, verschwenderischer Freudenglanz. Weite Räume, ungesehen. Und was wir auf Erden niemals zu hoffen wagten, ist dort Wirklichkeit. Dort: jenseits der Schwelle, in unserem innersten Heiligtum. Daheim. Angekommen. In Gott.

Das Leben meines Vaters oder Was wäre, wenn …

Er war ein Künstlertyp mit sanftem Herzen. Einer, der Liebesbriefe an meine Mutter schrieb. In feiner, akribischer Schrift, mit grüner Tinte auf Karopapier. Liebe, seitenweise. Verdichtete Hoffnung, wie alles noch frische Leben. Mit siebzehn, als einer der letzten, zog er in den Krieg, der all diese Hoffnung zerstörte. Über das, was mein Vater erlebt hatte, sprach er nie. Er gehörte zur Generation der Schweigenden. Was sollte er auch berichten, wenn doch alles, was er sich erträumt hatte, im Krieg verlorengegangen war? Dem Leben danach fühlte er sich nicht mehr gewachsen, der Alkohol wurde Flucht und einziger Ausweg. Mein Vater trank sich das Leben schön, die lauernden Schreckgespenster in hochprozentigen rosa Gnadennebel getaucht.

Die grausame Krankheit begann schleichend. Meine frühen Erinnerungen an ihn sind daher noch erfreulich, denn anfangs war er meiner Schwester und mir ein liebevoller, freundlicher Vater. Mit sanftem Blick, so haselbraun, der jenseits des Horizonts immer etwas zu suchen schien. Da waren wir beide uns ähnlich: Sehnsuchtsvoll, melancholisch – vielleicht doch noch eine Rettung aus unserer Verlorenheit zu finden, von dort, jenem verwunschenen Streifen, wo Erde und Himmel ineinander übergehen. Und Vaters Hände waren immer warm. Vor allem aber tat er niemandem etwas zu Leide. Wenn er trank, war er gutmütig und still, niemals ausfallend oder aggressiv. Selbst die ekligsten Spinnen fing er drinnen mit der bloßen Hand, um sie behutsam nach draußen zu setzen. Schnell noch, bevor unsere Mutter sie mit einem satten Schmatzen ihres Pantoffels an der Wand erschlagen konnte. So wurden sie nicht getötet. Wahrscheinlich hatte mein Vater vom Töten genug, mehr als genug für den Rest seines Lebens. Denn selbst wenn ein Mensch nur ein einziges Mal tötet, so ist jedes einzige Mal schon zu viel und tötet etwas in dem, der tötet, ebenso wie den, der stirbt.

Am liebsten aber saß mein Vater für sich allein am Fenster und schaute und träumte. Er liebte die Natur und malte: im Sommer Zitronenfalter auf hellblauem Rittersporn, im Winter Rotkehlchen in dick verschneitem Tannengrün. Dann aber, ab meiner Jugendzeit, ging es mit ihm rapide bergab. Nie wieder sah ich einen Menschen so verfallen. Der Alkohol zerstörte seine Persönlichkeit, Tag um Tag mehr, und das vor unser aller Augen: ein Grauen. Ich musste hilflos mit ansehen, wie es ist, wenn ein böser Geist sich eines Menschen bemächtigt. Hilflos, tatenlos, fassungslos. Der Süchtige als willenlose Marionette seiner Droge. Gegen Ende zu hat mein Vater weitgehend nur noch im Keller gehaust, sein „Bett" waren ein paar wollene Decken auf blankem Beton. Er vegetierte dahin wie ein Obdachloser im eigenen Haus. Als er schließlich seine leibliche und vom Alkohol so zerstörte Hülle ablegte, atmeten wir Verbliebenen alle auf. Heimlich. Gesprochen wurde über das Erlebte nie; so setzte sich das Schweigen fort.

Jetzt sitze ich hier, Vaters Liebesbriefe an meine Mutter in der Hand. Fand sie in ihrem Nachlass, kreuz und quer zwischen allem möglichen Krempel in einer blechernen Lebkuchenkiste. Ich halte in meinem Kramen inne. Mir ist danach, einen Moment still zu sein. Andacht zu halten für diesen Menschen, der mir in seinem Wesen so unbekannt geblieben ist und doch mein Vater war. Ich stelle ein Foto von ihm auf, hierher, unter den herbstlichen Strauß aus Buchenzweigen mit ihren gelben und kupfernen Blättern und den weinroten Astern. Ich zünde eine Kerze für ihn an, und zum ersten Mal seit fast 30 Jahren kann ich trauern. Um meinen Vater und sein so sinnlos erscheinendes Leben.

Was aber wäre, kommt mir danach in den Sinn, wenn es tatsächlich nur ein einziges Leben gäbe, wie doch so viele Menschen meinen? Einen einmaligen „Wurf" von Leben nur, der gelingen oder misslingen kann. Eine trügerische Hoffnung auf Sein, die wie eine allzu fragile Seifenblase zerplatzt. Ums Leben betrogen. Aus und vorbei! Von einem achtlosen Gott wie eine Ameise zertreten. Was wäre, wenn es keine Seele gäbe, die selbst nach einem so ohnmächtigen Leben wie dem meines Vaters unbeschadet zum nächsten Leben weitergeht? Weil die Erlebnisse der äußeren Hülle das innere Licht niemals versehren. Und so den Menschen von Wiedergeburt zu Wiedergeburt trägt, um ihn aus der Düsternis der Sterblichkeit ins Licht der Unsterblichkeit zu befreien. Wäre dann so ein Leben wie das meines Vaters nicht von Anfang an zum Scheitern verurteilt?

Und was wäre mit den Millionen anderer Soldaten, die inmitten von Kriegswirren sterben? Viel zu früh und viel zu jung, ihre Körper von Bomben und Granaten zerfetzt! Und mit den Abertausenden hungernder Menschen dieser Welt, von denen die meisten erst gar nicht das Erwachsenenalter erreichen? Ein paar Monate oder Jahre erbärmlichen ausgezehrten Lebens, und das soll es dann für immer gewesen sein? Was wäre mit den Millionen vergaster Juden, wenn es nicht eine innere Entwicklung von Leben zu Leben gäbe, an deren Ende eine unvorstellbare Freude alles vorherige Leid für immer heilt? Und mit all den Frauen, Mädchen und Jungen, an deren zarten Leibern sich brutale Vergewaltiger vergehen? Lebenslicht angezündet, Lebenslicht ausgeblasen: mit dem ersten heftigen Windstoß schon vorbei? Hätten die alle einfach – Pech gehabt?

November

Vergangen die Liebe.
Verloschen das Licht.
Nebel durchsickert das Leben.
Es fröstelt das Land!
Die Welt nur noch ferner Schemen.
Dahinscheiden. Wohin nur?
Erinnerung. Grau. Über Gräbern.
Verwehen. Vergessen. Vergehen.
Vorm Fenster – die letzten Rosen.

Von der Wirklichkeit der Seele

Aber was ist nun mit der Seele? Gibt es sie oder gibt es sie nicht? „Ich habe so viele Leichen seziert und nie eine Seele gefunden." (Ein Ausspruch des deutschen Pathologen Rudolf Virchow, 1821-1902) Tja, sehr geehrter Herr Virchow, da können Sie und Ihre Nachfolger schnippeln, solange Sie wollen! Mit Skalpell, Mikroskop und selbst den modernsten bildgebenden Verfahren werden Sie die menschliche Seele niemals finden!

Stellen wir uns, in leichter Abwandlung des Platon'schen Höhlengleichnisses, Folgendes vor: Wir Menschen hätten von allen in uns angelegten Sinnen bisher erst einen einzigen entwickelt: den Hörsinn. Unsere Welt wäre somit stockduster, und wir könnten uns nur mittels Geräuschen und Sprache orientieren. Nun gäbe es jedoch eine Minderheit, die infolge einer schon länger andauernden Entwicklung (zu der die anderen früher oder später auch gelangen werden) bereits Zugang zu einem weiteren Sinn hätte: dem Sehsinn. Welch überwältigende Offenbarung der Wirklichkeit: Farben, Leuchten, Licht! Es braucht nicht viel Fantasie, um sich vorzustellen, wie verständnislos die anderen auf eine Wahrnehmung reagieren würden, die ihnen noch nicht zugänglich wäre. Sie würden die Sehenden verhöhnen, zu Spinnern erklären, sie bekämpfen und ihnen triumphierend vorhalten, sie hätten selbst mit ihren präzisesten Hörgeräten nichts gefunden, das auch nur annähernd diesem angeblichen Licht ähnele. Aber: Mit Instrumenten, die auf dem Hörsinn basieren, lassen sich Licht und Farben eben niemals erfassen. Man misst Fieber ja auch nicht mit Lackmuspapier.

Um Licht zu erkennen, bedarf es – wie für die Wahrnehmung der Seele auch – eines völlig neuen, im Falle der Seele eines *inneren* Sinnes. Denn „nur Gleiches kann Gleiches erkennen", wie es eines der Hermetischen Prinzipien besagt. Daher kann auch nur derjenige, in dessen Innern die Seele erwacht ist, des Prinzips des Seelischen in sich sowie in allem anderen gewahr werden.

Die Verwirrung in Hinblick auf die Existenz einer Seele und was diese überhaupt sei, ist groß und macht ihre Bestimmung nicht einfacher. Hierzu als Kostprobe ein paar Definitionen:

Seele allgemein: „Im heutigen Sprachgebrauch ist (damit) oft die Gesamtheit aller Gefühlsregungen und geistigen Vorgänge des Menschen gemeint. In diesem Sinne ist „Seele" weitgehend gleichbedeutend mit „Psyche". Darüber hinaus gibt es religiöse und philosophische Konzepte, in denen sich „Seele" auf ein immaterielles Prinzip bezieht, das als Träger des Lebens eines Individuums und seiner durch die Zeit hindurch beständigen Identität aufgefasst wird." (Wikipedia)

Seele im christlichen Verständnis: „Nach dem christlichen Menschenbild ist jeder Mensch eine Einheit aus Leib und Seele. Im Tod trennt sich die Seele vom Leib und kommt danach vor ein persönliches Gericht vor Gott, in dem sich entscheidet, ob sie im Fegefeuer der Reinigung bedarf, sofort in die Herrlichkeit des Himmels eingehen darf oder aber die Strafe der Hölle erleidet." (Kathpedia: die freie katholische Enzyklopädie)

Seele in der Psychologie: „Geist, Bewusstsein, die Psyche, das Psychische, ein vieldeutiger Begriff." (www.spektrum.de)

Von diesen Aussagen finde ich persönlich die der christlichen Kirche am verstörendsten: der Glaube an nur ein einziges Leben, in dem sich hinsichtlich künftiger und ewiger Gottesnähe („Himmel") oder Gottesferne („Hölle") alles entscheide. Wobei unter Hölle „ein Ort oder Zustand nie endender Unseligkeit" verstanden wird, „in dem sich die von Gott Verworfenen befinden. Sie ist eine ewige Trennung von Gott." (Kathpedia) Aber wie könnte es überhaupt etwas geben, das nicht Gott ist? Oder irgendetwas getrennt von ihm? Wo Er doch alles aus seinem Selbst-Sein heraus erschaffen hat und selbst zu allem in seiner eigenen Schöpfung wurde: zu jedem Menschen, jedem Tier, einer jeden Pflanze und jedem kleinsten Krümel Erde! Alles, was ist, ist Ausdruck von Gott. Erahnt man hinter solchen Androhungen nicht immer noch das Machtinstrument der katholischen Kirche, wie es vor allem im Mittelalter eingesetzt wurde, um sich die Schäfchen durch die Verbreitung von Angst und Schrecken gefügig zu machen? Schließlich sollten sie ja unter die Fittiche der allein schutzversprechenden Kirche fliehen. Natürlich nicht, ohne ihnen, wie für die Ablassbriefe damals, noch den letzten Kreuzer als Dank für die großherzige Gegenleistung aus der Tasche zu ziehen. Denn sein „Seelenheil" sollte man sich schon etwas kosten lassen … Aber kann denn die Seele, die doch in ihrem Wesen göttlich ist, jemals „unheil" sein?

Seit meiner Kindheit plagten mich Fragen über den Sinn der menschlichen Existenz, über die Bedeutung des Weltalls, über Leben, Tod und Gott. Ich hatte Bücher verschlungen, Wissen angehäuft, Psychologie studiert und die Menschen erforscht, aber nie eine befriedigende Antwort gefunden. Bis mich der Weg zu den Schriften Jean Gebsers, Teilhard de Chardins und, allen vorweg, Sri Aurobindos führte, und deren gemeinsames Thema der Evolution des Bewusstseins (siehe hierzu auch: „Die Evolution des Bewusstseins", Seite 52).

Ich fand Antworten, die, statt Angst zu schüren, Hoffnung brachten, und mehr als Hoffnung: beglückende und beruhigende Gewissheit. Das, was ich selbst verstanden habe, über die Seele und andere spirituelle Themen, möchte ich weitergeben.

Der Seelenfunke: Nach Sri Aurobindo und anderen Mystikern ist die Seele ein unzerstörbarer ewiger Teil des Göttlichen, ein göttlicher Funke, der im Innern eines jeden lebenden Wesens wohnt, unsterblich und unauslöschbar. Die Seele ist für immer und ewig eins mit dem Göttlichen, ist das Göttliche im Menschen. Ohne Seele könnte hier auf Erden nichts existieren. Auch Meister Eckhart, ein deutscher Theologe und Mystiker des Spätmittelalters, benutzte als Bild für dieses innere Licht und den inneren Führer des Menschen das des Seelenfunkens bzw. eines „Fünkleins".

Seele und Selbst: Nach Sri Aurobindo existiert das Göttliche im Menschen in zweifacher Form: als Seele und als Selbst. Das Selbst stellt unseren göttlichen Aspekt dar, der in der *Transzendenz* verbleibt – ewig vollendet und unwandelbar. Es ist unsere Ganzheit: die Summe unseres gesamten Entfaltungspotenzials. Das Selbst entsendet einen Teil von sich – den Seelenfunken – in das physische Universum, hinein in die Unbewusstheit, ins Selbst-Vergessen der „Finsternis". Dieser Seelenfunke ist somit der *immanente* göttliche Aspekt, der an der Schöpfung teilhat und – Sri Aurobindo zufolge – die gesamte Evolution durchläuft. Das Selbst hält dabei, wie ein liebender Vater, seine Hand schützend über die Seele während ihrer langen Pilgerreise zum Licht. Und in christlichen Begriffen könnte man in dem transzendenten „himmlischen" Selbst *Gott-Vater* und in der zur Erde gesandten und damit ans „Kreuz der Materie" geschlagenen Seele den *Gottes-Sohn* wiedererkennen.

Seele und Seelisches Wesen: Die Seele durchwandert so, Leben für Leben, die irdische Evolution und wächst durch Erfahrung. (Es sei an dieser Stelle nochmals darauf hingewiesen, dass die Seele in Wirklichkeit immer göttlich und vollkommen ist. Daher geht es im Grunde nicht um ein „Wachsen“ oder „Sich-Entwickeln“, sondern um ein schrittweises Auflösen von Blockaden, die das Erkennen der ewigen Wahrheit behindern. Aber das Konzept des Wachsens ist hilfreich, da es unsere menschliche Erfahrung widerspiegelt. Und wir Menschen können eben nur von kleinen zu immer größeren Wahrheiten weitergehen. Die höchste Wahrheit an sich ist unfassbar.) Dabei schwillt der „Funke“, wie es Sri Aurobindo beschreibt, zu einer immer größeren „Flamme“ an. Diese Entwicklung geschieht wie hinter einem Vorhang, einem Schleier, der dies göttliche Feuer im jeweiligen Menschen so lange verbirgt, bis er genügend individualisiert ist und eine bestimmte Reife erlangt hat. So formt sich ein eigenständiges Wesen, die eigentliche oder „wahre“ Individualität des Menschen, die Sri Aurobindo das „seelische Wesen“ nennt. Das, was wir in Wirklichkeit sind, ruht dabei als Ur-Idee oder geistige „Blaupause“ von Anbeginn in uns. Es ist der Motor unserer Entwicklung, der geheime Navigator, das Bild unserer Erfüllung und Vollendung. Ziel dieses gesamten Entwicklungsprozesses der Seele ist, dass der Seelenfunke auf Erden zu seiner ganzen Pracht erblüht und das ursprünglich rein geistige, „himmlische“ Ur-Bild sich schließlich auch hier, im Irdischen, offenbart. Dann bringt sich Gott in einer einzigartig gewordenen Form zur Erfüllung. Deshalb ist es so wichtig, unseren Träumen und unserer Sehnsucht zu folgen, sind sie doch der Weg zu uns selbst (siehe auch: „Der Weg des Herzens – Der eigenen Bestimmung folgen“, Seite 196). Und wer zu sich selbst, seinem Selbst, hinfindet, findet unweigerlich auch zu Gott, denn beide sind in der Essenz ewig eins.

Die Seele in Pflanzen und Tieren: Da die Seele alles Leben trägt, gibt es sie auch in den Pflanzen und Tieren. Denn die Seele ist die göttliche Gegenwart in allen lebenden Wesen. In Pflanzen und Tieren ist sie jedoch noch nicht individualisiert, sondern kollektiv, weshalb man sie eine „Gruppen-Seele“ nennt. Von der eigentlichen Seele spricht man erst auf der evolutionären Stufe des (individualisierten) Menschen. Da die Evolution und damit auch die Entwicklung der

Seelen stetig voranschreiten, gibt es kein Herabsinken in niedrigere Ebenen des Bewusstseins. Es ist also keineswegs so, dass ich als Mensch aufgrund von „miesem Karma" in meinem nächsten Leben als Ameise oder als Schwein wiederkehren könnte – eine Auffassung, wie sie oft in buddhistischen Kreisen kursiert. Man entwickelt sich vielmehr von einem Bewusstseinszustand zum jeweils nächsthöheren weiter.

Seele und Innenwende: Sobald sich ein Mensch zu einem selbstverantwortlichen Individuum entwickelt hat, ist er gereift genug, um sich seiner Seele bewusst zu werden. Er wendet seine Aufmerksamkeit nun seinem Inneren zu, denn *nur dort* kann er sie finden. Das ist, nebenbei bemerkt, auch der Grund, weshalb man eine Seele niemals in sezierten Leichen entdecken wird: Denn die Seele existiert nicht in der Dreidimensionalität, sondern in einer höheren, von Mystikern als „vierte (räumliche) Dimension" bezeichneten Bewusstseinsebene, in einer verborgenen „Krypta" hinter dem Herzen. Die Seele ist eine leuchtende Gottheit in uns, und es bedarf der Stille und der Konzentration, um mit ihr zu kommunizieren. Wenden wir uns ihr zu, macht sie sich immer deutlicher bemerkbar. Sie tritt mit uns in Kontakt – durch innere Führung, Freude, Intuition, sich stetig steigernde Liebesfähigkeit und einen neu erwachenden inneren Sinn. Nach Sri Aurobindo wendet die Seele den Menschen dann dem Guten, Wahren und Schönen zu, den Qualitäten des Göttlichen. Je reiner, durchlässiger und hingabefähiger ein Mensch wird, umso stärker scheint das Seelische hindurch und gewinnt an Licht und Kraft. Ein solcher Mensch wird schließlich Meister seiner selbst und Meister seines Lebens.

Diese Innenwende des Bewusstseins ist ein Meilenstein der Seelen-Evolution und unabdingbar für den weiteren, nun spirituellen Weg: Der Mensch wird dabei immer deutlicher der, der er (in seinem Innersten) schon immer war und ist. Dieser lange Weg der Evolution der Seele endet daher auch nicht im Verlöschen der eigenen Persönlichkeit in einem jenseitigen apersonalen Nirvana, sondern in deren

Vollendung – wobei mit dieser Persönlichkeit jedoch nicht das Ich oder Ego gemeint ist.

Seele und Ego/Ich: In jeder neuen Inkarnation baut sich die Seele – wie es insbesondere Sri Aurobindo beschreibt – aus den Elementen der bisherigen Evolution (Körper, Leben, Mental) eine Vordergrundpersönlichkeit auf, mittels derer sie die weiteren nötigen Erfahrungen sammelt. Das Ich ist deren provisorischer Mittelpunkt, um den sich diese Lebenserfahrungen zunächst zentrieren. Das *wirkliche* Zentrum des Menschen ist jedoch seine unvergleichlich größere Seele. Das Ich ist nur die Spitze des Eisbergs des gesamten menschlichen Wesens, das sich jedoch irrtümlicherweise für ein unabhängiges Ganzes hält.

In den meisten (vor allem östlichen) spirituellen Richtungen wird das Ich als etwas Minderwertiges angesehen, das zu verschwinden hat, wenn man auf dem spirituellen Weg voranschreiten will. Nach Auffassung der modernen Tiefenpsychologie hat das Ich hingegen eine äußerst wichtige Funktion: Es ist der Teil unseres Selbst, der bereits bewusst geworden ist. Das Ich kann somit an Bewusstheit wachsen, indem es sich für immer mehr Aspekte des Selbst, als seines Entfaltungspotenzials, öffnet und diese in sich integriert. Es darf sich nur nicht – als „Ego“ – gegen seine weitere Entwicklung sträuben und sich als etwas vom Ganzen Abgesondertes verstehen. (Zur Vertiefung und Abgrenzung von Ego, Ich und Selbst siehe auch „Wer bin ich – ein Tropfen im Ozean“, Seite 139, sowie „Ego, Ich und Selbst“, Seite 142)

Seele und Erde: Nach Sri Aurobindo und seiner spirituellen Gefährtin Mirra Alfassa spielt die Seele bei der Erden-Evolution eine überaus wichtige Rolle. Als die göttliche Gegenwart in allem Irdischen ist sie notwendig, um die Schöpfung wieder mit ihrem geistigen Ursprung zu vereinen. Das Leben auf Erden ist somit die Geschichte der großen Pilgerfahrt der Seele aus der Dunkelheit ins Licht, aus der Sterblichkeit zur Unsterblichkeit, wie sie die Menschheit in ihren

Mythen von Beginn an begleitet. Woraus sich schließen lässt, wie überaus kostbar unser blauer Planet ist, unsere durch und durch lebendige und beseelte Mutter Erde (siehe hierzu auch: „Mutter Erde im Wandel der Zeit“, Seite 71). Sie ist Bühne und Schauplatz unserer inneren und äußeren Schlachten, unserer Niederlagen und Erfolge, schließlich aber auch unseres und ihres Sieges: der Vollendung. Wir sollten sie lieben, behüten und verehren, statt sie zu zerstören!

Erwachen: Und dann irgendwann, gegen Ende dieser unvorstellbar langen Reise, ist es so weit: Wir erwachen zusammen mit unserer Seele zu einer neuen Existenz, mitten im irdischen Leben, jetzt und hier, auf diesem Planeten. Fähigkeiten tauchen auf, die wir nicht für möglich hielten, eine neue Wahrnehmung der Welt, ein größeres Leben und eine nie gekannte Liebe und Glückseligkeit. Von da an spüren wir unumstößlich, dass wir ewig waren, ewig sind und ewig sein werden: Freude über Freude, von Offenbarung zu immer größerer Offenbarung, unendliches göttliches Sein …

WINTER

GEBURT DES LICHTS

Wenn die Seele erwacht

Wenn die Seele erwacht, dann hast du keine Fragen mehr. Aber Antworten auf sämtliche Fragen, die du je stelltest. Dein Herz strömt und weiß. Die Welt offenbart sich dir.

Und du spürst mit jeder Faser deines neuen Seins: Seele, das ist Licht, das ist Leben. Leben, nicht als die Spanne zwischen Geburt und Tod, Licht, nicht als das Gegenteil von Dunkel. Nein, LEBEN an sich, LICHT an sich. Und du erkennst, dass Seele Gott ist und Seele und Licht und Leben eines. Eins in ihrer Essenz und diese Essenz ist die eine und einzige Substanz alles Seienden. So ist die ganze Welt göttlich.

Wenn du sehen kannst, dass Pflanzen verkörpertes leuchtendes Leben sind inmitten eines vibrierenden Feldes, und wie sie schwelgen und träumen, dahingegossen in kosmischer Trance, und erst ihr Traum sie hier auf Erden gebiert, so wie auch du dein Leben gebierst – *dann* ist deine Seele wach.

Und wenn du andere darüber streiten hörst, ob es Gott gibt oder nicht, dann gehst du still an ihnen vorüber. Du lächelst das Lächeln deines ersten Schöpfungsmorgens – und der Funke springt über.

Advent

Der Advent hat begonnen, und ich bin eifrig am Plätzchen backen. Drei Sorten sind schon fertig: ein veganes Stollenkonfekt mit Rumrosinen und Marzipan, Mini-Elisenlebkuchen mit dunkler Schokoladenglasur und Mürbeteigherzen mit einer cremigen Nougatfüllung. Sie ruhen, in Blechdosen gut verstaut, in der Mansarde des Mehrfamilienhauses, in dem ich wohne. So können die Aromen bis zum Verschenken durchziehen, und die Plätzchen sind dort oben vor meinem Zugriff geschützt. In meiner Wohnung würde ich nämlich, selbst im Nachthemd, zu meinem Plätzchen-Mekka pilgern, wenn mich spätabends noch die Lust auf etwas Süßes überkäme. Aber in Nachthemd und Pantoffeln die drei Stockwerke bis zur Mansarde hinaufzuschleichen und unterwegs womöglich einem pikierten Nachbarn zu begegnen, das kommt nun doch nicht in Frage.

Wir haben in unserem Freundeskreis vor Jahren schon beschlossen, uns zu Weihnachten nur eine Kleinigkeit zu schenken: etwas Selbstgemachtes, Selbstgekochtes oder -gebackenes. Weil doch jeder so ziemlich alles hat, was er braucht. Dem Munkeln meiner Lieben zufolge scheinen auch sie sich dieses Jahr allesamt für Plätzchen entschieden zu haben. (Von mir gibt es zusätzlich noch etwas anderes, aber das darf ich ja jetzt noch nicht verraten!) Vor meinem inneren Auge sehe ich uns alle in mehlbestäubten Schürzen und mit roten Wangen in unseren Küchen stehen und füreinander backen: unsere jeweils köstlichsten Plätzchen. Das gibt an Weihnachten dann einen Riesen-Austausch von süßen, knusprigen oder klebrig-weichen Leckereien und eine große Freude bei allen!

Genauso stelle ich mir, in einem übertragenen Sinn, das Leben in jenem Zustand vor, den man „das Paradies" nennt; folgt doch auch unser Leben einer geheimen Rezeptur. Jeder Bewohner des Paradieses würde, da erwacht – sonst wäre er ja nicht im Paradies –, aus seinem Leben das schönste Werk erschaffen, das ihm nur irgend möglich ist. (So wie wir derzeit alle unsere Lieblingsplätzchen backen.) Dann kämen wir alle zu einem großen Fest zusammen, bei dem ein jeder eingeladen wäre, an der einzigartigen Schöpfung der anderen teilzuhaben. (Das entspräche dem Austausch der Plätzchentüten zu Weihnachten.) Wie herrlich wäre es, am „Leb-Kuchen" der anderen ein wenig mit zu knabbern, ihn zu kosten und zu rätseln, welche geheimen Ingredienzen darin wohl für den so überaus köstlichen Geschmack sorgen!

Während man beim Plätzchenbacken jedoch seine Rezepte meist streng hütet, würden wir Menschen im Paradies von Herzen gern unsere geheimen Zutaten für ein glückliches Leben verraten, um uns auch damit gegenseitig zu beschenken. Weil wir bis dahin doch gelernt haben, dass alles, was wir unserem Nächsten tun, vervielfacht auf uns zurückfällt. Ist doch „der andere" niemand anderes als wir selbst! Die besten Zutaten des anderen könnte dann jeder mit seinen eigenen bewährten Zutaten mischen und daraus ein noch schöneres und noch glücklicheres Leben erschaffen. So würde das Leben von jedem von uns immer reicher, verschwenderischer, kreativer. Und unser Paradies wäre das reinste Schlaraffenland und ein nie mehr endendes Weihnachtsfest!

Morgenstern

Leg Deine Hand mir,
wie einem fiebernden Kind, auf die Stirn.
Damit ich Dich erspüren kann.

Forme mich,
gib mir Gestalt, Kontur.
Damit ich mich in Deiner Weite nicht verlier.

Dann tritt mir gegenüber,
sei der Andere, das Leben, der Tod.
Damit ich Dich erfahren kann.

Doch halt mich fest, ganz feste,
wenn die Finsternis kommt und ihr schwarzer Drache
mich zu verschlingen droht.

Du warst meines innersten Wesens Schmied,
von allen Feuern deiner Liebe
ward ich gebrannt.

Du warst mein Folterknecht, Dein eigner Verleumder,
der Widersacher in mir – doch ich habe Dich
hinter all Deinen Masken erkannt.

Du warst der Lotse meiner Seele in der Nacht,
jetzt erwach' ich mit dir, in dir:
zur Liebe, die niemals endet.

Oh, sieh nur, wie am inneren Horizont
der Morgenstern aufsteigt!

Weihnachten oder Die Geburt des göttlichen Kindes

In meiner Kindheit habe ich Weihnachten, wie alle Kinder, sehr geliebt. Es war dieses Geheimnis und dieser Zauber, der über dem Heiligen Abend lag. Und diese Nähe zur Transzendenz, die sich in der warmen Lichterflut des Tannenbaumes, dem festlich geschmückten, weihnachtlich duftenden Zimmer und dem staunenden Glanz unserer Kinderaugen widerspiegelte. Weihrauch, Gold und Myrrhe, Sterne und Engel und sphärische Klänge – es gibt Tage, an denen das Tor zum Himmel offensteht.

Aber je älter ich wurde, umso rigider gestaltete sich das Fest, bis ich Weihnachten nur noch als einen in Äußerlichkeiten untergegangenen Mythos empfand. Und als Pflichterfüllung, die, mit dem ermahnenden Hinweis unserer Mutter darauf, dass Weihnachten ein Familienfest sei, vehement eingefordert wurde. Was bedeutete: Man hatte, zumindest für die drei Weihnachtstage, zu erscheinen und sich dem bis ins Detail verplanten „Protokoll" zu fügen, das keinen Raum mehr für ein Hindurchschimmern der Unendlichkeit ließ.

Das Geheimnis von Weihnachten, sein Zauber, die Ahnung seiner so viel tieferen Bedeutung, das alles war zu diesem Zeitpunkt abhandengekommen, verschüttet unter erstarrten Ritualen.

Über Jahre hinweg habe ich darum gerungen, mich diesem Zwang zu entziehen, nur die notwendigsten Zugeständnisse gemacht. Und meine Familie damit gewiss sehr gekränkt. Aber auch wenn ich es noch nicht benennen konnte, so habe ich damals doch gefühlt, dass das Wesentliche, was Weihnachten, als die Geburt des göttlichen Kindes, für uns Menschen bedeuten kann, untergeht in Hektik und Stress, im Aufrechterhalten unhinterfragter Traditionen und Bergen von – zugegebenermaßen gutem – Essen.

Mir war, als müsse ich einen Freiraum für jene inneren Prozesse retten, für die es in mir noch keine Begriffe gab. Denn regelmäßig mit dem Beginn des Advents überkam mich eine tiefe und irgendwie „mystische" Gestimmtheit, in der sich, nun in mir selbst, der Himmel wieder öffnete. Und die Transzendenz wieder spürbar war, was sich in den darauffolgenden vier Wochen steigerte bis hin zu dem Gefühl, innerlich etwas ganz zartes Neues, noch nicht Benennbares, aber überaus Kostbares aus jener himmlischen Welt auszubrüten. Und ich hörte die Engel wieder singen. An keinen anderen Tagen im ganzen Jahr war ich mir selbst so nah, so durchlässig zu meinem Innersten. Daher hatte ich das tiefe Bedürfnis, mich diesem inneren Geschehen hinzugeben, und das gelang eben nur im Rückzug von allem anderen: in Stille. Denn nur aus einer stillen Nacht wird eine „Heilige Nacht". Aber das hätte damals niemand verstanden, man hätte mich kurzerhand für verrückt erklärt.

Erst viel später begriff ich selbst, dass es für alles, was sich in unserem Innern ereignen will oder soll, eine bestimmte Zeitqualität gibt, zu der dieses besonders gut gelingt: „Ein Jegliches hat seine Zeit, und alles Vorhaben unter dem Himmel hat seine Stunde …" (Pred. 3,1), wie es in dem so weisen Text in der Bibel heißt.

Schon immer haben Menschen in der dunklen Jahreszeit, am dunkelsten Tag, meist noch um Mitternacht als der dunkelsten Stunde, die Wiederkehr der Sonne gefeiert: die Geburt des Lichts. Und ebenso bin ich selbst, Jahr für Jahr, tiefer und tiefer um mein Innerstes, um meine Seele, gekreist, um sie immer mehr ins Leben und zur Welt zu bringen. Jahre und Jahrzehnte einer symbolischen „weihnachtlichen" Schwangerschaft, um endlich das innere, das göttliche Kind zu gebären. Ein reines Bewusstsein, ein reines Sein und in meinem Herzen ein neues Licht: das allmähliche Gewahrwerden der Seele. Denn es ist einzig *ihre* Liebe, die leuchtet.

Da waren die Engel, der Himmel und die Sterne nicht länger draußen, sondern jetzt drinnen und jener Morgenstern am inneren Firmament aufgegangen, der uns Menschen von da an den Weg durch die Ewigkeit weist.

Wenn ich heute die Kommerzialisierung der Weihnachtszeit betrachte mit dem Geplärre der Weihnachtsmärkte, dem ausgeuferten

Konsum, und wie ein alter weißbärtiger Santa Claus das zarte Jesuskindlein mitsamt dem ewigen Wunder der Geburt des Lichts verdrängt, dann denke ich, die Menschen ahnen gar nicht, welch tiefes Mysterium ihnen entgeht.

Es war das große Verdienst des Tiefenpsychologen Carl Gustav Jung, bewusst zu machen, dass Mythen nicht nur als äußere oder konkrete Tatsachen zu verstehen sind, sondern auch als ein innerpsychisches Geschehen, das sich im Menschen selbst ereignet, wenn die Zeit dafür reif ist. Und dass das Mysterium von Weihnachten, die Geburt Jesus Christus als des Sohnes Gottes, eine Symbolik ist, die sich auf jeden einzelnen Menschen übertragen lässt.

In der Tiefenpsychologie wird Christus als Archetyp für das Selbst des Menschen angesehen, den jeder Mensch im Verlauf seiner Individuation und „Selbst-Werdung" zu verwirklichen hat. Was diese Ansicht anbelangt, so kann man meines Erachtens noch ein wenig differenzieren: Ich würde das Jesus-*Kind* mit der *Seele* des Menschen und den erwachsenen, mit dem „Vater" eins gewordenen, Jesus *Christus* mit dem *Selbst* symbolisieren. Denn die Geburt des inneren Kindes geht mit dem Erwachen oder „Hervortreten" der Seele einher als notwendige, ja unabdingbare Vorstufe zur Verwirklichung des Selbst. Wobei unter „Seele" der individuelle Aspekt des Göttlichen im Menschen zu verstehen ist, sein wahres Wesen, sein Ur-Bild – so, wie Gott ihn einst erschuf. Auch die Seele ist zunächst, wie ein Neugeborenes, ein kleines, zartes Wesen, ein Flämmchen, das geschützt, behütet und weiter entfacht werden muss, damit es wächst und kraftvoll brennt.

Nach Ansicht vieler Mystiker existiert die Seele, bevor sie erwacht, in einer geheimen Höhle, tief hinter dem physischen Herzen, in einer „Krypta", die mit einer „Krippe" assoziiert werden kann. Und erst die Seele kann den Menschen, wie eine vermittelnde Instanz oder ein innerer Führer, zu seinem Selbst hin geleiten, so wie auch Jesus von sich sprach: „Keiner gelangt zum Vater, denn durch mich." (Joh. 14,6) Die Seele ist somit als das „Kind Gottes" zu verstehen, das erst im Menschen geboren werden muss, um sich schließlich mit dem Selbst, dem „Vater", zu vereinen. Und so wie auch Jesus unter ärmlichen Verhältnissen geboren wurde, auf Stroh in einem kleinen Stall, so muss auch jeder Mensch sich erst von allem Alten und seinem bisherigen Selbstverständnis verabschieden, „werden wie die Kinder", nackt und bloß, bevor ihm diese innere Geburt widerfahren kann. Nur wenn das Bollwerk des Egos durchlässig wird, leuchtet das innere Feuer durch den Menschen hindurch. Jenes Licht, das uns schon immer und für immer begleitet.

Christus gilt auch als der „Messias": der Retter und Erlöser der Welt. Denn wenn die Seele in einem Menschen erwacht, wendet er sich dem Unbenennbaren zu, wie eine Blume zur Sonne, zum Licht. Und gewiss war dieses Wiederfinden der Seele, wodurch sich das ganze Leben, die ganze Welt eines Menschen wandelt, jene Verheißung zu Anbeginn der Zeit, die die Menschheit auf ihrer Odyssee durch die Dunkelheit begleitete – auf diesem langen Weg der Mensch- und Gottwerdung.

Und je mehr Menschen zu ihrer Göttlichkeit erwachen, umso stärker wird das göttliche Bewusstsein und Licht auf Erden. So lässt sich dann auch die Aussage Jesu besser verstehen, als er verkündete: „Ich bin gekommen, Feuer auf die Erde zu werfen, und wie sehr wünschte ich, es wäre schon entfacht!" (Lukas 12,49)

Die Geburt des göttlichen Kindes ist somit nicht nur historisches Ereignis und individuelles, innerseelisches Geschehen, sondern auch Weltgeschehen: etwas, das sich in der ganzen Welt, der gesamten Schöpfung ereignen will und – vielen Mystikern zufolge – derzeit ereignet. Das Göttliche wird im einzelnen Menschen offenbar und ebenso in der Welt. Denn Christus ist ja nicht nur das Symbol für das Göttliche im Menschen, sondern auch für „das Licht der Welt".

Auch unsere Erde liegt in Wehen. Das Göttliche, das von Anfang an in ihr verborgen war, tritt nun hervor. Die Erde selbst durchläuft diesen Geburtsprozess, der mit dem Heraufdämmern eines neuen

Bewusstseins verbunden ist. Es ist unser Auftrag als Menschen, daran mitzuwirken.

Und es ist überraschenderweise, wie ich in einem Text des großen Bewusstseinsforschers Erich Neumann fand, die *Erde*, die dieses göttliche Licht gebiert – *Mutter Erde* –, und nicht, wie man meinen könnte, der Himmel! (Siehe hierzu auch „Mutter Erde im Wandel der Zeit", Seite 71) Mutter Erde hat uns Menschen alles geschenkt, was sie zu schenken hatte. Und sie beschenkt uns noch, Tag für Tag. Wäre es daher nicht an der Zeit, sich dafür einmal erkenntlich zu zeigen und ihr nun etwas von uns zurückzugeben?! Vielleicht ein wenig Ehrfurcht, Dankbarkeit, Freude und Engagement?

Frohe Weihnachten!

Die Evolution des Bewusstseins

Eine Idee, deren Zeit gekommen ist, lässt sich nicht aufhalten. Im Laufe des zwanzigsten Jahrhunderts kommen drei Philosophen zu ein und derselben Erkenntnis: Nicht nur der Mensch schreitet voran, sondern der gesamte Kosmos entwickelt sich. Er bewegt sich dabei auf ein Ziel hin, das Teilhard de Chardin die „Gottwerdung des Kosmos" nennt, Jean Gebser das „Werden einer neuen Welt" und Sri Aurobindo die „Offenbarung des Göttlichen in der Welt". Im Christentum ist mit der „Herabkunft des Himmelreichs auf Erden" etwas Ähnliches gemeint. Erstaunlich, wie ein französischer Jesuitenpater, ein deutscher Philosoph und ein indischer Weiser gleichzeitig zu *einer* gemeinsamen Wahrheit vordringen, ohne zunächst voneinander zu wissen.

Grundtenor ihrer Erkenntnis ist, dass es nur *eine einzige* Kraft im Kosmos gibt, die sich sowohl physisch/biologisch als auch psychisch/spirituell manifestiert: Bewusstsein. Damit ist nicht etwa das mentale Bewusstsein im Sinne von menschlicher Vernunft oder Ratio gemeint, sondern es geht um etwas viel Größeres, etwas Allumfassendes. Insbesondere Sri Aurobindo zeigt auf, dass es neben der (äußerlich sichtbaren) Evolution der Formen, die – bis hin zum Menschen – immer wieder neue physische Gestaltungen hervorbrachte, auch und vor allem eine (innerliche und nach außen nicht sichtbare) Evolution des Bewusstseins gibt. Diese ist schon immer die Grundlage, der geheime Ursprung und der Motor für die Evolution der Formen gewesen. Aber erst auf der Entwicklungsstufe des zu Reflexion und Erkenntnis fähigen Menschen wird sie offenbar.

Nicht Materie, sondern Bewusstsein oder Geist ist also die Basis und „Grundsubstanz" des Universums. (Mehr hierzu unter „Bewusstsein – Geheimnisvoller Stoff des Kosmos") Und wenn alles aus derselben Substanz gestaltet ist, kann es auch keine Kluft, keinen unversöhnlichen Bruch zwischen Geist und Materie geben, ergo keine unvereinbare Dualität. Der Kosmos ist somit ein einziges immenses Spektrum des Bewusstseins, das sich über viele Abstufungen hinweg von der reinen Materie „ganz unten" bis „ganz hinauf" zum reinen Geist erstreckt: die „Große Kette des Seins", wie es der US-amerikanische Philosoph Ken Wilber nennt. Man kann es vergleichen mit Licht, das durch ein Prisma fällt und so in seine einzelnen Farben aufgefächert wird, wobei jede Farbe dieses Regenbogens einen anderen Zustand des Bewusstseins symbolisiert. Teilhard de Chardin bezeichnet die gesamte Evolution mit ihrem immer komplexer werdenden Bewusstsein als „Aufstieg des Bewusstseins".

Das, was diese drei Evolutionsphilosophen in heutigen Worten beschreiben, ist im Grunde die moderne Übersetzung eines uralten Mythos, den man in nahezu allen Kulturen kennt: die stufenweise Aufwärtsentwicklung allen kosmischen Lebens aus der Dunkelheit des Unbewussten ins göttliche Licht des Überbewussten, dem es ursprünglich entstammt. In diese große Metamorphose ist auch die Wandlung des Menschen von der Sterblichkeit zur Unsterblichkeit eingebettet.

Das Wissen um Sinn und Ziel des Kosmos und des irdischen Lebens wurde also, wenn auch früher in rätselhaften Gleichnissen und

Symbolen verschlüsselt, der Menschheit von Anfang an mit auf ihre Reise gegeben. Vielleicht als „Erinnerung an die Zukunft"? Die Aussagen der Philosophie der Evolution des Bewusstseins lassen sich zudem von jedem, der mag, im gezielten Selbstversuch wissenschaftlich überprüfen. Der Forschende wird dabei feststellen, dass er über die Selbst- und Welt-Erkenntnis zur Gott-Erkenntnis mit ihrer unmittelbaren Erfahrung gelangt.

Evolution ist allerdings nur durch Involution zu verstehen, denn es kann sich nur das evolvieren (ent-falten), was zuvor involviert (eingefaltet) war. Aus einem „Nichts" heraus könnte nichts entstehen. Es kann sich nur das zeigen, was zuvor schon vorhanden war, wenn auch im Verborgenen.

Nach Teilhard de Chardin und Sri Aurobindo hat sich das Göttliche – als der all-eine Ursprung von allem – in eine immer dichter werdende Verhüllung gekleidet, bis hin zur grobstofflichen Materie. Auf dieses sich verbergende „Ein-wickeln" mittels Involution erfolgt als umgekehrter Prozess die Evolution als „Ent-wicklung". Die Evolution des Kosmos bringt somit nur das hervor, was bereits im Sein vorhanden und angelegt ist. Im Verlauf der Evolution „erwacht" das Göttliche, das bis dahin selbstversunken in sich ruhte, wieder schrittweise im Menschen und gibt sich in dessen Leben immer deutlicher zu erkennen. Der so Erwachende sieht das Göttliche dann auch in der Welt. So wird ihm das ganze Universum zu einer Offenbarung des Geistes.

Dieser Prozess des Ver- und Enthüllens lässt sich mit einem einfachen Beispiel veranschaulichen: Als Kind habe ich gerne mit Wachsmalkreiden gemalt und am liebsten eine Technik angewandt, bei der ich zuerst ein weißes Blatt Papier mit kunterbunten Farben ausmalte, die ich dann vollständig mit einem dicken schwarzen Wachsmalstift überdeckte, bis alle Farben darunter verschwanden. Dann kratzte ich mit unterschiedlich breiten Schabern an immer mehr Stellen das Schwarz von dem Papier, wodurch die Farben wieder zum Vorschein kamen und, im Kontrast zu dem Schwarz, noch mehr leuchteten als zuvor und wunderschöne überraschende Muster bildeten. Nun könnte man natürlich fragen, weshalb man überhaupt etwas verdeckt, um es danach ja doch wieder hervorzuholen. Aber ohne das Verbergen hinter dem Dunkel würde es doch niemals die Freude des Wiederentdeckens und des Erwachens geben! Und es braucht eben Licht und Dunkel zum Erkennen.

Dieses evolutionäre „Aufdecken" ist nach de Chardin zugleich mit einer Bewegung nach innen, in immer tiefere Schichten des Bewusstseins, verbunden – bis hin zu einem Zustand oder „Brennpunkt" des Bewusstseins, den er den „Omega-Punkt" nennt. Dieser befindet sich zugleich in der Zukunft und strahlt von dort aus in die Gegenwart zurück, womit er die mühsame und langwierige Evolution des Kosmos zu seiner Vollendung hin unterstützt. So kommt die ursprünglich rein geistige Idee des Kosmos zu ihrer unfehlbaren und physischen Erfüllung, und Geist und Materie entpuppen sich wieder als eins. Denn das in den materiellen Formen des Universums verborgene Göttliche scheint immer intensiver durch die transparenter werdenden Formen hindurch, bis es sich gänzlich enthüllt. Jean Gebser bezeichnet „das Durchscheinende" als die Erscheinungsform des Geistigen.

In seinem Buch „Das Rätsel dieser Welt" zeigt Sri Aurobindo auf, dass der Menschen innerhalb der Evolution einen besonderen Stellenwert innehat. Denn er ist die erste Spezies der Schöpfung, die sich der hier geschilderten Hintergründe des Universums bewusstwerden kann. Er ist allerdings – Sri Aurobindo zufolge –, und wie alle Lebewesen zuvor, auch nur ein „Übergangswesen", aus dem sich ein nochmals höheres und entscheidend neues Bewusstsein entfalten will.

Für Teilhard de Chardin erwacht die Evolution, die mit den „ersten Sternen" begann, im Menschen zu sich selbst. Da das heraufdämmernde neue Bewusstsein alle vorherigen Stufen in sich integriert, nannte Jean Gebser es das „integrale Bewusstsein". Es kennzeichnet den Übergang von der Ich- zur Seelen-Persönlichkeit. Denn der erwachende Mensch wendet sich seiner Seele zu und wird frei, indem er sich selbst überwindet. (Die Bewusstseinsstufen nach Jean Gebser werden eingehender in „Mutter Erde im Wandel der Zeit“ beschrieben.)

Der Übergang zu diesem neuen Bewusstsein und damit zur Offenbarung des Göttlichen in der Welt – da sind sich die drei eingangs genannten Evolutionsphilosophen einig – geschieht nicht irgendwann in ferner Zukunft, sondern: jetzt! Wir sind mitten darin, und das göttliche Licht hat als das geheime „Feuer der Erde“ wieder zu leuchten begonnen. Aber, wie immer, wenn etwas radikal Neues geboren wird, gehen eine mächtige Krise und eine nicht zu unterschätzende Gefahr damit einher. Denn längst nicht alle Kräfte und Mächte unserer Welt sind der Enthüllung des Göttlichen wohlgesonnen. Und so muss wohl ein jeder für sich selbst die Entscheidung treffen, auf welcher Seite er steht und wofür er sein eigenes Leben einzusetzen gedenkt.

Lasst uns unserer Erde und dieser wundervollen Schöpfung die Chance zu ihrer Vollendung geben! Und wer möchte ihn eigentlich nicht erleben: den Himmel auf Erden? Denn war nicht genau dies von Anfang an unser Ziel …?

Sei wie ein Fluss

Sei wie ein Fluss,
der ewig ein und derselbe ist
und doch erst
durch sein Strömen und Wandeln
Quelle und Ozean eint.

Über den Wolken

Heute ging ich, wie so oft, eine meiner geliebten Runden durch den inzwischen tief winterlichen Wald. Grau war's, dichter Nebel, nur knapp über null Grad. Der Boden knackig, noch leicht gefroren von den Minusgraden der letzten Tage. Eigentlich kein schönes Wetter zum Spazierengehen. Da bleibt man lieber zuhause, auf dem Sofa eingemummelt in eine wollene Decke und bei einem süßen, heißen Kakao. Wie gut aber, dass ich dennoch ging!

Mein Weg führte mich sanft an der Nordseite eines bewaldeten Hanges hinauf. Je höher ich kam, umso mehr schien es, als helle sich der Himmel dort oben – über den Baumwipfeln und zum Berggipfel zu – allmählich auf. Schon schimmerte mir, mit etwas Zuversicht, von oberhalb der verzuckerten Baumspitzen ein wenig Blau. Und tatsächlich, ein paar Meter nur noch, und ich drang durch die Nebeldecke hindurch und stand, nun ganz oben, in herrlichstem gleißendem Sonnenschein. Und das mitten im Winter! Der Himmel so tiefblau, wie ich ihn sonst nur von meinen Sommern in der Provence her kenne. Die Sonne darin ein leuchtender Stern. Ein Strahl aus ihrer Mitte traf meine Brust und entflammte mein Herz. Ich ließ meinen Blick in die Ferne schweifen. Ausgebreitet vor mir und um mich herum ein reinweißes Wolkenmeer, das alles darunter verbarg. Als einzige Insel darin erhob sich, mir gegenüber, eine mächtige Burg auf rotem Felsen, als habe auch sie soeben mit ihrer geballten Hoffnung die Wolken durchstoßen.

Als ich dastand, angesichts dieser Schönheit fast des Atems beraubt, wusste ich plötzlich nicht mehr, ist dies Tag oder Traum. Denn diese Bilder beinhalteten so viel mehr als reine Sinneseindrücke. Aber worin, überlegte ich, besteht da überhaupt der Unterschied? Liegt nicht die Fähigkeit, eine gegebene Wirklichkeit als Traum zu betrachten, nur darin, noch staunen zu können? Die Welt als kleines oder großes Wunder anzusehen? Als Gleichnis für etwas, das hinter dem Sichtbaren liegt und doch so viel wirklicher ist als das scheinbar real Gegebene? Und von dem man mit den physischen Sinnen doch immer nur eine Ahnung erhaschen kann.

Und als ich bereit war, einzutauchen in dieses Bild wie in einen Traum, offenbarte sich, dass dieser Stern, als den ich die Sonne wahrnahm, mir von der Allgegenwart einer Gottheit künden wollte. Von etwas Ewigem, das niemals untergehen kann. Dass man jedoch hin und wieder die Niederungen des Daseins hinter sich lassen muss, um oben, in der kristallenen Klarheit des Geistes, solch erhellende Gewissheit zu finden. Und ich erkannte auch, dass ein Berg ein Symbol ist für einen Ort, an dem die Erde in den Himmel übergeht, ebenso wie für den Menschen, der sich selbst überwindet und damit Himmel und Erde in sich vereint. Als Krönung des Bildes die mir gegenüberliegende Burg. Sie gemahnte mich daran, dass der Mensch sich aber nur dann sicher und geschützt in die Transzendenz erheben kann, wenn er – wie diese auf dem Felsen thronende Burg – fest im Leben auf der Erde verankert ist.

Nach einer Weile ging ich, jetzt an der Südseite entlang, gemächlich den Berghang wieder hinunter. Hinein in den Nebel, das ungemütliche Grau, das nun wieder alltägliche Leben – beruhigt und beglückt durch die inneren und äußeren Bilder. Da wurde mein Herz ganz hell und warm. Und ich entdeckte einen kleinen Stern darin! Ein exaktes Abbild der Sonne, gerade nur so groß, dass es in mein Herz hineinpasst. Doch sein Licht strahlt weit darüber hinaus …

Reflexionen über den Glauben

Und das ist der Sieg,
der die Welt besiegt hat:
unser Glaube.

(1.Brief des Johannes 5,4)

Wer hat ihn nicht gelesen, Yuval Noah Hararis Bestseller „Eine kurze Geschichte der Menschheit“? In dessen Schlusskapitel zeigt Harari Entwicklungen in Forschung und Wissenschaft auf, die man für ein Horror-Zukunftsszenarium halten könnte, jedoch längst konkrete Wirklichkeit sind. So werden zum Beispiel digitale Gehirne mit Bewusstsein und Gedächtnis entworfen, aus denen neue Lebensformen entstehen können, frei von Emotionen und somit hemmungslos. Niemand weiß, wozu diese fähig sind. Oder Computerprogramme, die sich eigenständig weiterentwickeln – fragt sich nur, wohin … Und sogar menschliche Gehirne werden in Computer verpflanzt. Dies alles wird initiiert von Wissenschaftlern, die sich selbst in den Stand von Göttern erheben; Harari nennt sie „Dr. Frankensteins“. Was mag sie antreiben, selbst so jegliche Hemmung zu verlieren und nichts mehr als unantastbar oder gar heilig zu respektieren? Vielleicht die Hoffnung, der Evolution ein Schnippchen zu schlagen und Unsterblichkeit oder das ewige Leben zu erlangen, ohne die Mühsal, dafür das eigene Bewusstsein zu transformieren? Das wäre wohl eher ein in die Ewigkeit hinein verlängertes Grauen. Selbst Harari, der ansonsten recht hartgesotten erscheint, wirkt im Nachwort seines Buches anlässlich seiner eigenen Zukunftsaussichten für die Menschheit erschüttert und warnt vor diesen munter drauflos frankensteinenden, selbsternannten „Göttern“.

Die indische Philosophie besagt, dass wir bis vor kurzem noch in einem finsteren Zeitalter lebten: im Kali-Yuga, dem dunkelsten der vier Zeitalter, die die hinduistische Kosmologie kennt. Angesichts der oben geschilderten Entwicklungen tauchen Angst und beklemmende Fragen auf: Wohin steuert unsere Welt? Gibt es überhaupt noch eine Rettung für die immer verwirrtere Menschheit und unseren heruntergewirtschafteten Planeten? Oder haben enthemmte Zauberlehrlinge nicht schon längst die Macht über die von ihnen entfesselten Kräfte verloren und sind dabei, unsere Welt in eine seelenlose Hölle zu verwandeln?

Es ist stets Ausdruck solcher Kräfte, dass sie eine Untergangsstimmung heraufbeschwören und jegliche Hoffnung zu untergraben versuchen. – Aber, keine Sorge: Wahre Unsterblichkeit ist an Vergöttlichung gebunden, und davon sind alle Dr. Frankensteins dieser Welt Lichtjahre entfernt.

Vor diesem Hintergrund wird deutlich, dass insbesondere Menschen, die sich mit Spiritualität befassen, eine große Verantwortung tragen. Bewusstheit schließt immer auch Verantwortung mit ein. Je umfassender das Bewusstsein, umso größer die Verantwortung, nicht nur für sich selbst, sondern auch für das Umfeld, in dem man lebt.

Es wäre so einfach, angesichts der Missstände in Depression und Resignation zu verfallen. Aber man muss um das kämpfen, was man hier, im Leben und auf diesem Planeten, verwirklicht sehen will. Um eine geeinte Menschheit zum Beispiel, die mit allen anderen Geschöpfen dieser Erde in Frieden, Liebe und Freiheit lebt. Oder um einen Planeten, der sich erholt und wieder aufatmen darf, und zu dem Paradies wird, als das er ursprünglich gedacht war.

Daher sollte jeder spirituell orientierte Mensch bezüglich seiner eigenen Vision, wie es mit unserer Erde und dieser Welt wohl weitergehen mag, für sich selbst eine klare Entscheidung treffen: Glauben wir denn nun an eine höchste Macht, der wir uns doch auf so vielen Wegen zu nähern suchen? An eine allmächtige, all-liebende, all-eine Macht, die sich ihre Schöpfung niemals durch anmaßende Zauberlehrlinge zerstören lässt? Oder glauben wir nicht an sie und stattdessen an ein vermeintlich absolut Böses und dessen triumphalen Sieg?

Diese Entscheidung muss eindeutig sein und ist ein Wendepunkt auf jedem spirituellen Weg. Hier gibt es kein lauwarmes „Na ja, ein bisschen glaube ich an das Gute, an das Göttliche, aber nicht so ganz ..." oder ein zögerliches „Ich warte erst mal noch ab, bis ich Beweise habe". Es gibt nur ein klares Ja oder Nein. Von Jesus ist überliefert, dass er in diesem Zusammenhang davon sprach, „die *Lauen* auszuspeien" aus seinem Mund: „Ich kenne deine Werke. Du bist weder kalt noch heiß. Wärest du doch kalt oder heiß! Weil du aber lau bist, weder heiß noch kalt, werde ich dich aus meinem Mund ausspeien." (Offenbarung des Johannes 3, 15-19) Wir müssen uns also schon ganz bewusst zu einer Seite bekennen. Zum Glauben daran, dass es nur *eine einzige* Kraft im Universum gibt: ein *absolut* Gutes, das zwar ein *relativ* Böses in sich bergen kann, welches jedoch – wie alles Relative – eben immer nur vorübergehend und abhängig vom Absoluten existiert. Oder zum Glauben an eine dem Göttlichen ebenbürtige Macht der Finsternis und somit an eine grundlegende Dualität. In diesem Fall bliebe unsere Welt auf immer gespalten.

Entscheiden wir uns für das absolut Gute, ist es notwendig, zu dieser Entscheidung in unseren Gedanken, Gefühlen und unserem Handeln zu stehen, felsenfest; unseren Glauben ohne Wenn und Aber zu leben.

Der Glaube ist somit von immenser Bedeutung und zudem ein Thema, das viele Aspekte aufweist. Zunächst ist Glaube eine innere Überzeugung oder das Vertrauen darauf, dass etwas wahr ist, auch wenn es noch nicht erfahren werden kann. Glaube ist ja eben deshalb *Glaube*, weil man eine bestimmte Wahrheit erahnt, sie aber noch nicht beweisen, sondern nur vage fühlen kann. So wie auch die Suche nach der eigenen Seele mit dem Glauben an ihre Existenz beginnt.

Am Anfang spürt man nur – in manch kostbaren Augenblicken –, dass da etwas ist, das die bisherige Vorstellung unserer selbst überschreitet: etwas Tiefes, unermesslich Weites und doch innigst Vertrautes. Manchmal ist es kaum mehr als ein wundersamer Hauch, als habe uns der Flügel eines Engels berührt. Aber selbst dann hinterlässt dieses Etwas eine Spur, die man nie mehr vergisst. Von da an heißt es: ihr weiter zu folgen und darauf zu vertrauen, und das aus tiefstem Herzen! Konsequent auf das bauen, woran man glaubt, selbst wenn alle äußeren Geschehnisse sich bedrohlich zusammenrotten, um das zarte Pflänzchen des Glaubens vernichten zu wollen. Dem Herzen muss man vertrauen und nicht den eingeschränkten Sinnen oder dem unablässig zweifelnden Verstand, der gar nicht anders kann, als ewig zu zweifeln. Auf den Glauben werden dann die bestätigenden Beweise folgen, nicht umgekehrt!

Jede reale Erfahrung Gottes beginnt mit dem Glauben. Dem Glauben daran, dass eine einzige absolute, allgegenwärtige, allmächtige und allwissende Macht existiert, welchen Namen man ihr auch immer geben mag. Und dass sie das ganze Universum erschafft, durchseelt und belebt, sich bis in die Transzendenz erstreckt, sodass es nichts anderes als diese ewige göttliche Macht gibt und geben kann. Die logische Konsequenz eines solchen Glaubens an Gott ist, dass auch seine Allmacht und eine göttliche Führung hinter allem Geschehen wirkt.

Der Glaube ist in der Umnachtung des menschlichen Geistes wie ein erster, noch ferner Hoffnungsschimmer. Früher oder später wird aus Glaube Gewissheit und aus dem Schimmer Licht: Dann erkennt man ohne jeglichen Zweifel, dass Gott existiert – dass einzig Gott IST. Und weiß, dass diese göttliche Macht letztlich immer zu einem absolut Guten und Wahren führt und, durch alle noch so bedrohlichen Krisen hindurch, zu einem göttlichen Ziel.

Glaube ist somit eine innere Regung, die sich aus höheren Bewusstseinsebenen speist und stets auch Ausdruck von Gnade. Denn glauben zu können, ist ein Geschenk. Niemand wird zu etwas Höherem, Göttlichem finden, das er verleugnet. Zum Glauben gehört daher auch, offen und empfänglich für diese höheren Impulse zu sein. Zuversicht zu pflegen, eine positive Haltung, die auf das Gute vertraut, statt Pessimismus und unablässig nagende Skepsis. Dann wird man unweigerlich mit Erkenntnis belohnt und mit Erfahrungen, die das Tor nach innen, zur Seele hin öffnen. Dann glaubt man nicht mehr, sondern fühlt und weiß.

So betrachtet, ist Glaube tatsächlich eine (Welt-)bewegende Kraft, die zur Verwirklichung von jeglichem Neuen unerlässlich ist. Ohne Glauben kann hier auf der Erde nichts geschehen. Und woanders vermutlich auch nicht … Dabei ist es gar nicht mal viel, was von uns Menschen an Einsatz verlangt wird, – nicht mehr als ein „Senfkorn", wie Jesus verhieß: „Amen, das sage ich euch: Wenn euer Glaube auch nur so groß ist wie ein Senfkorn, dann werdet ihr zu diesem Berg sagen: Rück von hier nach dort!, und er wird wegrücken. Nichts wird euch unmöglich sein." (Matthäus 17,20). Womit wir nochmals beim Thema „Verantwortung" sind. Wenn selbst ein bisschen Glaube so viel bewirken kann, haben wir doch dem eingangs geschilderten Zukunftsgrauen einiges entgegenzusetzen, oder?!

Neben dem Glauben an eine höhere Macht gibt es noch den Glauben an sich selbst, an die eigenen Fähigkeiten. Ein Erahnen des Ziels, sich nach dem höchsten Ideal, das man von sich hat, erschaffen zu lassen, sich zu erfüllen und zu vollenden. Wir können alles werden, wohin uns unsere Sehnsucht trägt, sofern sie im Einklang mit unserer innersten Wahrheit steht.

Auch hier gilt: Sobald der Mensch eine Vorstellung davon hat, was die Wahrheit seines Wesens, seine Bestimmung ist, muss er – in vollem Glauben daran – diese leben, damit sie physische Realität werden kann. (Siehe hierzu auch „Der Weg des Herzens – Der eigenen Bestimmung folgen", Seite 196) Durch seinen Glauben erschafft der Mensch nicht nur sich selbst, sondern auch die Welt, in der er lebt. Und es gibt keine Grenzen außer denen, die er sich selbst durch mangelnden Glauben setzt. Seine kühnsten Träume zu verwirklichen – welch Abenteuer! Wir sind heute das, woran wir gestern glaubten. Wir können morgen das werden, worauf wir heute schon vertrauen, es zu sein.

Manchmal wundere ich mich, wie schwer sich Menschen damit tun, an eine höhere Macht zu glauben, an eine das kleine Ich überschreitende Kraft. Aber hat es bei der Entstehung unseres Universums nicht schon genug unerklärliche Zufälle – „Wunder" – gegeben, um zu erkennen, dass es da „Etwas" gibt, das alles führt und lenkt? Ebenso bei der Entstehung der Erde als einem einzigartigen, ja perfekten Planeten, auf dem das Wunder des Lebens möglich ist. Und wieder und wieder im Verlauf der bisherigen Evolution.

Hat jene für uns so unfassbare Instanz, die wir „das Tao", „das Brahman" oder „Gott" nennen, „das Unkennbare", „Allah" oder „Adonai", somit unsere Zuversicht und Zusicherung im Glauben nicht längst verdient? Worauf warten wir denn *noch*?! Es mag für manche merkwürdig klingen, aber die Evolution ist in ihrem Fortgang auf uns erwachende Menschen angewiesen. Unser Glaube stärkt die Mächte des Lichts, diese Gewissheit des Guten, Wahren und Schönen und der All-Macht der Liebe. Dann sehen wir hinter dem Dunkel das Licht, den immer heller werdenden Streifen am Horizont: das Heraufdämmern des goldenen Zeitalters, des Satya-Yuga, das unweigerlich auf das finstere Kali-Yuga folgt.

Silvestertraum

Ich beobachte es, dank meiner unermüdlichen Aufzeichnungen, nunmehr seit Jahren: Fast immer an Silvester träume ich einen besonderen, einen „großen" Traum, als wolle er mir eine Botschaft für das neue Jahr übermitteln. So auch in der Silvesternacht dieses Jahres – ein merkwürdiger Traum, ebenso abstrakt wie intensiv:

Da ist ein riesiger Block, der aus unzählbaren Dimensionen zu bestehen scheint. Ein Kubus der Transparenz und mit einem Glanz aus reinstem Goldgestäub, das sich schimmernd über das vordergründige Traumbild, eine weite sonnige Landschaft, legt. Ist die Landschaft möglicherweise ein Nachhall meiner Wanderung auf dem sonnendurchfluteten Bergrücken von vor wenigen Tagen? Aber jetzt ist sie durchzogen wie von einer feinen kristallinen Gitterstruktur; und ich weiß, es sind die Koordinaten einer neuen Zeit und Welt. Im Traum noch fühle ich mit aller Gewissheit, dass diese neue Welt tatsächlich geboren ist und wir nur noch lernen müssen, uns ihr zu öffnen, uns ihr hinzugeben.

Dann wandelt sich die Szene, das goldene Gestäub geht in einen Nachthimmel über, der das ganze Traumbild ausfüllt. Ich sehe Sternenformationen, die in einer wohlgeordneten weiten Choreografie wie in Zeitlupe über einen tiefschwarzen Himmel ziehen, sich wiegend und drehend wie Halme im Wind. „Kósmos" kommt mir dabei in den Sinn, griechisch: „die Ordnung". Die Sterne darin verschwenderisch ausgestreuter Samen – Sternensaat – von denen einer mich schwängert, sodass ich ein Kind nun gebären soll. Ein „Sternenkind", ein kleiner Stern – welch große Verheißung für das neue Jahr!

Natur und Seele – Vom zweifachen Wesen des Menschen

Wer diese neue Welt betreten will, muss zuvor einiges überdenken und wandeln: sein Verständnis von der Erde, von Gott und das von sich selbst.

Wir Menschen verstehen uns in der Regel als eine bestimmte Persönlichkeit, als ein „Ich". Dieses Ich aber ist nur ein begrenzter Ausschnitt des Menschseins. Allein mit seinem Ich sind weder der Mensch und sein bisheriger Werdegang noch seine weitere Evolution zu verstehen. In seiner größeren Realität ist – beziehungsweise hat – der Mensch ein zweifaches Wesen: einen menschlich-naturhaften Teil innerhalb von Zeit und Raum und einen geistig-göttlichen, in welchem er ewig und unsterblich ist. Den ersten Teil nennt man seine (menschliche) „Natur", den zweiten sein „spirituelles Wesen", wie ausführlich u. a. in den Werken Sri Aurobindos beschrieben. Die menschliche Natur setzt sich – ihm zufolge – aus jenen Prinzipien der Evolution zusammen, die sich auf der Erde bereits entfaltet haben: aus Physis/Körper, Vital/Leben, Mental/Verstand. Das spirituelle Wesen des Menschen hingegen ist Ausdruck des geistigen Prinzips, mit der Seele als dessen Stellvertreterin. Während man die Natur als den Vordergrund oder die Außenseite des Menschen betrachten kann, befindet sich seine Seele im Hintergrund verborgen, in seinem Inneren.

Dieses zweifache Prinzip von Natur und Geist findet sich nicht nur im Menschen, sondern im ganzen Kosmos wieder, wobei die Natur den aktiven Teil darstellt, der Geist den inaktiven. Es ist jedoch nur dem äußeren Anschein nach dual und in Wirklichkeit, wie alle Dualität, Ausdruck einer sie beide umfassenden und transzendierenden Einheit. Im Einssein löst sich alle Dualität auf. Und so gibt es nichts Vergängliches, das nicht von etwas Unvergänglichem getragen und erhalten wird, denn Vergängliches könnte ohne Unvergängliches erst gar nicht bestehen.

In ihrer erlösten Form soll die Natur schließlich auf Erden in ihrem höchsten, geistig-göttlichen Ausdruck erblühen. Zunächst ist dies jedoch noch nicht der Fall. Ganz im Gegenteil! Durch den Vorgang der Involution ist die an sich all-bewusste Seele hinter den Aktivitäten der mechanisch agierenden Natur verborgen und ganz und gar mit dem Ich oder Ego desjenigen identifiziert, in dem sie irgendwann erwachen wird. Die Seele hat sich darin verfangen wie eine Fliege in einem klebrigen Spinnennetz und ist nun mit der naturhaften Seite des Menschen zu einem verwirrenden Durcheinander verwoben.

So wird die (göttliche) Seele, die doch eigentlich die (irdische) Natur des Menschen beherrschen sollte, selbst von dieser beherrscht: „Im Gegenteil, es erscheint uns so, als habe sich der Ewige dadurch selbst degradiert, dass er in die Reinheit seines Wesens die grobe Natur der Materie eindringen ließ."[6] Und so hält sich die Seele irrtümlicherweise für eine bestimmte Persönlichkeit mit den ihr eigenen Empfindungen, Abneigungen und Sympathien.

Dadurch, dass wir Menschen unsere Gewohnheiten mit Hingabe pflegen und behaupten: „Das bin ich!", gibt es für die Seele für eine lange Zeit keine Befreiung. Man sagt dann, „die Seele schläft" – so lange, bis der Mensch sich irgendwann nach innen wendet, wo er ein geheimnisvolles Licht entdeckt. (In Wirklichkeit „schläft" die Seele nicht und ist auch niemals in ihrer wahren Größe und Macht eingeschränkt oder „befleckt". Es *erscheint* uns jedoch so, und wir wollen eines bestmöglichen Verständnisses wegen vom äußeren Erscheinen der Dinge zu ihrer inneren Wahrheit voranschreiten.)

Alles, was wir im Außen wahrnehmen, ist zunächst nur eine Reflexion unserer Vorstellungen von uns selbst und unserem Leben, deren Projektion auf die Leinwand von Zeit und Raum. Denn unser Inneres können wir anfangs nur dadurch erkennen, indem es uns von außen und als etwas scheinbar von uns Getrenntes entgegentritt. (Wozu diese Widerspiegelung notwendig ist, erfahren wir in „Mutter Erde im Wandel der Zeit".) Wir sehen also gar nicht die Welt, wie sie ist, sondern immer nur unsere eigenen reflektierten Bilder, wie in einem stark vergrößernden Spiegel. Die Annahmen, die wir pflegen, unsere Vor-stellungen von uns und der Welt, ver-stellen den Blick auf die Wahrheit.

Um die Welt zu sehen und zu erleben, wie sie wirklich ist, muss die Seele sämtliche (persönlichen) Identifikationen mit der vordergründigen Natur aufgeben und sich wieder ins Kosmische weiten. Je öfter und anhaltender es einem Menschen gelingt, sein Ich zu überschreiten und zu erkennen, dass er doch *alles* ist, umso deutlicher wird er sich seiner Seele als einer eigenständigen Wesenheit bewusst.

Nun kann er mithelfen, diese von seiner vordergründigen Natur zu entflechten. Es beginnt ein mühsamer Wandlungsprozess, der vorrangig im Herauslösen der Seele aus den naturhaften Inhalten besteht, mit denen sie sich bisher identifizierte. Dieser Vorgang fühlt sich wie eine große Reinigung oder Läuterung an, beschleunigt sich mit seinem Voranschreiten und währt so lange, bis die Seele schließlich vollständig herausgeschält ist. (Auf *welche* Weise dies geschieht, werden wir an späterer Stelle eingehender betrachten: „Von der Mühsal, die arme Seele zu befreien".)

Die Welt ist dann kein Spiegel mehr, der bloß reflektiert, sondern ein klares Fenster, durch das man hindurchschauen kann – bis zum Kern der Dinge, bis in die Tiefe der Welt. Dabei ist dieses „Hindurchschauen" weniger ein *Schauen* als vielmehr das *Empfinden* einer ungekannten Intensität, einer neuen Seins-Qualität, für die es noch keinen Namen gibt.

Hat sich die Seele aus der Ich-Persönlichkeit herausgelöst, nennt man sie „erwacht". Ihr Licht, das innere Feuer, leuchtet dann klar und hell. Und alles, was nun folgt, ist nicht nur Ausdruck von *Evolution*, sondern auch von *Revolution*: einer radikalen Wandlung des Menschen von Grund auf. Seine Seele wird hierdurch wieder das, was sie in ihrem göttlichen Wesen schon immer ist und war: frei. Frei und damit auch Herrscher über die sie umgebende Welt.

Nun strömt das Göttliche selbst in den geläuterten Menschen hinab, und der Mensch betritt – zutiefst gewandelt – eine wundersam gewandelte Welt: die Wirklichkeit, die Welt der Wahrheit. Er erkennt sich wieder als eins mit allem, weil er alles *ist*. Es gibt nichts mehr zu verstehen, weil man stattdessen schaut und weiß. Mit einem einzigen Blick nur aus der eigenen Tiefe heraus erfasst man die Wahrheit von allem, was ist, trifft Seele auf Seele, indem das Innerste von mir freudig das Innerste von dir umarmt.

Alles Geschehen findet jetzt vor dem Hintergrund der Ewigkeit statt, und man selbst erfährt sich als das unsterbliche „ICH BIN". Der Mensch ist wieder mit seinem geistig-göttlichen Teil vereint. Durch seine transparent gewordene naturhafte Vorderseite scheint nun seine ureigenste Identität, sein göttliches Ur-Bild, hindurch und so genießt er die Freuden der „diesseitigen" wie der „jenseitigen" Welt.

Von weit jenseits der Zeit

Als ich heute im Winterwald still meines Weges ging, kam mir unvermittelt eine meiner beglückendsten Erfahrungen in den Sinn. Aus welchem Grund mein Unbewusstes aus seinem Archiv von Abermillionen Erinnerungen ausgerechnet diese in meinem Bewusstsein aufsteigen ließ, ist mir allerdings ein Rätsel. Vielleicht weil es in mir zurzeit immer heller und tiefer und seliger wird und ich mich damit dem Glück von damals wieder nähere? Vielleicht aber auch nur, weil es so bitterkalt war und schon dunkelte, als ich lief, und die kalte Dunkelheit die Stimmung eines leeren Weltalls heraufbeschwor, mit der die Erfahrung von damals begann.

Es handelt sich um nur eine einzige Szene von vor vielen Jahren, und sie ereignete sich in einem Traum, in dem nichts anderes als ein Universum zu sehen war. Nicht ungewöhnlich für mich. Ich schätze, dass ich in jenen jungen Erwachsenenjahren, Anfang bis Mitte Zwanzig, mindestens einmal pro Woche im Traum ein Universum sah. Keine Ahnung, warum. Wahrscheinlich noch immer das alte Heimweh, denn meine Seele – Ziel meiner Sehnsucht – hatte ich zu diesem Zeitpunkt noch nicht gefunden. Aber anders als in den Nächten, in denen das Weltall nur schweigend dastand und nichts weiter geschah, tauchten dieses Mal aus seinen blauen Tiefen zwei blaue, tiefe und sehr klare Augen auf. Ich fühlte ihren Blick still auf mir ruhen, mit einer Güte und Wärme, für die ich in all den Jahren seither noch immer keine Worte fand. Diese Augen waren mir so innigst vertraut, als seien sie die eines spirituellen Meisters oder eines himmlischen Wesens, das man über alles liebt. Aber ich hatte nicht geglaubt, sie jemals wiederzusehen, hielt ich mich doch in diesem großen dunklen Weltall für verlassen. Und da, in diesen wenigen Minuten des Blickkontakts, wurde ich wie eines Versprechens gewahr: Was auch immer in meinem Leben noch geschehen mochte, am Ende würde alles gut! Denn ich hatte sie wiedergesehen – diese ewig liebenden und längst verloren geglaubten Augen! (Dass das Leben mir später eine Prüfung auferlegen sollte, durch die ich vorübergehend den Verstand verlor und beinahe auch dieses so felsenfeste Vertrauen, ahnte ich damals zum Glück noch nicht.) Nach einer Weile sank das strahlende Augenpaar in die Tiefen des Kosmos zurück, in dessen Sternen durchfunkelter Schwärze es dann verschwand. In meinem Herzen aber blieb eine goldene Spur …

Als ich aus dem Traum erwachte, überkam mich eine erschütternde Erkenntnis: Diese Augen waren meine *eigenen* gewesen – von weit jenseits der Zeit und im Zustand der Vollendung!

Mutter Erde im Wandel der Zeit

> Aber jede Erde, die lebt,
> strahlt ihren Himmel aus
> und wirft Sternennächte
> weit hinaus in die Ewigkeit.
> (Rainer Maria Rilke)[7]

Wir haben im vorletzten Kapitel betrachtet, wie der Mensch sich wandeln und zu seiner wahren Identität gelangen kann. Das „Geheimnis Mensch“ mit seinen verschiedenen Aspekten werden wir später noch vertiefen (siehe „Wer bin ich – ein Tropfen im Ozean“, Seite 139, und „Ego, Ich und Selbst“, Seite 142). Nun wollen wir als nächstes das „Geheimnis Erde“ eingehender erforschen. Denn um die Seele zu finden und Eintritt zu erhalten in ihre innere Welt, braucht es nicht nur ein neues Verständnis unserer selbst, sondern auch unserer Erde. Und so, wie der Mensch zweifach ist – naturhaft und göttlich –, ist es die Erde auch. Das Anerkennen ihrer Göttlichkeit schenkt uns eine neue, eine zukunftsfähige Vision. Eine Vision mit Würde und Respekt für dieses lebendige Raumschiff, das uns sicher und behütet durchs Weltall trägt: unsere Mutter Erde.

Werfen wir hierfür einen Blick auf die Vorstellungen, die die Menschheit im Laufe ihrer Evolution von der Erde hatte.

Es war der Tiefenpsychologe Carl Gustav Jung, der erkannte, dass der Mensch die Welt durch psychische Ur-Bilder begreift: Mutter, Vater, Kind, Baum, Haus, Himmel, Erde. Diese sogenannten Archetypen bleiben ihrem Wesen nach im Kern unverändert, während ihr äußeres Erscheinungsbild sich nach und nach wandelt. Denn auch konstante Wahrheiten erfahren Updates als Spiegelung der Zeit.

Aber der Mensch begreift die Welt nicht nur aufgrund von Archetypen, sondern auch und vor allem durch sein Bewusstsein, das sich ebenfalls über die Zeit hinweg verändert. Der Evolutionsphilosoph Jean Gebser hat die einzelnen Bewusstseinsstufen der Menschheit besonders detailliert herausgearbeitet, sodass ich im Folgenden seine Begrifflichkeit verwende. Darin eingebettet das sich mit jeder dieser Stufen wandelnde Verständnis der Erde, wie es der Bewusstseinsforscher Erich Neumann in seinem beeindruckenden Aufsatz „Die Bedeutung des Erdarchetyps für die Neuzeit“ beschreibt.

Gebser zufolge lebt der Ur-Mensch in einer *archaischen* und matriarchalen Bewusstseinsstruktur. In dieser schläft die Seele des Menschen noch. Der Steinzeitmensch befindet sich in einer Art paradiesischem Zustand, weil er noch undifferenziert, geborgen und traumlos im Weltall ruht. Allerdings auch noch vollkommen unbewusst … Im darauffolgenden *magischen* Bewusstseinsstadium beginnt der Mensch, allmählich ein Umfeld wahrzunehmen. Sämtliche Inhalte seines ihm bisher unbewussten Inneren werden nun nach außen – in „die Welt“ – hinaus projiziert. Das Innen wird für den Menschen so zu einem „Außen“ und einem „Gegenüber“. Denn anfangs kann der Mensch die Welt nur erkennen, wenn sie ihm als etwas „anderes“ als er selbst erscheint. Die Geborgenheit im Schoß der Erde geht dabei verloren. Im magischen Bewusstsein wird die Erde, so Neumann, mit der bedrohlichen „Großen Mutter“ gleichgesetzt, die Leben schenkt, aber auch nimmt und verschlingt: „Die Erde ist die dunkle Mutter des Lebendigen, ihr Schoß gebiert alles Lebendige, Pflanzen, Tier und Mensch, aber die Große Mutter frisst als furchtbare Mutter alles Geborene erbarmungslos in sich zurück."[8]

Diese negative Sichtweise der Erde spitzt sich auf der nächsten, der *mythischen* Bewusstseinsstufe noch weiter zu. Mit Erde (und damit auch Körperlichkeit) wird jetzt nur noch ein beängstigendes Unbewusstes, ein dunkles Weibliches, die Nacht, ja sogar die Hölle assoziiert. Alles Irdische wird abgelehnt und verleumdet, der Himmel hingegen zum Inbegriff von Erlösung und Zuflucht.

Das mythische Bewusstsein ist von scheinbar unversöhnlichen Gegensätzen geprägt: Gut und Böse, Himmel und Erde, Seele und Körper, Männlich und Weiblich. Da wundert es nicht, dass die Erde, das „Diesseits", auch in den meisten großen Religionen als ein Ort der Verdammnis und des Leidens angesehen wird, dem es in einen paradiesischen Zustand des Geistes, dem „Jenseits", zu entfliehen gilt. Hieraus resultiert, nebenbei bemerkt, die bis heute bestehende Verachtung und Abwertung alles Weiblichen.

Dennoch macht für Neumann selbst diese so negative Sicht des Irdischen innerhalb der voranschreitenden Evolution Sinn, denn der Mensch musste sich erst einmal aus ihrem verschlingenden Sog befreien: „Erdentwertung, Erdfeindschaft, Erdangst – sie alle sind psychologischer Ausdruck eines schwachen patriarchalen Bewusstseins, das sich nicht anders zu helfen weiß, als sich mit Gewalt dem faszinierenden und übergewaltigen Irdischen zu entziehen."[9]

Das Bewusstsein des Menschen hat sich inzwischen noch weiterentwickelt. Das Gros der Menschheit ist über das mythische Bewusstsein hinaus im *mentalen* Bewusstsein angekommen.

Auf dieser Stufe wird das Empfinden von Trennung und Absonderung noch weiter auf die Spitze getrieben, denn das Mental kann alles nur zerteilen. Die nach außen projizierten (subjektiven) Bewusstseinsinhalte werden nicht als solche erkannt; der Mensch glaubt, er lebe in einer eigenständigen (objektiven) Welt. Und so wird auch die Erde als ein vom Menschen unabhängiges Objekt angesehen, das man nach Belieben manipulieren und ausbeuten kann.

Immerhin beginnt der vom Verstand geprägte Mensch auf dieser Stufe aber auch einzusehen, dass er, um die Welt wirklich zu verstehen, zuerst sich selbst verstanden haben muss. Er wendet sich daher – früher oder später – seinem Inneren zu, wodurch er zum *spirituellen* Bewusstsein gelangen kann. Auf dieser Stufe werden die Wahrnehmungen der äußeren Welt allmählich wieder als das begriffen, was sie in Wahrheit sind: Spiegelbilder des eigenen Inneren, deren Gleichnisse und Symbole. Erkennt der betreffende Mensch ihre Bedeutung, werden sie ins eigene Innere zurückgeholt, jetzt als bewusst gewordene Aspekte der *eigenen* Welt. Der Mensch erwacht *in* und *zusammen mit* „seiner" Welt.

Welt ist Welt und doch auch Seelen-Innerstes: eine einzige, unteilbare Wirklichkeit. Dieses derzeit weltweit heraufdämmernde spirituelle Bewusstseinsstadium nennt Jean Gebser „integral", weil es sämtliche vorherigen Stufen in sich umfasst, integriert. Und nach Auffassung von Mirra Alfassa, der spirituellen Partnerin Sri Aurobindos, ist dieses neue Bewusstseinsstadium sogar die einzige Chance, unsere Erde noch zu retten. Mirra Alfassa war, schon Mitte des zwanzigsten Jahrhunderts, davon überzeugt, dass sich das Bewusstsein der Menschen grundlegend ändern müsse, wenn unser Planet eine Zukunft haben soll. Ob dieser Übergang noch sanft geschehen könne oder durch zusammenbrechende äußere Umstände erzwungen werden müsse, läge allein an der Bereitschaft des Menschen, freiwillig an diesem Übergang mitzuwirken.

Durch unser materiell-wissenschaftliches Weltbild herrscht zwar immer noch ein einseitiges und abwertendes Verständnis der Erde vor. Es wird jedoch – und gerade – durch neuere Erkenntnisse der Wissenschaft ein grundlegendes Umdenken angestoßen. Und so können wir allmählich sehen, was beispielsweise die hinduistische Philosophie schon lange wusste: Alles ist Brahman, das Göttliche, – auch Materie und damit die Erde!

Insbesondere durch die Quantenphysik wurde erkannt, dass nicht Materie die Basis unseres Universums ist, sondern Bewusstsein beziehungsweise Geist. „Atomos", das vermeintlich „unteilbare" Teilchen, besteht in seinem Kern aus Protonen und Neutronen, welche sich wiederum aus Elementarteilchen zusammensetzen. Diese machen jedoch weniger als 0,00000000000001% der Gesamtmasse des Atomkerns aus! Eine Null mit dreizehn Nullen hinter dem Komma! Aus was aber besteht der immens große Rest? Die anderen über 99,9% unserer scheinbar so festen, undurchdringlichen Materie sind kein „Nichts", wie man früher glaubte, sondern sogenannte „*Bindungs*-Energie". Und was könnte diese wohl anderes sein als Bewusstsein? Und damit – Liebe: die große universelle Kraft der Vereinigung! Und was ist Liebe anderes als Licht, und Licht anderes als Gott oder das All-Eine?

Dieser, im ersten Moment vielleicht überraschend wirkende, Gedankengang war für den Philosophen Teilhard de Chardin absolut logisch und folgerichtig. Er war davon überzeugt, dass die göttliche Energie der Liebe den gesamten Kosmos durchzieht, denn sonst gäbe es sie auch auf der Stufe des Menschen nicht. Und jeder Mensch, der sich im Prozess des Erwachens befindet, wird bestätigen können, dass zunehmendes Bewusstsein mit einer Zunahme an Liebe einhergeht, und welch überwältigender Ausdruck von Gnade und Liebe es ist, immer bewusster werden zu dürfen.

Selbst in der Erde, im Innersten der Materie, ist also das Göttliche verborgen, in einem scheinbar schlafenden, seiner selbst noch nicht bewussten Zustand. Und doch mit all seiner Macht! (Mehr hierzu unter „Bewusstsein – Geheimnisvoller Stoff des Kosmos") Und so arbeitet das Göttliche einen gesamten Kosmos aus.

Geht man von einem Kontinuum des Bewusstseins aus, das sich, in Form unterschiedlicher Zustände, von der reinen Materie bis hin zum reinen Geist erstreckt, so stellt die Materie keine eigenständige Substanz dar. Sie ist, nach Ansicht Sri Aurobindos und anderer Mystiker, die darum wussten, vielmehr das Produkt oder ein Konglomerat aller anderen Bewusstseinsebenen und -welten. Und wenn das ganze Universum ein einziges Bewusstseinsspektrum ist, das sich im Verlauf der Evolution immer mehr offenbart, so kann es auch keine Kluft zwischen Schöpfer und Schöpfung geben. Die Schöpfung, ihr Schöpfer, die allem innewohnende göttliche Immanenz, die alles übersteigende Transzendenz: alles ist eins, alles ist „Er". Fazit: Auch unsere Erde ist Geist, ist göttlich.

Die Erde ist, wie sich in diesen Gedankengängen allmählich zeigt, wahrlich ein besonderer Ort. Für Sri Aurobindo und Mirra Alfassa ist sie ein symbolischer Ort, an dem sich alle anderen Welten konzentrieren, um den Vorgang der kosmischen Evolution zu erleichtern. Die Erde als Hologramm, in dem sich der ganze Kosmos widerspiegelt. Es geht also in keiner Weise um eine, von so vielen religiösen und spirituellen Richtungen angestrebte, Flucht vor Körperlichkeit, Materie, Erde, sondern um deren Würdigung, Vollendung und: *Erlösung*! Erlösung ergibt sich aus dem Erkennen der wahren Bedeutung der Geschehnisse und Dinge innerhalb eines großen Ganzen – und durch Liebe.

Das gesamte physische Universum lässt sich – wie Mirra Alfassa verriet – transformieren, indem man das entsprechende Thema auf der Erde wandelt, wie in einem winzigen Brennpunkt der Konzentration. Welche Chance! Bei dieser großen Transformation stehen letztlich allerdings nicht der Mensch und seine Vollendung im Mittelpunkt, sondern die Vollendung dieses lebendigen Wesens namens „Erde".

Auch Erich Neumann zufolge gebührt der Erde eine besondere Anerkennung und sogar ein leuchtender Platz im Weltall, weil sich Gott in ihr offenbart: „Die vom Fluch befreite Erde wird Stern unter Sternen, wird Natur, wird zu entdeckender Welt und erscheint als Fülle eines Lebendigen, das nicht mehr im Gegensatz zu einem feindlichen Geist-Himmel der Gottheit steht, sondern in der das Göttliche selber sich manifestiert."[10] Kann es eine höhere Auszeichnung geben?

Auf der integralen Bewusstseinsstufe angekommen, erschließt sich rückblickend die lange Bewusstseinswanderung des Menschen und seiner Seele durch die Erde hindurch als Heldenreise oder „Einweihung", wie es Erich Neumann in seinem vorgenannten Aufsatz so überzeugend aufzeigt. Für ihn ist Mutter Erde nicht nur die dunkle Mutter des Todes, sondern auch die der Einweihung oder Initiation, zumal sich letzterer Begriff („inire", lat.) davon ableite, in die Erde „einzugehen". Der Mensch als Held und „Drachenkämpfer" musste demnach im Verlauf seiner Individuation in seinem eigenen Inneren die Erde durchreisen, um das ursprünglich unverständlich erscheinende Chaos – den „Drachen" – in eine erhellende und bedeutungsvolle Ordnung zu bringen. So wird aus „Chaos" (altgriech.: „Verwirrung") ein „Kósmos" (griech.: „Ordnung"). Und für jeden, der diesen Prozess schon durchlaufen hat, erschließt sich das zuvor scheinbar Unbewusste nun als durch und durch sinnhaft, als „überbewusst" und damit als göttlich. Wobei dieser fortschreitende Prozess der Erleuchtung nicht nur im einzelnen Menschen stattfindet, sondern auf der gesamten Erde.

Das Licht, das dabei aufflammt, ist für Neumann ein Feuer aus der Tiefe der Erde: das *„weibliche Erdenlicht"*. In den indischen Veden wird es *„die Sonne aus der Finsternis"* genannt, und in christlicher Begrifflichkeit, so Neumann, *„das Licht der Sophia"*, wobei „Sophia" das Symbol für die geläuterte und nun verklärte Erde ist. In ihrer Verklärung enthüllt die Erde schließlich ihr wahres, ihr göttliches Gesicht – und damit ihre ganze Vollkommenheit und Pracht.

Der so zutiefst gewandelte Archetyp der Erde zeigt sich, nach Neumann, damit nicht mehr als die dunkle (unbewusste) „große Mutter", sondern jetzt als (überbewusste) Schöpferin und strahlende

„Göttin", die nicht nur das Leben, sondern sogar das Licht und ihren eigenen Himmel gebiert: „… die Sterne und Bilder des Tierkreises sind der himmlische Gürtel der Erdgöttin und umgeben sie als die eigentliche Mitte, um die sich alles dreht."[11]

So wird die Erde zu einem Ort der Erlösung und der Erfüllung der Evolution. Denn wie anders sieht eine Welt aus, in der das weibliche Angesicht Gottes, das Licht der göttlichen Mutter, wieder leuchtet und alles wieder ganz und heil und damit heilig macht!

Namasté

Namasté: „Das Göttliche in mir
verneigt sich vor dem Göttlichen in dir."
Vor jeder Ameise möcht ich,
die Knie im Staub,
in Andacht versinken.
Mit meinen Tränen
eure glänzenden Leiber benetzen,
ob schwarz, rot oder braun.
Tränen der Wiedersehensfreude und des Erbarmens:
das Antlitz Gottes, unverhüllt.

FRÜHLING

GRÜNEN UND

BLÜHEN

Ein Tag in den Zeiten von Corona
oder *Was ich mir wünsche zu dieser Zeit ...*

Der Frühling ist inzwischen eingekehrt mit seinem Sprießen, Grünen und Erblühen, seinen ruppigen Stürmen und lauen Lüften. Aber dieses Jahr (2020) auch mit einer bösen Überraschung: Corona! Die Menschheit befindet sich in einer Krise, wie wir Heutigen sie in diesem Ausmaß und dieser Form bisher noch nicht erlebten.

Ein paar hundert Meter noch, dann bin ich da. An dem Wanderparkplatz, von dem aus einer meiner „Traumpfade" beginnt. Er wird mich über Wiesen und Pferdekoppeln, durch Wälder und über steile Anstiege hinweg zu mehreren massiven Felsgebilden mit grandiosen Aussichten führen. Auto abstellen, aussteigen, ein erstes tiefes Durchatmen, ein Seufzen, wohlig: angekommen! Jetzt geht's los, eintauchen in die Natur für die nächsten dreieinhalb Stunden. Ich halte meine Nase in den Wind, grün riecht's und nach Frühling.

Vom Beifahrersitz schnappe ich mir meinen Rucksack. Da ist meine Wegzehrung drin, denn ein Picknick im Freien gehört für mich zu jeder ausgiebigen Wanderung dazu. Ich habe mir ein spätes Frühstück eingepackt, ein Schraubglas mit Haferbrei, neudeutsch: „Porridge" – ebenso einfach wie köstlich.

Den gibt es bei mir jeden Morgen. Die Haferflocken werden in Sojamilch aufgekocht, dazu kommen ein paar Rosinen, Zucker, etwas Zimt und die leichte Schärfe von Galgant: fertig. Mir wird nie langweilig, immer das gleiche zum Frühstück zu essen. Im Gegenteil, ich freue mich jeden Morgen darauf. So ein Haferbrei hat für mich etwas Fundamentales: die optimale Basis für den ganzen Tag. Überhaupt ist mein Essverhalten, jetzt, da die Welt so plötzlich von dem Corona-Virus befallen ist, noch schlichter geworden als bisher.

Angesichts der verheerenden Umstände in der Welt ist mir nicht danach, opulente Mahle zu kochen. Ich könnte mir diese auch gar nicht leisten: Zwangspause am Arbeitsplatz, Kurzarbeit und keine

Ahnung, wann und wie und ob es überhaupt mit meiner Arbeitsstelle weitergeht. Alle 14 Tage fahre ich zu einem Biobauernhof, wo ich eine fertig gepackte Gemüsekiste erstehe. Aus dem, was ich in der Kiste vorfinde, koche ich dann einfache, aber gesunde Mahlzeiten. Es lässt sich aus allem etwas zaubern. Das ist nicht nur für die eigene Gesundheit gut, die jetzt die Rettung sein kann, sondern auch fürs Wohlbefinden der Erde. Wenigstens den mir möglichen Beitrag will ich leisten.

Nicht, dass ich asketisch lebte! Aber es ist jetzt, mit fast sechzig, doch ein Sattwerden am Leben eingetreten, eine Zufriedenheit, mehr noch: ein beständiges Glück, das kaum noch äußerer Anlässe bedarf. Und eigentlich erlebe ich es, was das Einkaufen und Kochen anbelangt, sogar als wohltuend, auch in dieser Hinsicht noch mehr „runterzufahren", den ganzen Alltag zu entschleunigen, zu vereinfachen auf das Notwendige. Denn die gesamte Menschheit wird durch die Pandemie auf existenzielle Themen gestoßen. Nicht nur in wirtschaftlicher und finanzieller Hinsicht, sondern überhaupt zu überleben!

Dabei liegt der Gedanke nahe, dass dieser (Überlebens-)Kampf die sichtbare Außenseite der unsichtbaren inneren Transformationen sein könnte, die derzeit die Erde und ihre Bewohner erschüttern.

Wie still es ist im Wald! Außer mir ist niemand unterwegs, trotz herrlichstem Frühlingssonnenschein. Kein Flugzeug ist zu hören, keine aufjaulenden Motorräder wie sonst von den kurvenreichen Straßen in den Tälern, nicht mal ein Auto. Nur die Vögel zwitschern in den noch kahlen Baumwipfeln über mir. Ihr Lied klingt fröhlicher denn je. Fast meine ich, dass sie angesichts der Umstände in der Welt, die uns Menschen in Angststarre versetzen, aufatmen, ja jubilieren. Und selbst der große Himmel über mir, wolkenlos dank Hoch „Jürgen", ist blauer und tiefer als sonst.

Auch mein Schritt ist langsamer geworden. Alle paar Meter bleibe ich stehen, um eine bizarre Felsformation zu bewundern, die ersten, am Boden weiß aufleuchtenden Anemonen, den würzigen Kieferduft zu inhalieren, der jedes Mal Erinnerungen an den Süden wachruft, oder um einfach nur meinen blassen Hals für eine Weile in die wärmende Sonne zu strecken.

Wenn ich sonst unterwegs bin, allein oder mit einer kleinen Wandergruppe von Freunden, habe ich ein wesentlich strammeres Tempo drauf. Das Wandern soll dann auch sportliche Betätigung sein, da muss der Schweiß schon fließen. Damit man merkt, dass man was getan hat! Besonders flott sind wir auf ebenerdigen Strecken unterwegs, das nennen wir dann „Kilometer schrubben". Danach sind wir müde und erschöpft, aber glücklich. Auch schön ... Jetzt aber genieße ich es, nur zu bummeln und zu schlendern.

Wenn ich so wandere, geht mir vieles durch den Kopf. Besonders fällt mir auf, dass ich seit Beginn der Corona-Krise, von dem Zeitpunkt an, als klar wurde, dass die ganze Welt davon betroffen ist, man die rasant steigenden Infektionszahlen sah, all die Toten in China, Italien, Spanien, Gefühle habe, die ich zum ersten Mal in meinem Leben nicht benennen kann. Es ist eine verwirrende Mischung aus vielem: Erschütterung, Trauer, Entsetzen, Wut. Wut, dass die absonderlichen Tierschmaus-Exzesse in China, nach SARS in 2002, nun schon zum zweiten Mal die Gesundheit der gesamten Menschheit gefährden. Ohne Konsequenzen! Kein einziges Wort wird in den Medien darüber verloren! Dabei wurde schon bei der damaligen Epidemie mit großer Wahrscheinlichkeit vermutet, dass das bedrohliche Virus von den Wildtiermärkten in China stammte. Frisches Fledermausblut und das Fleisch von Schuppentieren als Gipfel der Genüsse – muss das wirklich sein?! Hätte man angesichts der SARS-Epidemie 2002 den Handel und Verzehr dieser exotischen Tiere nicht schon unterbinden können und müssen?

Dann ist bei meinem Gefühlscocktail auch Sorge dabei. Große Sorge, wie die Welt diese weitere Krise überstehen wird. Werden wir sie zum Guten nutzen können oder wird alles nur noch schlimmer als bisher? Und tiefes Mitgefühl empfinde ich mit den Schwererkrankten, die um ihr Leben ringen, und jenen, die in den überlasteten Krankenhäusern auf dem Fußboden herumliegen. Mit Fieber und Lungenentzündung – es ist so entsetzlich! Ich habe schon lange nicht mehr bei den täglichen Nachrichten so viel geweint. Und was wird erst werden, wenn das Virus die Flüchtlingslager erreicht oder die Slums in Indien? Eine nicht auszudenkende menschliche Tragödie! Trauer auch um die, die in den USA zurzeit täglich reihenweise sterben, wie umgeworfene Dominosteine. In einfachen Holzkisten werden sie zu Tausenden in Massengräbern verscharrt, weil selbst würdige Beerdigungen angesichts der Flut der täglichen Toten nicht mehr möglich sind. Sie alle haben sich ihr Ende gewiss anders vorgestellt; so sollte niemand (ver-)enden müssen!

Fassungslos bin ich auch. Nicht nur wegen des Geschehens generell, sondern auch darüber, dass es Menschen gibt, die angesichts der Not und Trauer und des Elends ringsumher noch ihre „Corona-Partys" feiern.

Aber dann ist da, hinter Kummer, Entsetzen und Schmerz, noch etwas, das so gar nicht ins Bild zu passen scheint, ein völlig anderes Gefühl, ein überaus zartes: ein Hoffnungsschimmer wie ein blasser Regenbogen am grauen Horizont. Es ist die Hoffnung darauf, dass wenigstens ein Teil der Menschheit diese weltweite Krise als Chance verstehen möge, aber auch als Warnung. Flüchtlingskrise, Klimakrise, Corona-Krise – sind das nicht Krisen genug, um endlich zur Besinnung zu kommen? Zur Besinnung, dass es – wenn es dann weitergeht, zum Zeitpunkt eines im Moment noch so fernen und ungewissen „Danach" –, anders weitergehen muss als bisher.

Stimmen werden laut, wir müssten so bald wie möglich zu unserer „Normalität" zurückkehren. Es wird eine solche nicht mehr geben! Welche „Normalität" denn, bitte schön? So, wie wir Menschen mit unserem Planeten umgegangen sind, ihn geschröpft haben, als hätten wir noch anderthalb weitere in Reserve, um diese dann genauso rücksichtslos zu plündern – das war doch nicht „normal"! Die grausame Ausbeutung unserer Mitgeschöpfe, die unfassbare Blindheit angesichts des Massenelends der Tiere, das Roden von kostbarem Regenwald, der grünen Lunge der Erde, um Futtersoja anzubauen. Hauptsache, es gibt massenweise billig Fleisch – das war doch auch nicht „normal"! Dabei könnte schon eine Einschränkung des Fleischkonsums unseren Planeten retten. Aber wer will schon verzichten? Der Mensch vernichtet die Lunge der Erde und wird nun selbst von einem Virus befallen, das seine Lunge angreift – ist das nicht sonderbar!? Und dann noch die immer weiter auseinanderklaffende Schere zwischen Arm und Reich, zwischen Nord und Süd. Die Raffgier und Rücksichtslosigkeit eines Egoismus, der so rasant grassiert wie jetzt das todbringende Virus – die Liste ließe sich noch endlos verlängern.

Wir haben uns gegen jegliche Veränderung gewehrt, jetzt werden wir durch die äußeren Umstände dazu gezwungen. Der Mensch als „Krone der Schöpfung" – irgendwie hatte ich mir etwas anderes darunter vorgestellt.

Inzwischen bin ich auf dem ersten Aussichtsfelsen angekommen, ganz oben auf dem Rücken des Berges. Liegt es an dem Zauber der Weite, daran, hier oben hoch über den Dingen zu stehen, dass meine Sorgen etwas verhallen? Jedenfalls stelle ich fest, dass sich in mir trotz alledem in meinem Gefühlswirrwarr zunehmend diese Hoffnung und Zuversicht regen.

In Krisenzeiten wie dieser zeigen sich Menschen von ihrer übelsten, aber auch von ihrer besten Seite. Die Hilfsbereitschaft vieler ist überraschend groß und lässt mich doch wieder an ein Grundlegend-Gutes im Menschen glauben. Darüber hinaus bin und bleibe ich fest davon überzeugt, dass in unserem Leben und dieser Welt nichts geschieht ohne Sinn. Dass alles Schlimme und Böse auch sein Gutes in sich birgt. Und dass überall da, wo der Mensch so völlig aus dem Ruder läuft, früher oder später ein Ausgleich eingefordert wird, mit welchen Mitteln auch immer. Denn die Evolution des Kosmos, wie die des Menschen, schreitet weiter voran, trotz – oder vielleicht sogar beschleunigt durch – Corona.

Und so mag es *gerade* durch diese globale Krise jetzt möglich sein, eine neue Menschlichkeit erstehen zu lassen, die alles wandelt. Sie zu gebären als ein neues Licht, das wir wie ein kostbares Pflänzchen gemeinsam hegen und pflegen.

Und noch etwas fühle ich – jetzt, hier oben –, wo der Blick über das wogende Wäldermeer so weit, der Himmel darüber so klar und mein Herz auf einmal so leicht ist: wie sehr ich es liebe, auf diesem Planeten zu leben! Ein tiefer Wunsch formt sich in meinem Herzen:

Mögen wir doch begreifen:

… dass Klimawandel und Corona-Pandemie nicht zwei voneinander unabhängige Krisen sind, sondern eine: eine einzige kaum fassbare und dennoch zu erwarten gewesene Katastrophe. Wie lange haben wir die Augen vor all den Missständen verschlossen und weitergemacht wie bisher?

… dass unsere Erde sich damit wehrt, sich aufbäumt gegen uns Menschen. Wie schnell und wohlwollend sie sich aber auch regeneriert, da, wo man sie in ihre Selbstheilung entlässt. Und dass sie sogar bereit ist, uns noch einmal die Hand zu reichen – dann, wenn wir uns wirklich ändern.

… dass ein Leben „danach" nur durch gravierende Veränderungen unseres Verhaltens und unserer Werte gelingen kann – jenseits von Ausbeutung, Zerteilung, Hass, Macht und Geld.

… dass es nur *einen* Planeten Erde gibt, nur *eine* Menschheit und wir den jetzigen Kampf nur durch Solidarität und Identität und gemeinsam mit unserer Erde gewinnen.

… welch unverdientes Geschenk unser Leben ist, so fragil, so verletzlich, so kostbar und vielleicht – so schnell vorüber … Und dass Dankbarkeit dafür angebracht ist – vielleicht zum ersten Mal in unserem Leben.

… dass in dieser weltweiten Katastrophe auch eine große Chance steckt, denn apokalyptisch anmutende Zustände zielen immer auf eine tiefere Heilung ab. Auf die Chance einer neuen Welt – einer Welt voller Respekt, Achtsamkeit und Liebe füreinander und für diese großartige Schöpfung. Es liegt an uns, dafür zu sorgen.

… und dass alles, was geschieht, jemals geschah und noch geschehen wird, in den Händen einer höheren Macht als der unseren liegt, und wir nichts anderes tun können, als dies anzuerkennen, uns ihr anzuvertrauen und sie in allem, was sie mit diesem Planeten noch vorhat, bedingungslos zu unterstützen.

Was ist das Leben?

Was ist das Leben? Ist es das erste Grün rings um mich her, hier draußen im vom Winterschlaf erwachenden Wald? Dieses sanfte, helle Grün der unzähligen Blättchen über mir, die jetzt, an diesen sonnigen Tagen Ende März, an den kahlen Ästen so stürmisch nach draußen sprießen und drängen? Oder ist es das etwas dunkler schattierte Grün unter mir, der schon kräftigen Büschel Gras, entlang der Wegesränder? Oder das der vor kurzem noch vertrocknet wirkenden Polster Moos, in denen sich nun, dicht an dicht an die Erde geschmiegt, Tausende grüner Sternchen regen, dick aufgeplustert als Willkommensgruß für den Frühling? Aber wo war das Grün, wo war der Frühling, wo war all dies Leben im Winter? Waren sie etwa – tot? Und wenn ja, wieso lebt dann jetzt wieder das Leben?

Ist es die Kraft jenes Baumes, der, genügsam und allem trotzend, auf jenem kargen Felsen dort wurzelt? Es scheint, als seien beide eins, so ineinander verwachsen, verwoben, als ginge Materie nahtlos in Leben über. Wie aber kann Leben aus scheinbar Unbelebtem entstehen? Ist es etwa darin schon enthalten? Dann wäre selbst Materie ein, wenn auch noch in sich ruhender, Ausdruck von Leben!

Oder ist es einer dieser dickköpfigen Winzlinge, die mitunter sogar den harten Asphalt durchstoßen, weil sie meinen, sie müssten mitten auf einer Straße wachsen und blühen? Kann ihre sture Rebellion, ihr Sieg über das harte Gestein *auch* eine Botschaft des Lebens sein? Ein Zeichen des Vertrauens? Des Vertrauens darauf, dass im Kampf von Zart gegen Hart das Zarte, Sanfte zu gewinnen vermag? Eben weil es lebendig ist und Leben immer stärker ist als das Erstarrte, Tote.

Ist das Leben der tiefe Himmel über mir? Sein kristallenes Blau saugt meinen Blick ins strahlend weit Offene, Unendliche – den durch die Corona-Pandemie reduzierten Schadstoffemissionen sei Dank! Das Blau dieses Frühjahrs werde ich nie mehr vergessen, es ist: himmlisch! Es heißt so oft, dass das Leben ursprünglich von den Sternen zur Erde kam. Wenn dem so ist, dann wäre Leben ja gar kein rein irdisches Phänomen, sondern ein universelles. Das Leben als kosmisches Prinzip. Dann wären wir hier gar nicht allein! Sondern alles von Leben durchdrungen und Leben selbst unzerstörbar und unendlich! Leben als *eine* Form, *eine* Strömung der allem innewohnenden und alles manifestierenden Kraft des all-einigen Seins und Bewusstseins.

Oder ist das Leben der Atem in mir, der „Lebens-Hauch", der „Odem"? Mein Herzschlag oder das in meinem Körper so unermüdlich zirkulierende Blut? Und wo geht das Leben hin, wenn ich irgendwann vergehe? Aber vielleicht, wird mir soeben bewusst, liegt dieses „Irgendwann" gar nicht mehr so fern, wie ich derzeit noch meine und hoffe? Auch *mein* Leben ist auf einmal bedroht, das Virus kann schließlich jeden befallen! Vielleicht ist das Leben ja dieser kleine Schrei in mir: „Ach bitte, bitte, irgendwann sterbe ich gerne – nur jetzt noch nicht!" Ist dies Bangen und Zittern, weil ich in diesen unberechenbaren Zeiten so schmerzlich spüre, dass das Leben nicht nur dickköpfig und grün und kosmisch ist, sondern auch zutiefst verwundbar. Ungeschützt wie ein frisch geschlüpftes Vögelchen.

Das aber hätte ich nicht von mir gedacht, dass ich jetzt so bettele und winsele! Nicht dass ich Angst hätte vor dem Sterben oder vor dem Tod an sich. Denn ich weiß, dass der Tod nur ein Aspekt des unsterblichen Lebens ist, der notwendige Formenwandler. Formen müssen vergehen, damit neue entstehen. Und mit ihnen ein neuer Ausdruck von Leben. Aber die innerste Essenz verbleibt. Daher bin ich mir der Unsterblichkeit und Kontinuität jener inneren Instanz gewiss, die man „die Seele" nennt, und ihres „Schon immer" und „Für immer und ewig". Aber es gibt jetzt, in diesem Leben, doch noch so vieles zu erleben! Das Feuer, das in meiner Seele brennt, das will ich doch noch weiter schüren! Und ich bin ja beileibe nicht allein! Dies Feuer der Seele, das göttliche Bewusstseinslicht, brennt heimlich in allem und jedem, nur deshalb kann es sich jetzt überall offenbaren.

Und es ist in so vielen von uns doch schon erwacht! Haben wir – leise, aber unermüdlich – nicht längst die nötige kritische Masse erreicht, um einen globalen Machtwechsel herbeizuführen? Vom Modus des kleinlich-engen, alles zerteilenden und zerstörenden Egos zu dem der allumfassenden Identität, Weite und Herzensweisheit der Seele. Diese *andere* Ansteckung – die der Wahrhaftigkeit, Liebe und Freiheit –, die möchte ich gern noch erleben! Diese „Pandemie" des Feuers der Seele, das nicht anders kann, als zu lodern. So wie auch Liebe nicht anders kann, als zu lieben. *Diese* Ansteckung, die beschleunigte Ausbreitung des göttlichen Lichts – verbirgt sie sich womöglich hinter der Krise von Corona?

Alles in dieser Welt hat sein Licht und seinen Schatten. So kann es gut sein, dass ein Großteil der Menschheit jetzt nachdenklicher und demütiger wird in Hinblick auf diesen Planeten. Und dass wir Menschen, während die alten, materialistischen Werte erzwungenermaßen im Nichts zerbröckeln, endlich die wahre Bedeutung der Erde begreifen und sie nicht länger missbrauchen und misshandeln.

Warum das Corona-Virus wohl „corona" heißt? „Corona" meint nicht nur die äußerste Schicht der Sonne, ihren Strahlenkranz, sondern auch „Kranz" oder „Krone" grundsätzlich. Vielleicht ist es ja jetzt endlich so weit, dass wir Menschen lernen, uns selbst und unsere noch so raubtierhaften Triebe zu beherrschen, statt andere? Nur so wird der Mensch zum „König", zur „Krone", als die er doch eigentlich gedacht war. Und wenn dann irgendwann – diesmal lieber früher als später – der letzte Schleier fällt und die verborgene Herrlichkeit unserer Erde freigibt, dann möchte ich auch noch dabei sein! Lasst uns gemeinsam feiern, wenn sie ihr göttliches Geheimnis offenbart! Es ist das Gute, Schöne und Wahre, das letztlich immer siegt.

Was aber ist nun das Leben? DAS LEBEN IST SCHÖN!

Die Farbe meiner Seele

Der Frühling schreitet mit mächtigen Schritten voran, legt über alles sein großes grünes Leuchten. Die ganze Landschaft ist darin eingetaucht, durchtränkt wie von einem hellen grünen Äther. Und der Wald wird zu einer Kathedrale des Lichts. Die Rinnsale des Regengusses, die in der schwarzbraunen Erde hellblau mäandern, die noch nassen Blätter, die das Sonnenlicht reflektieren wie tausend Spiegel aus grünem Glas, der im roten Sandstein silbern glitzernde Glimmer fügen sich zu strahlenden hohen Fenstern. Darüber eine Kuppel aus dichtem Laub, in der sich die Kronen der Bäume in weiten Bögen himmelwärts wölben. Der Himmel selbst ein geschliffener Saphir.

Das Grün endet nicht am Rande des Waldes und ist auch nicht auf Bäume, Büsche und Wiesen beschränkt. Zwar scheint es sich dort in seiner Intensität zu steigern, wobei nicht erkennbar ist, ob diese grüne Kraft sich wie an einem Zielort verdichtet oder eher den Bäumen und Sträuchern wie einer Quelle entspringt. Wenn die Sonne scheint, ist das Leuchten besonders intensiv. Dann ist es, als bliesen die Sonnenstrahlen in eine unsichtbare grüne Glut, um sie noch mehr zum Lodern zu bringen.

Natürlich weiß mein Verstand, dass Grün „nur“ eine Farbe ist. Die dadurch zustande kommt, indem das Chlorophyll in den Blättern den grünen Farbbereich des weißen Lichtspektrums ungenutzt reflektiert. Dieses nüchterne Wissen erklärt jedoch nicht den Zauber, der mir widerfährt, wenn ich in die Natur, in den Wald hinausgehe. Allein schon das Eintreten in das Grün löst ein unbeschreibliches Wohlgefühl aus: von strotzender Gesundheit, von Glück, ja von Seligkeit. Etwas in mir beginnt mit den Vögeln, meinen Hütern des Himmels, zu singen. Und gerade diese Glückseligkeit lässt mich spüren, dass das wundersame Grün eben nicht nur der ungenutzte Lichtüberschuss der Bäume ist, sondern reines Leben, pure Kraft, der Widerschein des Göttlichen in der Natur, seine Spur der Vollkommenheit und Vollendung.

Und das, was da singt, ist meine Seele. Denn der Wald, die Wiesen, die Bäume sind eins mit ihr: hinausprojiziert in Zeit und Raum, allein zur Freude dargeboten den äußeren Sinnen. – Die Farbe meiner Seele ist grün.

Patient Menschheit, Patient Erde

Eine gefährliche Krankheit hat die Welt überrollt: Corona breitet sich immer weiter aus! Wir werden etwas Grundlegendes ändern müssen, wenn es eine Zukunft für Menschheit, Erde und unsere Mitgeschöpfe geben soll. Aber was und wie? Das mental-rationale Bewusstsein hat, wie es scheint, seinen bitteren Höhepunkt erreicht – mit allen Anzeichen einer schweren Erkrankung. Die Menschheit als Ganzes ist erkrankt, nicht nur an Corona, auch psychisch, und mit der Menschheit die Erde. Wie aber können beide Patienten genesen?

Dieser Höhepunkt, der eher ein „Tiefpunkt" ist, ist kaum noch zu überbieten. Er kann jetzt nur überwunden werden. Entweder „vorwärts", zu einem neuen, allumfassenden Bewusstsein hin, das weiß, um was es auf diesem Planeten *wirklich* geht. Oder „rückwärts", in eine ethische und emotionale Verwahrlosung des Menschen und eine erneute Barbarei (die wievielte eigentlich?!). Die bedrohlichen Anzeichen dafür sehen wir in unserer Gesellschaft seit langem. Bitte lasst uns das Blatt noch rechtzeitig wenden!

Von Albert Einstein stammt die Aussage, dass ein Problem niemals mit derselben Denkweise zu lösen sei, durch die es entstand. Es bedarf also einer Metaebene, eines Blickes „von oben" auf die Dinge, denn nur dieser kann die Zusammenhänge, Ursachen und Auswege sehen. Das ist so, als liefe man zu Fuß (und noch ohne Navi!) durch eine Millionenstadt, ohne den Weg zu seinem Ziel zu kennen. Der Blick reicht immer nur bis zur nächsten Straßenecke; keiner weiß, was sich rechts oder links davon verbirgt. So irrt man blindlings durch die Gegend. Von oben aber, vielleicht von einem Hubschrauber aus, lässt sich die gesamte Stadt überblicken und die optimale Wegstrecke finden, die zum Ziel hinführt. Diese Metaebene oder Rahmentheorie, die wir jetzt brauchen, müsste uns ein umgreifendes Verständnis anbieten können: ein Verständnis des einzelnen Menschen, der Menschheit, der Erde sowie ihrer Vergangenheit, Zukunft und Bestimmung. Damit sich einordnen lässt, was gerade weltweit geschieht.

Diese Rahmentheorie müsste somit eine „integrale" sein, wobei „integral" meint: „ein Ganzes bildend", „vollständig". Wir sind es gewohnt, Dinge und Geschehnisse nur von außen zu betrachten, nach ihrem den Sinnen zugänglichen Erscheinungsbild. Allein hierdurch aber sind weder Mensch noch Erde zu verstehen, geschweige denn zu heilen, sondern nur durch Einbezug deren innerer und transzendenter Aspekte. Denn Heilung bedeutet immer ein umfassenderes Ganz- und Heil-Werden. Und erst das Ganze ist ebenso „heil" wie „heilig".

Ein solches integrales Rahmenkonzept bietet die Philosophie der Evolution des Bewusstseins an, wie sie neben Sri Aurobindo auch von Jean Gebser, Teilhard de Chardin und Ken Wilber dargelegt wurde. Ihr zufolge ist – wie wir schon wissen – alles in unserem Kosmos eine Form von Bewusstsein, welches sich in einem progressiven und zielgerichteten Entwicklungsprozess befindet. Dieser Prozess verläuft in aufeinander aufbauenden Stufen und ist ausgerichtet auf die fortschreitende Manifestation des Göttlichen im Menschen wie in der Welt.

Somit haben sich im Bewusstsein der Menschheit bereits mehrere Bewusstseinsstufen oder -ebenen entwickelt, die ihr zur Verfügung stehen. Andere warten auf ihre Entfaltung, denn die mentale Stufe ist, zumindest den vorgenannten Philosophen zufolge, noch nicht der Endpunkt dieser Evolution des Bewusstseins.

Nach der archaischen, der magischen und der mythischen Bewusstseinsstufe – um nochmals die Begrifflichkeit Jean Gebsers zu verwenden – hat ein Großteil der Menschheit inzwischen die mentale Stufe erreicht. Diese ist gekennzeichnet durch ein analytisches, das heißt, zerlegendes, damit aber auch alles zertrennendes, in Gegensätze spaltendes Bewusstsein. Welches somit unfähig ist zur Wahrnehmung des großen Ganzen. Stellvertreter der mentalen Bewusstseinsstufe im Menschen ist das Ego. Es kann alles, was ist und geschieht, nur auf sich selbst beziehen: ich, ich, ich.

Das Ego hat durchaus positive Seiten, aber auch seine Gefahren, wenn es ausufert. Diese bestehen in rücksichtsloser Manipulation, Machbarkeitswahn, Technikgläubigkeit und Allmachtsphantasien. Und als Ersatz für den nicht mehr – oder noch nicht – gefühlten inneren Wesenskern in Kontrollmechanismen, berechnendem Verhalten und einer Sucht nach Scheinsicherheiten wie Status, Macht, Besitz und Geld.

Aber auch wenn es die Auswüchse dieses Egoismus sind, die uns jetzt die kaum noch zu bewältigenden Katastrophen bescheren, so war das Auftauchen des Egos im bisherigen Evolutionsprozess doch notwendig und unerlässlich. Es wäre falsch, es einfach nur zu verteufeln. Denn das Ego hat die Funktion, im Menschen ein – vordergründiges – Zentrum zu bilden, um das herum er seine Erfahrungen anordnen kann und so zu einer gewissen, wenn auch nur provisorischen Individualität zu gelangen. Ist das erfolgt, muss das Ego allerdings weichen, Platz machen für jene größere innere Instanz, für die es nur der vorläufige Stellvertreter war: die Seele.

Dieser Übergang ist in vielen Einzelnen schon erfolgt. Jetzt aber muss er in einem weit größeren Umfang geschehen. Und genau da stehen wir derzeit: am Übergang vom mentalen zu einem neuen, dem integralen Bewusstsein. So wie das Ego Ausdruck der mentalen Bewusstseinseben im Menschen ist, gehört das Entdecken und Verwirklichen zunächst der Seele und dann des Selbst zur integralen. Auf dieser Bewusstseinsstufe erkennt der Mensch die Einheit und Zusammengehörigkeit von allem. Nicht verstandesmäßig, sondern weil er diese Einheit durch Identität fühlt und ist. Das Selbst repräsentiert die Vollkommenheit des Menschen, aber ebenso die der Welt. Das Selbst umfasst alles. Es weiß und spürt mit jeder Faser seines Seins, dass es selbst alles ist: jeder sich windende Wurm, jedes misshandelte Tier, jeder ringende Mensch, aber auch alle Freude und alles Glück dieser Welt.

Dieser anstehende kollektive Übergang scheint bisher jedoch eher schleppend zu verlaufen. Zu viele Menschen halten noch über Gebühr lange an überholten, alten Mechanismen fest und glauben immer noch, sie könnten die Welt verändern, ohne sich selbst zu ändern. Genau das ist ihre *eigentliche* Krankheit!

Diese Krankheit äußert sich in mehreren Symptomen, bei denen es keinen Unterschied macht, ob der Patient ein Einzelner ist oder das ganze Kollektiv. So wird zum Beispiel das Innere abgespalten und verdrängt. Wer aber in sich nichts fühlt, hat auch für die Dinge und Wesen im Außen kein (Mit-)Gefühl mehr. Und kann nur daher ungerührt zusehen, was mit unserem Planeten geschieht, oder sich aktiv oder durch seine passiv-gleichgültige Hinnahme der Missstände daran beteiligen. Dabei ist der Mensch nicht nur selbst ein Teil der Erde, sondern, wie unter anderen auch der Bewusstseinsforscher Erich Neumann erkannte, die Erde ebenso ein Teil von ihm. Für den er, und damit jeder Einzelne von uns, Verantwortung trägt.

Ein anderes Symptom besteht darin, sich als „Opfer" seiner Krankheit zu verstehen, als Gebeutelter eines ungerechten Schicksals. So wie auch die meisten Menschen sich als „unschuldig" an den zunehmenden Naturkatastrophen, dem Klimawandel und sonstigen Krisen empfinden. Dabei werden wir jetzt schlichtweg nur mit den Konsequenzen unseres eigenen egoistischen Verhaltens, unserer Misswirtschaft und jahrzehntelanger Verdrängung konfrontiert. Die wir aber nicht lösen können, weil es ein weiteres typisches Symptom der Krankheit ist, immer noch mehr desselben zu tun, das bisher schon nicht fruchtete. Womit sich die Krankheit stetig verschlimmert …

Eine Krankheit - ob individuell oder global - ruft immer zu einer Kurskorrektur des bisherigen Weges auf. Eine Krankheit ist eine Krise, eine Krise aber auch eine Chance: die Chance auf Veränderung.

Möglicherweise liegt der Grund für das Scheitern an unseren bisherigen Krisen auch darin, unbedingt zum Status quo ante zurückkehren zu wollen. Es fehlt die Einsicht, dass es kein „Zurück" mehr gibt. Dadurch, dass alles Leben in diesem Kosmos sich in Evolution befindet, gibt es sowieso nie ein „Zurück", sondern immer nur ein „Voran" - egal, wie lange wir uns dagegen sträuben. Und doch verharren wir weiterhin in einer Spaßgesellschaft voller Partys und Konsumgelüste - „panem et circenses" -, lenken uns von existenziellen Problemen ab und suchen Sündenböcke. Kein Wunder, dass Hass auf alles Fremde und Antisemitismus weiterhin wuchern.

Seien wir ehrlich: Es hat sich in Wirklichkeit doch nicht viel verändert! Und der Anstrich der Zivilisiertheit ist manchmal verdammt dünn! Umso dringlicher die Notwendigkeit, den Ausstieg aus dem Ego zu finden. Aber damit das gelingen kann, muss jeder in sich selbst diese Krankheit heilen.

Das Wissen um die Evolution des Bewusstseins könnte uns Orientierungshilfe sein für die Etappen dieses Weges, der nun vor uns liegt, für seine Aufgaben, Hürden und Gefahren. Wir bräuchten dann nicht noch weitere Jahrtausende schlafwandlerisch vor uns hin zu evolvieren. Wenn wir also begreifen, dass sich die Menschheit an einem markanten Bewusstseinsübergang befindet, kann sie und unsere Erde genesen. Es ist einer der schwierigsten, aber auch großartigsten Wendepunkte unserer Geschichte. Ein Punkt, an dem sich das Schicksal der Menschheit entscheidet. Die Erde kann auch ohne uns weiter bestehen.

Wir erleben die Geburtswehen eines neuen Bewusstseins, sind mitten darin. Aber jede Geburt birgt immer auch ihre Gefahren. Vielleicht haben wir uns auch deshalb so lange gegen das Neue aufgebäumt, weil wir wissen, dass unsere bisherigen Mechanismen der Bewältigung des Lebens dann nicht mehr greifen. Das Ego versagt, und mehr als das: Es ahnt, dass es sich bei diesem Übergang verabschieden muss. Ein Ego gibt es auf der integralen Bewusstseinsstufe nicht mehr. Der Übergang dorthin ist zugleich das Sterben des Egos. Zwar wird aus diesem Tod seine eigene tiefere Wahrheit auferstehen, das, wovon es selbst nur ein schwacher Abglanz war – wie Phönix aus der Asche. Aber das weiß das Ego im Moment seines Todes noch nicht. Wir sollten dennoch den Mut haben, uns dieser tiefen Wandlung anzuvertrauen, loszulassen von unserem kurzsichtigen Machen und Tun, stille zu werden, ein-sichtig.

Eine für uns immer unermesslich bleibende Macht hat die Welt bis zu diesem Punkt entfaltet und mit ihrer All-Weisheit und Güte gelenkt. Sie wird sie auch jetzt sicher über die Schwelle tragen.

„Vielleicht haben wir zu lange geglaubt, dass wir unverwundbar sind, dass es immer nur schneller, höher, weiter geht. Das war ein Irrtum!“, so unser Bundespräsident Frank-Walter Steinmeier in seiner außergewöhnlichen Ansprache zur Pandemie am Karsamstag 2020. Machen, wünschen, wollen, streben – immer „irgendwo“ hin, nur nicht hier, „irgendwas“ anderes, nur nicht das, was ist, „irgendwann“, nur nicht jetzt! Es gibt immer viel mehr zu tun, als man vollbringen kann, das Leben verrinnt – wohin? Aber die Stille, das Ewige und das Transzendente haben in unser Leben heimlich längst Einzug gehalten, mitten in Epidemie, Tod und Verwirrung. „Dort“, in diesem Ewigen, ist alles erfüllt, wonach wir uns sehnen, ist alles, worum wir „hier“ noch kämpfen, vollendet, geheilt, erlöst. Wir haben nichts anderes zu tun, als uns ihm zu öffnen. Jetzt!

„Die Welt danach wird eine andere sein. Wie sie wird? Das liegt an uns!“ (F.-W. Steinmeier)

Frohe Ostern?

Alles, was aufgedeckt ist,
wird vom Licht erleuchtet.
Alles Erleuchtete aber ist Licht.
Deshalb heißt es: Wach auf, du Schläfer,
und steh auf von den Toten,
und Christus wird dein Licht sein.

(Epheser 5,13-14)

Von meinem Wohnzimmer aus schaue ich auf einen mächtigen Lindenbaum. Er steht hinterm Haus in der Mitte eines Rasenstücks und ist die Zierde des Karrees von Mehrfamilienhäusern, in einem von denen ich wohne. Innerhalb weniger Tage, noch nicht einmal einer Woche, sind seine Blätter ausgetrieben. Jeden Tag schoben sie sich ein Stückchen weiter hinaus, drängend, ungestüm. Ich konnte es vom Fenster aus genau beobachten. Jetzt trägt der Baum stolz sein neues Kleid in frühlingsseliger Trunkenheit, im Taumel neuen Lebens. Und das pünktlich zu Ostern! Er ist so grün, er ist so schön, ich möchte ihn besingen. Romantische Gefühle löst er in mir aus. Und Ehrfurcht vor dieser Kraft, vor diesem jedes Jahr so zuverlässig wiederkehrenden Wunder.

Ist nicht auch dieser Baum in seiner grünen Pracht ein Sinnbild für den Sieg des Lebens über den Tod und damit ein Symbol für Ostern? Es ist wieder und wieder die Natur selbst, die uns Menschen lehrt, was auch wir zu durchleben haben, welche Geschichten, welche Mysterien. Im Fall von Ostern ist es das Mysterium von Leben, Sterben und Auferstehen. Wir können es mitverfolgen am Lauf der Sonne, an ihrem abendlichen Versinken im Reich des Todes, der Unterwelt, und ihrem allmorgendlichen Wiederauferstehen. Oder eben an den Jahreszeiten, in denen das Leben mit jedem Winter dahinschwindet, um zuverlässig im Frühling neu geboren zu werden.

Unser Leben entfaltet sich nicht „einfach so" ins Blaue hinein, wahllos, chaotisch. Vielmehr folgt es allgemeingültigen, der menschlichen Erfahrung zugrunde liegenden seelischen Wahrheiten, die immer auch „Mysterien", (religiöse) Geheimnisse, sind. Ihrer gibt es viele. Ihnen gemeinsam ist, dass jeder Mensch sie früher oder später durchlebt, allerdings auch durchleidet. Sie sind wie Regieanweisungen für die Seele, wobei die jeweils erfahrene Grundwahrheit dieselbe ist, unabhängig von Nationalität, Kultur oder Religion. Nur wird sie in den unterschiedlichen Kulturen anders benannt. Ostern ist ein solches Mysterium, dabei keineswegs auf das Christentum beschränkt. Denn den Glauben an die Auferstehung und die Ewigkeit des Lebens gab es schon lange vor der christlichen Religion.

Die Hoffnung auf oder Ahnung um die Unsterblichkeit hat den Menschen sicherlich von Beginn seiner Existenz an begleitet. Im Alten Ägypten kannte man den Mythos des Gottes Osiris, der von seinem Widersacher Seth zerstückelt, über die Erde zerstreut und daraufhin von seiner Gemahlin Isis wieder eingesammelt, zusammengefügt und aufgerichtet wird. Aber auch in unserer Kultur wurde schon zu vorchristlichen Zeiten jedes Jahr im Frühling ein Fest zu Ehren von „Ostara", der Göttin des neuen Lichts, gefeiert.

Angesichts der so aufwühlenden Corona-Pandemie, die wir weltweit erlebten, frage ich mich, ob ein Mysterium wie das von Ostern womöglich nicht nur für den einzelnen Menschen erfahrbar ist, sondern auch für das Kollektiv? Und ob wir, als gesamte Menschheit, vielleicht gerade dabei sind, die innere Erfahrung von „Kreuzigung" und „Auferstehung" in einem Ausmaß zu erleben, das wir nie für möglich gehalten hätten? Zumindest als eine, uns durch die Krise angebotene realisierbare Wahrscheinlichkeit.

Wir werden, einerseits, zu Veränderungen gezwungen, zu denen wir freiwillig nicht bereit waren. Zu einem Abschied von überholten Vorstellungen, Verhaltensweisen, einseitigen Werten, was einem Sterbeprozess gleichkommt. Andererseits entwickeln sich neue Lösungsansätze für die Menschheitsprobleme aus der Epidemie und ihrem wirtschaftlichen Desaster heraus und ein Zusammenarbeiten der Nationen. Die bedrohlichen Bilder des Schreckens sind möglicherweise nur die äußerlich sichtbare Seite eines viel umfassenderen Geschehens. Dahinter verborgen, im Innern, bereitet sich etwas ungeahnt neues Gutes vor …

Was aber ist mit „Ostern" eigentlich gemeint? Dieses große Mysterium beginnt mit dem Anfang der Welt. Gott erschafft die Welt nicht nur, Er ergießt sich auch in sie, geht selbst in sie ein. Dem menschlichen mentalen Bewusstsein erscheint dieser Vorgang so, als würde das göttliche Feuer, die göttliche Einheit, dabei zersplittern – in unzählige winzige Funken. Sie reichen bis ins Innerste der Materie, bis in die allerkleinsten Teilchen. Selbst in jedem Atom brennt dieses göttliche Feuer: das Feuer des Himmels – das Feuer der Erde. Wir nennen es dann „atomares Feuer" oder „Atomkraft" und wissen, welch ungeheuerliche Macht sich dahinter verbirgt.

Gott ist kein Schöpfer, der – ungerührt und unantastbar – in irgendeinem Himmel oder Nirvana residiert und seiner Schöpfung fernbleibt. Er selbst wird zu allem, was ist. Nur so kann Er, aus dem Innern der Schöpfung heraus, diese wieder zur Einheit führen, weil im Innersten der Dinge die Einheit gewahrt bleibt. Gott, als die Welten-Seele, die der Ursprung aller Seelen ist, nimmt, wie an einem gigantischen Karfreitag, somit „das Kreuz der Materie" auf sich, um die Materie nach und nach von innen heraus zu wandeln, zu durchlichten und zu erlösen.

Durch seine Ausstreuung in die physische Welt verliert Gott jedoch (scheinbar) das Bewusstsein seiner selbst; es ist, als sei Er unter tonnenschwerer Unbewusstheit vergraben und damit wie „gestorben". Man sagt auch: Gott „schläft" in der Materie. Im indischen Rig Veda heißt es, dass die Sonne, als feuriges Symbol Gottes, im Innern eines Felsens (dem Bild für die Materie) von Widersachern gefangen gehalten werde. (In Wirklichkeit schläft Gott jedoch nicht, sondern verbirgt sich nur in den materiellen Hüllen vor sich selbst, um danach die unermessliche Freude des Sich-Wiederfindens zu feiern.)

Mit dem Ausstreuen des Feuers beginnt der lange Weg durch die „Dunkelheit“, die Unbewusstheit, der äonenlange Prozess des schrittweisen Wiedereinsammelns des göttlichen Feuers: die Evolution. Sie verläuft zunächst vollkommen unbewusst. Dennoch wird dabei das innere Licht in immer komplexeren Lebensgestaltungen zusammengefasst und gebündelt.

Aber erst auf der evolutionären Stufe des Menschen ist der ursprüngliche Seelen-Funke, wie es vor allem Sri Aurobindo in seinen Büchern beschreibt, zu einem so großen Licht herangewachsen, dass dieses eine individualisierte Gestalt annimmt: die Seele beziehungsweise das seelische Wesen. Und erst der Mensch ist durch seinen Verstand in der Lage, sich der Entwicklungsvorgänge bewusst zu werden und sie von da an aktiv zu unterstützen.

Damit erhält das Göttliche – jetzt individualisiert als menschliche Seele – die Chance, wieder vollständig zu erwachen und von seinem langen Schlaf, einem „Tod“ vergleichbar, aufzuerstehen. Dies geschieht immer dann, wenn ein Mensch spürt, dass er mehr ist als seine äußerlich sichtbaren Aspekte, mehr als nur Körper, Gefühle, Empfindungen, Verstand. Erkennt ein Mensch, dass etwas unvergleichlich Größeres in seinem Innern west, kann er sich einwärts wenden, dort seine Seele finden und sie befreien.

So erhebt sich Gott, wie Jesus aus dem Grab, in jedem erwachenden Menschen, sodass man von diesem sagen kann: „Er ist von den Toten auferstanden.“ (Matth. 28,7) Und das ist das Mysterium von Ostern. (Ein bibeltreuer Christ würde es vermutlich anders erklären. Das liegt daran, dass sich ein Mysterium auf mehreren Ebenen auslegen und interpretieren lässt.)

„Ich breche des Menschengeistes Unwissensstolz und lenk’ zu der Wahrheit Weite das Denken hin, zerreiße des Menschen eng erfolgreiches Sein und zwing sein gramvolles Auge sonnenwärts, dass er Ird'schem sterbe und in der Seele leb'",[12] lässt Sri Aurobindo in seinem Epos „Savitri" die Göttin Durga ausrufen, die Vernichterin der Widersacher und Dämonen. Treffender lässt sich die aktuelle Lage kaum beschreiben: Denn wird durch die erschütternde Pandemie nicht auch unser allzu verhärtetes Ich-Gemäuer aufgebrochen? Sodass durch dessen Risse nun das strahlende Bewusstseinslicht hindurchscheinen kann, das sich dahinter verbarg. Entweder wir zerbrechen an diesen Rissen, weil wir für das göttliche Licht doch noch nicht reif waren. Oder wir wachsen als Menschheit über uns hinaus.

So leben wir zurzeit auf Messers Schneide und haben die Wahl zwischen Auferstehung und Neugeburt oder Zerfall der menschlichen Zivilisation. Entscheiden wir uns für das Auferstehen, so ist es der Übergang vom Ich zur Seele und weiter zum Selbst, der jetzt vor uns liegt. Viele Einzelne haben diesen Prozess schon durchlaufen oder befinden sich mitten darin. Jetzt ist er noch in einem wesentlich größeren Maßstab zu vollziehen.

Wäre es daher nicht denkbar, dass sich die gesamte Menschheit als einen einzigen lebendigen Organismus begreifen könnte? Als einen Organismus, der nicht mehr aus Indern, Amerikanern oder Chinesen besteht, sondern aus Weltbürgern, die gemeinsam Sorge für unsere Erde tragen? Und dass es keine rivalisierenden Religionen mehr gäbe, sondern nur noch Gottsuchende und Gottgeweihte, die – ein jeder auf seine Art – den einen und einzigen Gott lieben, den es gibt? Um sich seinem Willen zu öffnen und unter dessen Regie alles zu tun, um unsere Erde in den prophezeiten Himmel zu verwandeln.

Sicherlich könnte eine solch tiefgreifende Transformation noch nicht gleich das gesamte menschliche Kollektiv erfassen, dafür sind die Unterschiede im Bewusstsein noch zu groß. Aber es könnte sich vielleicht eine unsichtbare Gemeinschaft bereits vollständig gewandelter Individuen herauskristallisieren – eine Vision, wie sie Sri Aurobindo im dritten Band seines Werks „Das Göttliche Leben" so überzeugend entwirft. Eine Gemeinschaft, die – jenseits von Nation, Kultur und Religion – spirituell stark genug wäre, um neue machtvolle Ziele und Werte für das neue Zeitalter zu entwickeln, denen wir anderen dann folgen.

Das Gute daran ist ja: Diejenigen, die vorausgegangen sind, kennen den Weg! Und wenn sie ihn geschafft haben, schaffen wir ihn doch auch! Gegenseitige Hilfe ist jederzeit da, und Hilfe „von oben" ebenso! So könnte tatsächlich eine Zeit der sich einenden Menschheit anbrechen und eines immerwährenden Friedens auf Erden. Eine Zeit der Rückkehr in die Einheit, in die eine Wirklichkeit, in der es keine Dualität von Tag und Nacht, Leben und Tod, Freund und Feind, Ich und Du mehr gibt. Lasst es uns zumindest versuchen!

Und noch etwas Wesentliches gilt es zu bedenken: Mit jedem Menschen, in dem die Seele erblüht, erblüht auch ein Teil der Erde. Wir sind in Hinblick auf unsere Erlösung schicksalsmäßig aneinandergebunden: Mensch und Erde, Erde und Mensch. Wandeln wir uns, wandelt sich auch unser Verständnis der Erde und damit die Erde selbst.

Wie an früherer Stelle dargelegt (siehe Kapitel „Mutter Erde im Wandel der Zeit", Seite 71), galt Wissenden das Leben auf der Erde schon immer als „Einweihung" oder „Initiation", als Heldenreise durch Unbewusstheit, Finsternis, Kreuzigung und Tod. Am Ende aber erwartet den Helden das Licht, eine neue Geburt und die Auferstehung in das ewige Leben. Mit jedem Wiederauferstandenen (er-)hebt sich auch das Bewusstsein dieser Welt und steht auf aus seinen Gräbern. Die gesamte Erde erwacht; und letztlich geht es um die Erde und nicht um uns! Denn sie ist nicht nur der Schauplatz des *Ringens* der irdischen Evolution, sondern auch deren *Vollendung*. Wir Menschen sind nur die Mitarbeiter in diesem erblühenden Weinberg Gottes.

Regenbogen

Schau nur, mit welch kühnem Pinselstrich
der große Meister seine Farben tuscht,
wenn Er, der an sich Unsichtbare,
sich zu erkennen geben will.

In leuchtendem Türkis und Grün,
in Gelb, das mit Orange verschmilzt,
in Rot, in Lila und in Blau
webt Er sein siebenfältig Band,
das hell und weit und hochgewölbt
die Erde überspannt.

Dort, wo der Halbkreis endet,
lässt Er Materie entstehen
und Geist in Formen übergehen.
Und aus dem lichten Bogen fließen
Meere, Seen, Wiesen, Wälder,
Pflanzen, Tiere, Menschen, Felder.

Das Leben meiner Mutter

Meine Mutter hat mich in Kindheit und Jugend, ohne Frage, am meisten geprägt. Sie hätte jetzt, im späten Frühjahr, Geburtstag. Ihren Neunzigsten. Es gibt Tage, da vermisse ich sie doch, obwohl es mit uns beiden alles andere als einfach war. Denn in gewisser Weise waren auch sie und ich Stellvertreter zweier höchst unterschiedlicher Lebensauffassungen, dem „Materialisten" und dem „Asketen" nicht unähnlich.

Aber meine Mutter hat nicht nur mich geprägt mit ihren Erwartungen, sondern uns alle, meine Schwester und meinen Vater inbegriffen. Später, als Erwachsene, habe ich oft gedacht, dass im Grunde jeder Mensch in Mutters näherem Umfeld nur ein Statist in ihrem Film von einem perfekten Leben war. Einzig dazu da, *ihre* Vorstellungen zu verwirklichen. „Perfekt“ war dabei alles, was ihr zum Ruhm gereichte: als aufopferungsvolle Mutter und charmante Gattin. Inakzeptabel hingegen, was an diesem Bild zu kratzen wagte und dabei so unschöne Spuren auf der auf Hochglanz polierten Oberfläche hinterließ. Wir hatten umzusetzen, was Mutter sich erträumte, ja einforderte: zwei höfliche, (einigermaßen) intelligente Töchter als sichtbares Produkt ihrer gelungenen Erziehung und ein sie über alles liebender Ehemann, der sie – wie es sich für einen solchen gehört – mit einem beeindruckenden Domizil, mit Nerzmantel und Schmuck zu verwöhnen hatte.

Mutters Dominanz war wirklich beachtlich. Woraus sich diese allerdings speiste, blieb mir ein Rätsel. Ich erinnere mich nur, dass Mutter stets als „etwas Besseres“ galt. Dabei stammte sie aus einer völlig unspektakulären Familie aus der Mittelschicht. Ihr Vater übte einen technischen Beruf aus, während ihre Mutter sich ganz der Erziehung dieses einen Kindes widmete. Die Mär vom verwöhnten Einzelkind gilt zwar als überholt, aber bei unserer Mutter hatten meine Schwester und ich doch den Verdacht, dass sie zu einer kleinen Prinzessin erzogen worden war. Das Allerbeste war für sie gerade gut genug. So hieß es, was ihre Partnerwahl betraf, von Seiten der mütterlichen Verwandtschaft sogar, das „Elisabethsche“ hätte „mindestens einen Baron“ verdient gehabt. Man erfuhr leider nie, aufgrund welchen Verdienstes. Aber da war sie auch schon mit unserem Vater liiert, und das Unheil nahm seinen Lauf …

Doch unbeeindruckt von allen Krisen, allem Scheitern, hielt unsere Mutter eisern an ihren Erwartungen fest. Unerbittlich. Denn schuld an der Misere des Misslingens waren und blieben einzig „die anderen“, also wir: mein Vater, meine Schwester und ich. Und das Schlimmste, das wir Töchter ihr hatten antun können, war, in ihrem „Film“ irgendwann nicht länger mitzuspielen, und uns etwas anderes zu erkämpfen: das Recht auf ein eigenes Leben!

Bis dahin aber war Mutters Wille Gesetz. Und so wusste auch nur sie, was die Familienmitglieder wirklich brauchten. Wenn wir Kinder bei einer Mahlzeit den noch nicht ganz geleerten Teller gesättigt von uns schoben, schnellte Mutters Hand wie eine langbeinige Spinne über den Tisch, um mit dem zu einer spitzen Kralle gefeilten Fingernagel des Zeigefingers langsam, aber eindrücklich auf unseren Tellerrand zu pochen, „tok, tok, tok!", zusammen mit der Aufforderung: „Und. Das. Wird. Aufgegessen!" Jedes Wort ein Hieb, Widerstand zwecklos. Denn allein „eine Mutter", wie sie sich immer nannte, weiß und entscheidet, ob ein Kind satt sein kann oder nicht.

Ich muss gestehen: Ich ekelte mich vor dieser Geste. Und so fiel es mir doppelt schwer, mir den Rest auf dem Teller, wie einer Mastgans, noch in den Hals zu stopfen. Als ich mit der Zeit ein wenig pummelig wurde, war Mutters Vorwurf groß. „Unsere stämmige Germania" hat sie mich von da an genannt. Das so über die Jahre hinweg indoktrinierte Muster, anstandslos alles zu schlucken, was man mir vorsetzt, sollte mir später noch zum Verhängnis werden …

Als die „eine und einzige" Mutter wusste unsere natürlich auch, mit welchen Freunden ihre Kinder Umgang zu pflegen, welche Kleidung sie zu tragen hatten, oder ob deren Klage, wegen des zu lauten Fernsehers im Wohnzimmer abends nicht einschlafen zu können, gerechtfertigt war. Sie war es nicht. Daher gab es, anstatt etwas leiser zu drehen, bei jeder Klage unsererseits ein ordentliches Donnerwetter.

Mutters ständiger Hinweis auf diese ominöse „eine" Mutter verlieh ihr eine geradezu bedrohliche Autorität, machte er sie doch zum Archetyp aller nur denkbaren und existierenden Mütter und ihr eigenes Empfinden zum Maßstab aller Dinge. Selbst als ich, längst erwachsen, das erste Mal mit meinem Mann nach Indien flog, fuhr sie mich an, ich wisse ja hoffentlich, was „ein Kind" „einer Mutter" damit antue, in ein Land wie Indien zu reisen.

Auch war es schwierig, ja unmöglich, ihr auch nur irgendetwas recht zu machen. Kam ich freudestrahlend mit einer Zwei plus in einer

Klassenarbeit nach Hause, hieß es nur: „Na, dann hätte es ja auch eine Eins sein können!" Und meine Freude fiel in sich zusammen wie ein bunter, praller Luftballon, den ein Eisberg rammt.

Aber auch Fremden gegenüber war Mutter keineswegs zimperlich, wenn diese ihre Vorgaben nicht erfüllten. Ihrer Haushaltshilfe, die ihr viele Jahre treu zur Seite stand, warf sie eines Tages an den Kopf, sie sei ja „an und für sich" eine intelligente Person, aber wie man Handtücher richtig falte, habe sie immer noch nicht kapiert.

Dabei wusste unsere Mutter, ihre Gehässigkeiten äußerst nonchalant zu servieren: im Gesicht ein charmantes Lächeln, während sie jemandem heimlich ihr scharf gewetztes verbales Messer zwischen die Rippen stieß. Als ihre Haushaltshilfe daraufhin das sprichwörtliche wie das echte Handtuch schmiss – ich will nicht wissen, nach wie vielen demütig hingenommenen Seitenhieben –, zeigte sich unsere Mutter völlig konsterniert und kam zu dem Schluss, dass die junge Frau doch sehr überempfindlich gewesen sein müsse.

Kurz darauf fand meine Schwester eine sanftmütige und ausgesprochen liebenswerte Vietnamesin als neue Haushaltskraft. Aber allein deren Herkunft war schon wieder verkehrt: Eine Asiatin! – wie konnte meine Schwester ihr das nur antun! Wobei unsere Mutter dieses Wort weniger aussprach als vielmehr ausspuckte, um dieser Zumutung den gebührenden Ausdruck zu verleihen, sodass es wie „eine Assjaddin" klang.

Auf ein Schuldeingeständnis oder auch nur den Ansatz einer Selbstreflexion wartete man bei unserer Mutter umsonst. Fasste ich mir doch mal ein Herz und konfrontierte sie mit ihrem Verhalten, ergoss sich ein Schwall der Empörung: „Waaas?! Neeeiiin, ich doch nicht! Da bildest du dir mal wieder was ein!" So lernte ich, mir selbst und meiner Wahrnehmung zutiefst zu misstrauen, was später ebenfalls noch schlimme Folgen haben sollte. Mutters schräges Verhalten aber wurde unter den Teppich gekehrt, der sich mit der Zeit verdächtig wölbte und irgendwann nicht mehr glätten ließ.

Dabei war unsere Mutter in ihren jungen Jahren eine ausgesprochen lebenslustige Frau. Jedenfalls den damaligen Fotos nach zu urteilen. Ein besonders schönes Foto zeigt sie, den Fotographen herausfordernd anlächelnd, keck auf dem Treppengeländer ihres Elternhauses halb lehnend, halb sitzend. Ihr weiches Haar fällt in sanften Wellen bis auf die Schultern. Der Rock ihres groß karierten Kleides umspielt – ganz im Stil der 50er Jahre des letzten Jahrhunderts – glockig ihre Beine, wo er züchtig auf halber Höhe der wohlgeformten Waden endet. Die Aufnahme entstand, als sie schon Studentin an einer Kunsthochschule war, an der sie, im Studiengang Innenarchitektur, meinen Vater kennen lernte. Diese Studienzeit muss, neben ihrer Kindheit, für sie die schönste ihres Lebens gewesen sein, von der sie umso mehr schwärmte, je frustrierender sich ihr weiteres Leben gestaltete.

Manchmal jedoch blitzte dieses fröhliche unbeschwerte Wesen von damals wieder auf. Dann war unsere Mutter für Momente wie ausgewechselt, gab lustige Geschichten von damals zum Besten oder ahmte, mit viel Talent, irgendwelche grässlichen Verwandten nach.

Oder die kurzen glücklichen Zeiten während unserer geliebten Herbstferien in der Pfalz – wenn wir drei Weibsleute tagsüber durch den bunten Herbstwald stromerten, um „Keschde" zu sammeln, die wir uns abends, gemeinsam mit der Pensionswirtin und dem ersten Federweißen des Jahres, in deren Küche schmecken ließen. In diesen seltenen, so überaus kostbaren Augenblicken sprang meine ganze Sehnsucht wie eine lauernde Pantherin auf ihre Beute an: Endlich, endlich, war meine Mutter nicht diese vernichtende, übermächtige „eine" Mutter, vor der man sich nur fürchten konnte, sondern eine richtige Mutter! Eine Mama, meine Mama, die ich – endlich, endlich – für diese paar Minuten lieben konnte.

So viel zu uns Töchtern und unserer Erziehung. Sicher waren wir beide ein Lebensinhalt unserer Mutter, ihr Hauptlebensinhalt war jedoch ein anderer: ihr Haus respektive das Haus, das meine Eltern bauten. Wie die Töchter musste auch dieses etwas Besonderes, etwas zum Vorzeigen sein: ein schicker Bungalow in gewagter Hanglage, mit Souterrain als zusätzlicher Etage, viel Aluminium und Beton.

Ich fand den wuchtigen Kasten nur furchtbar, so wie überhaupt diese ganze Bauerei, die sich endlos hinzog. Zuerst dauerte es vier Jahre, bis der erwählte Bauplatz frei gegeben wurde. Nicht, dass es in meiner Heimatstadt nicht auch andere schöne Bauplätze gegeben hätte. Aber unsere Mutter hatte sich nun mal auf eine bestimmte Gegend versteift, in der sie sich einiger Rechtsanwälte, Ärzte und Stadtpolitiker als standesgemäße Entourage einer Hochwohlgeborenen gewiss sein konnte.

Der eigentliche Bau des Hauses dauerte dann nochmal geschlagene fünf Jahre. Vieles machte mein Vater selbst, zusammen mit ein paar Helfern und einem Ein-Mann-Bauunternehmer, der ebenfalls dem Alkohol nicht abgeneigt war. Schon nach wenigen Stunden war bei den beiden ein Pegel erreicht, der nach einem Rausch-ausschlaf-schläfchen verlangte, und das war es dann mit der Arbeit für diesen Tag.

Die ganze Familie wurde in den Hausbau eingespannt, wir Kinder verbrachten jahrelang unsere Samstagnachmittage „auf dem Bau". Wie wir allein diesen Begriff schon hassten! Gegen Mittag wurde dann von unserer Wohnung aus, die 20 Minuten vom Bauplatz entfernt lag, ein Riesenkochtopf mit einer dicken Suppe für die Bauarbeiter zu Fuß dorthin geschafft. Danach mussten wir bis gegen Abend bleiben, um uns mit diversen Aufgaben nützlich zu machen. Besonders beliebt war das Schleppen allen möglichen Baumaterials – auf, auf, auf, die 72 Stufen zu Mutters Himmelreich hinauf.

Als endlich der Rohbau stand, ging das Drama beim Innenausbau weiter. Alles musste exakt Mutters Wünschen entsprechen, schließlich war sie ja Innenarchitektin und dieses Haus ihr Lebensprojekt. Da es in ganz Deutschland keine ihr genehmen Badezimmerfliesen gab, dehnte man die Suche nach Frankreich aus – mein Vater als Chauffeur –, wo Mutter dann, Gott sei Dank, endlich ihre erlesenen Fliesen fand. Leider wurde der Estrich im Bad, den mein Vater selber goss, genauso schwankend wie sein Gang, sodass sich das entzückende französische Bodenmosaik nicht richtig verlegen ließ. Und mit seinen lieblichen Hügeln und Tälern war damit auch der Traum vom superschicken Bad dahin. Eine Geschichte von vielen …

Bedenkt man, dass, psychologisch betrachtet, ein Haus die Persönlichkeit eines Menschen symbolisiert, so scheint sich in diesem Objekt das Leben meiner Mutter regelrecht zu bündeln: ihre nahezu ausschließliche Beschäftigung mit rein äußerlichen Dingen, nur um „etwas darzustellen", das sie doch nie war. Sie war wie ein Vogel, der seine Lebenszeit damit verbringt, sein Nest zu bauen und zu verschönern, und darüber ganz vergisst, sein Ei zu legen – das eigene innere Wesen zu gebären –, wozu das Nest doch eigentlich bestimmt war.

Wenn ich an meine Eltern denke, kommt mir das Bild zweier spielender Kinder in den Sinn, von denen das eine unablässig versucht, aus seinen Bauklötzchen einen möglichst hohen Turm zu bauen, den das andere, ebenso unablässig, wieder und wieder zerstört. Natürlich nicht absichtlich, es ist ja nur aus Versehen drangekommen … Hätten sie doch bloß irgendwann mal etwas anderes gespielt. Oder wären sich am besten erst gar nicht begegnet! Aber da es wohl doch so etwas wie Schicksal gibt, war es geradezu skurril, wie perfekt die beiden zusammenarbeiteten. Wenigstens hier gelang die Perfektion: Meine Mutter mit ihrem lebenslänglichen Ringen um ein prestigeträchtiges Leben, und mein Vater, der alles sabotierte mit seinem Suff.

Nicht nur das Leben meines Vaters, auch das meiner Mutter schmerzt mich letzten Endes zutiefst. Weil auch sie hinter ihrer Fassade und im Grunde ihres Wesens ein liebenswerter Mensch war, und ich irgendwann begriff, dass ich meine „Prinzessin-Hypothese" revidieren muss. Denn eigentlich wird sich doch nur jemand, dessen Selbstbewusstsein lädiert ist, so sehr darum bemühen, es durch äußere Werte aufzupolieren. So kann ich nicht sagen, ob nun das Leben meines Vaters oder das meiner Mutter das traurigere war. Jedenfalls stelle ich es mir schlimm vor, frustriert und mit dem Leben unversöhnt zu sterben. Und furchtbar anstrengend, dem Leben ständig den eigenen Willen aufzuzwingen. Dabei ist es doch das Leben selbst, das uns lenkt und führt. Und hinter all seinen Krisen und Rätseln wirkt ein höherer Wille, dem man sich getrost überlassen kann. Wie sehr hätte ich meiner Mutter diese Erfahrung eines tiefen Vertrauens ins Leben gewünscht! Und nichts repräsentieren zu müssen, sondern einfach nur *zu sein*. Denn ist man man selbst, ist doch alles gut.

Aber ich werde es mir nicht anmaßen, über das Leben meiner Eltern ein abschließendes Urteil zu fällen. Es gibt immer noch eine andere Hälfte der Wahrheit, die der Beobachtende nicht sieht, weil er selbst in die Umstände verstrickt war. Und irgendwann – in einem äußerst schmerzhaften Moment – begreift man sowieso, dass die eigene Engherzigkeit die Ursache dafür war, dass man einen anderen noch nicht genügend lieben konnte. Die Liebe hätte all die vermeintlichen Unzulänglichkeiten erst gar nicht gesehen. Denn die Liebe sieht immer nur Liebe.

Ansonsten mag vielleicht ein Leben wie das meiner Mutter, gerade weil es sich in der Welt der Erscheinungen so sehr verfing, der Auslöser dafür sein, im nächsten Leben zu den tieferen Gründen und wahren Schätzen des Lebens weiterzugehen. Denn Perfektion oder Vollkommenheit kann nur die Ernte eines langen Entwicklungsweges sein.

Über der Anrichte in meiner Küche habe ich inzwischen zwei Fotos meiner Eltern hängen, zwei sehr sympathische aus noch besseren Zeiten. Wenn ich dort werkele, schaue ich gern zu den beiden hin und stelle mir vor, wie sie, aus welchen Sphären auch immer, mein Leben begleiten und sich mit mir freuen an dessen unerwartet doch noch glücklichem Verlauf. Sie gaben als Eltern das, was ihnen möglich war. – Und, wer weiß, vielleicht bezieht sie sich gar nicht auf meine Mutter in irgendeinem nächsten Leben, sondern *auf mich* – diese innere Stimme, die so drängend gemahnt, wahrhaftig zu werden und sich nicht vom schönen Schein hypnotisieren zu lassen wie eine Fliege vom todessüßen Honigstreifen?

Die andere Hälfte der Wahrheit

Jeder Mensch wird durch seine Vergangenheit geprägt, durch das positive oder negative Vorbild der Eltern, seine Erziehung und die weitere Sozialisation. Seine Vergangenheit macht ihn zu dem Menschen, der er, in seinen jungen Erwachsenenjahren, dann erst einmal ist. Aber das ist nur die eine Hälfte der Wahrheit. Die andere Hälfte der Wahrheit ist, dass es immer auch eine, von Altem unbelastete, „jungfräuliche" Zukunft gibt, die uns zu einem neuen Menschen formen will – sofern wir bereit sind, uns darauf einzulassen.

Auf den inneren Bewusstseinsebenen gibt es weder Zeit noch Raum. Alles ist dort, in diesem unermesslichen allgegenwärtigen Sein, schon vorhanden – jede Blume erblüht, jedes Lied gesungen, jeder Mensch vollendet in seiner wahren Gestalt – ewig in seinem göttlichen Archetyp. Und genau dieser ist es, der uns heimlich zu sich zieht. Blickt man nur auf die Vergangenheit und die möglichen Fehler der Eltern, bleibt man an Schuldzuweisungen hängen. Aber das Leben und unsere Persönlichkeit sind viel zu komplex, um sie auf Ursache und Wirkung zu reduzieren oder irgendjemandem die Rolle des alleinigen Bösewichts in die Schuhe zu schieben. Die andere Hälfte der Wahrheit zeigt somit auf, dass der Mensch – anstatt passives Opfer seiner Vorgeschichte zu sein – immer auch die Chance hat, sich aktiv daraus zu befreien und sich von seiner Zukunft neu gestalten zu lassen. (Da es in Wirklichkeit keine Zeit und damit weder Vergangenheit noch Zukunft gibt, sondern nur ein einziges allumfassendes Jetzt, müsste man den Begriff der „Zukunft" korrekterweise mit „höherem Bewusstseinszustand" übersetzen – einem, der noch zu erlangen ist. „Vergangenheit" würde dementsprechend einen „niederen" Bewusstseinszustand bedeuten, somit einen, den man bereits hinter sich gelassen hat.)

Außerdem sorgt in unserem Leben ein geheimes, aber mächtiges inneres Gesetz dafür, dass unweigerlich genau jene Bedingungen und Ereignisse eintreten, die für unsere weitere Entwicklung notwendig sind. Menschliche Existenz ist grundsätzlich aufbauend, zielgerichtet und schöpferisch. Und so wird der Mensch durch die evolutionäre Kraft gezwungen, von seinen Fähigkeiten und Möglichkeiten Gebrauch zu machen, sein Potenzial zu entfalten und sein wahres Wesen zur Blüte zu bringen. Schwierige Eltern sind dann nichts anderes als „Schicksalserfüllungsgehilfen". Denn das, was uns außen im Leben widerfährt, ist ein lebendiges Feedback unseres eigenen inneren Zustands und kein unerklärliches oder gar zufälliges Schicksal.

Dabei ist dieses Gesetz des Lebens längst nicht so einfach und so mechanisch, wie viele meinen, – wonach jemandem, der Gutes tut, auch Gutes widerfahre, oder jemand, der im letzten Leben ein Mörder war, im jetzigen Leben selbst ermordet werden müsse – nach der alttestamentarischen Vorstellung von „Auge um Auge, Zahn um Zahn". Wir alle tragen zunächst sowohl Gutes als auch Böses in uns. Dies ist nun mal die menschliche Natur. Das Schicksal hält sich aber nicht an unsere kindlichen, ichhaften Vorstellungen von Gut und Böse, Unrecht und Gerechtigkeit, Belohnung und Vergeltung. So kann es sehr wohl geschehen, dass das Leben einem „bösen" Menschen seinen Sieg zugesteht, nur um ihn dann – wesentlich später und auf der Höhe seines Triumphs – doch noch zu Fall zu bringen. Oder dass einem anderen, der noch unentschieden zwischen Gut und Böse ist, viel Schlimmes widerfährt, woraufhin er sich in seiner Not dem Innersten zuwendet und so ein unzerstörbares Fundament erhält, das ihn von da an für immer trägt. (Und das ihm in einem behaglichen Wohlleben vermutlich nicht zugänglich geworden wäre.)

Dieses innere Gesetz des Schicksals versucht somit, den Menschen in eine Weiterentwicklung zu treiben, ihn immer mehr mit seiner Seele als seinem wahren Wesen in Einklang zu bringen. Denn das Allerwichtigste im Leben ist die innere Entwicklung: das Aufblühen von Seele und Seelen-Persönlichkeit. Man nennt dies auch „Selbst-Verwirklichung".

Die Seele steht allem gleichmütig gegenüber. Für sie zählen allein die Erfahrungen, die sie macht, und an denen sie reifen kann. Sie nimmt dafür auch Schmerzen und Leid und Irrtum in Kauf und wirft sie ins innere Opferfeuer. So gesehen gibt es kaum ein größeres Desaster als ein Leben ohne Selbsterkenntnis, ohne inneren Fortschritt. Schließlich geht es um nicht weniger als darum, unsere „niedere", menschliche, Natur in ihre „höhere", göttliche, umzuwandeln. Denn nur das im Menschen überlebt und gelangt schließlich zur Unsterblichkeit, was von diesem göttlichen Feuer durchlichtet wurde, gewandelt in seine eigene höchste unvergängliche Wahrheit. Alles andere fällt im Moment des Todes den schwarzen Fluten des Vergessens anheim.

Erwachen oder Erleuchtung meint daher immer auch eine umfassende, ja radikale Transformation, Licht ins eigene Dunkel zu bringen, und das ist keineswegs nur angenehm!

Im Grunde ist es jedoch, wie alles im Leben, ganz einfach: Es ist, als hielte das Leben ein Drei-Gänge-Menü für uns bereit. Haben wir den Teller mit der Vorspeise geleert, wird der Hauptgang serviert und danach das Dessert. Oft aber bleiben Menschen ihr Leben lang bei der Vorspeise hängen (siehe hierzu auch „Haus des Lebens, Seite 173) – aus Bequemlichkeit oder weil diese ihnen schon so gut schmeckt, dass sie gar nichts anderes mehr probieren wollen. Oder weil sie ja ach so bescheiden sind und sich sagen: „Aber nein, aber nein, so ein klein wenig Vorspeise reicht für mich doch völlig!" Oder weil sie missmutige Zweifler sind, die gar nicht glauben können, dass nach der Vorspeise noch etwas Besseres kommt.

Da das Leben sich aber immer, wenn es Richtung Ziel vorangeht, in seiner Qualität und Intensität steigert, machen sie so nie die Erfahrung, dass ihnen nach der Vorspeise ein noch köstlicherer Hauptgang serviert worden wäre. Und nach diesem schließlich – als Gipfel der Genüsse – der Nachtisch aus süßen Früchten: die Ernte eines vollständig gelebten Lebens.

Der rote Faden des Lebens

Jedes menschliche Leben folgt einem Sinnzusammenhang, einem „roten Faden". Dieser ergibt sich in der Regel aus einer bestimmten Aufgabe, einem zu bearbeitenden Thema (oder mehreren), das ein Mensch, wie einen Rucksack, mit ins Leben bringt. Je nachdem, wie viel eine Seele sich zutraut, ist der Rucksack groß oder klein, schwer oder leicht. Und es ist ein Ausdruck der erwachenden Seele, dass dem betreffenden Menschen nicht nur der Sinn des Lebens an sich aufgeht, sondern auch der seines eigenen.

Dann taucht eine innere Ordnung der Geschehnisse auf, eine überraschende Folgerichtigkeit: der besagte rote Faden des Lebens. Diese Aufgaben ziehen sich in der Regel durch das gesamte Leben hindurch und nehmen für ihre Erfüllung auch so manches Scheitern in Kauf. Wachstum, Entwicklung und auch (vorübergehendes) Scheitern, sind Grundprinzipien des Lebens, und so geht kaum jemand den schnurgeraden Weg. Das wäre auch ziemlich langweilig, oder?! Denn wo blieben dabei der Nervenkitzel der Gefahr, die Herausforderungen des Abenteuers und die Freude des Siegs nach erbittertem Kampf? Daher säumen vielmehr Krisen, Niederlagen und so manche Katastrophe unseren Weg. Erst wenn wir wirklich wir selbst geworden sind – eine einzigartige, unauslöschliche Individualität –, wird auch unser Leben sonnenhell und harmonisch.

Ein gelungenes Leben wäre daher eines mit einem Maximum an innerem Fortschritt – egal, wie viele Krisen und Misserfolge es dafür braucht. Fortschritt gelingt jedoch nur dann, wenn wir selbst die Verantwortung für unser Leben übernehmen. Und darauf vertrauen, dass das Leben mit allem, was geschieht, eine positive und förderliche Absicht verfolgt. Nur so können wir uns neu erschaffen lassen und schließlich unser göttliches Ur-Bild verwirklichen. (Und brauchen nicht ein Leben lang eine längst schal gewordene Vergangenheit wiederzukäuen …)

Immer mehr der zu werden, der man wirklich ist, und damit wahr und wahrhaftig, wiegt allen Kummer und alles Unglück des Weges auf. Als Rohdiamant geschliffen zu werden, ist gewiss auch kein angenehmer Prozess. Aber wenn er danach so herrlich funkelt, dann war dies doch alles Vorherige wert!

Betrachte ich daher – nach dem Leben meines Vaters und dem meiner Mutter – nun mein eigenes Leben, so findet sich auch hier ein roter Faden, der sich mir inzwischen erschließt. Die Hauptaufgabe meines Lebens dürfte sein, (wieder) zum Erkennen der Wahrheit hinter den Fassaden zu gelangen.

Mein ganzes bisheriges Leben war geprägt von dem Zwiespalt von Sein und Schein. Davon, ob ich der mir dargebotenen, freundlich lächelnden Oberfläche vertrauen soll, oder der, den physischen Augen nicht sichtbaren, aber zu ahnenden Fratze dahinter. Über lange Zeit hinweg entschied ich mich für das erstere, denn das andere war viel zu entsetzlich. So habe ich mir eigenhändig das Auge meiner Seele mit dem doppelten Pflaster des „Ich will es nicht sehen!“, „Ich darf es nicht sehen!“ zugeklebt. Mit dem inneren Auge wieder sehen lernen, musste ich später trotzdem. Denn nur, wer sich den Fratzen des Dämonischen stellt, wird auch das Heilige, Göttliche schauen.

Inzwischen ist diese innere Sicht zum Glück wiederhergestellt. Ich nehme zwar nach wie vor den Nimbus wahr, jenen (Glorien-) Schein von Status und Macht, mit dem so manche ihren Mangel an wahrem Sein zu vertuschen versuchen. Ich nehme ihn aber nicht mehr für bare Münze. Stattdessen geht es mir wie dem Kind im Märchen, das angesichts des Kaisers, der stolz seine vermeintlich neuen Kleider spazieren führt, so offenherzig ausruft: „Aber er hat ja gar nichts an!“

Und so sehe ich das, was wir, auf der einen Seite, alle sind: Menschlein, nackt und bloß, und wie sehr wir um Größeres ringen. Auf der anderen Seite sehe ich, hinter diesem kleinen und vergänglichen Schein, aber auch unser wundervolles, unvergängliches Sein.

Wichtig bei dem Wiederherstellen des Schauens ist, zumindest nach meiner Erfahrung, immer nur so viel zu sehen, wie man in sich integrieren und lieben kann. In dem Maße, in dem sich die Schau auf die verborgenen Dinge und das geheime „Dahinter" öffnet, muss auch das Herz mitwachsen und seine Fähigkeit zu lieben. Es ist schließlich die Seele, die schaut. Und zur Seele hinfinden, heißt immer auch: zu lieben. Nur die Liebe kann alles verstehen, alles verzeihen; alles passt in ihr weites Herz.

Vor allem aber muss man lernen, sich selbst zu lieben. Dann ist die schmachvolle Erkenntnis, dass der entlarvte Splitter im Auge des Gegenübers mal wieder ein Schatten des Balkens im eigenen Auge war, nicht ganz so schmerzlich!

Für mich war das Sehen- und Liebenlernen kein einfacher, kein ungefährlicher Weg und – im wahrsten Sinne des Wortes – „wahnsinnig" anstrengend. Er führte mich, wie durch ein finsteres Tal, zu einem vorübergehenden Irrewerden am Leben mit seinen grauenvollen Psychosen. (Näheres siehe Kapitel „Erlösung", Seite 207)

Für das, was ich während dieser Zeit erlebte, gibt es keine Worte. Weil manches für immer unsagbar bleibt. Es war ein harter und einsamer Prozess, mich meinen eigenen Schattenseiten zu stellen und anzuerkennen, wozu selbst die bittersten Lektionen meines Lebens notwendig waren.

Aber jetzt ist alles überstanden! Aus *Alleinsein* erwuchs All-Eins-Sein. Und im Grunde wurde ich sogar erst durch die Gesamtheit aller Lebenserfahrungen ganz und heil! – In die Hölle habe ich zur Genüge Einblick genommen, jetzt mag der Himmel kommen!

Heiliger Hain

Wenn sie so ging, für sich allein,
dann wandelte sich auch der Wald.
Es war, als trete sie durch eine geheime Tür
ins Innerste der Natur hinein.

Dort war der Wald nun kein Wald mehr,
sondern ein Hain,
den sie andächtigen Fußes durchschritt.
Die mächtigen Bäume ein grüner Dom über ihr,
mit blattvergoldeter Spitze,
durch deren Wind bewegte Zweige
Himmelsbläue blitzte.

Das Zwitschern der Vögel Lobgesang,
der Himmel Widerschein
von kosmischem blauem Feuer.

An jedem Aussichtspunkt blieb sie stehen,
ließ ihre Augen weit über die Landschaft schweifen,
wo Burgen und Felsmassive trutzten,
bis das so unermesslich grüne Meer
sich in violetten Fernen
weit hinten am Horizont verlor.

Am Ende einer jeder dieser stillen Runden
kehrte sie, von Schönheit gesättigt,
mit überquellendem Herzen heim.
Ach, könnte sie von dieser Pracht doch nur künden!

SOMMER

ZEIT

DER REIFUNG

Mistkäferchen

Beim Wandern durch den inzwischen so lichten Sommerwald habe ich heute gleich drei auf dem Rücken liegende Mistkäfer entdeckt. Vielleicht ist es eine Marotte von mir, aber ich drehe jedes dieser so kläglich zappelnden Wesen um. Dann warte ich immer ein Weilchen, bis die Käferchen sich, im wahrsten Sinne des Wortes, wieder bekrabbelt haben. Oft nämlich fallen sie, wahrscheinlich weil sie noch immer ein wenig verwirrt sind, beim Erklimmen der nächsten Anhöhe gleich wieder um. Sie bekommen von mir alle eine zweite, manchmal auch eine dritte Chance. Ich warte dann eben so lange. Und erst wenn sie auf stabilen Beinchen weiter ihres Weges ziehen, setze auch ich meinen fort.

Keine Ahnung, woher dies stammt, aber mich erfasst beim Anblick solch gestrandeter Käfer jedes Mal ein tiefes Erbarmen. Vielleicht, weil auch ich schon mehr als einmal genauso hilflos auf dem Rücken lag, und weiß, wie es ist, wenn die Kraft langsam schwindet. Wenn man nicht einmal mehr zappeln mag, weil alles, was man tut, doch nichts bringt, und der Tod einem schon vor Augen steht. Der Tod: die endgültige Resignation. Und wenn dann jemand kommt, eine unsichtbare gütige Hand, und einen wieder auf die Beine stellt, dann kann man sein Glück gar nicht fassen: dieses Wunder des Überleben-Dürfens.

Einblicke eines spirituellen Zimmermädchens

Die Überschrift dieses Kapitels dürfte verwundern: ein „Zimmermädchen"? Was macht denn ein Zimmermädchen in diesem Buch? Und dann noch: ein „spirituelles"? Wo gibt's denn so was? Nun ja, dieses Zimmermädchen, das bin ich! Dass ich mein Leben der Spiritualität verschrieben habe, dem Weg der Selbstwerdung und Selbstüberschreitung, dürfte inzwischen jedem bekannt sein. Aber dass ich auch Zimmermädchen bin, weiß noch keiner.

Dazu muss ich erklären, dass ich nicht schon immer Zimmermädchen war. Früher, und die längste Zeit meines Berufslebens, arbeitete ich als Psychologin und Therapeutin in eigener Praxis. Aber dann kamen die Psychosen, überfielen mich hinterrücks und stürzten mich in die finsterste Nacht und die größte Katastrophe meines Lebens. Nichts ging mehr, schon gar nicht dieser anspruchsvolle Beruf, sodass ich meine Praxis schloss. Und mir eine andere Arbeit suchen musste.

Schon fortgeschrittenen Alters und nun auch noch schwerbehindert war die Auswahl nicht sonderlich groß. So wurde ich Zimmermädchen. Zum Glück in einem sehr sympathischen Hotel, einem kleinen, aber exquisiten Sporthotel, Familienbetrieb in der dritten Generation – ursprünglich eine Landhaus-Pension.

Und ich muss sagen, ich bin durchaus zufrieden mit meinem neuen Beruf. Körperlich ist er extrem anstrengend und daher kaum eine Lösung von Dauer. Für hier und heute aber ist er gut. Ich habe inzwischen gelernt, nur noch in „Jetzt-Einheiten" zu leben und zu denken, weil das, was wir „Zeit" nennen, ja sowieso nicht existiert.

Derweil genieße ich den Umgang mit hochwertigen Materialien in geschmackvollen Räumen und freue mich, wenn nach meinem Einsatz alles wieder blitzt und blinkt. Vor allem, weil auch die Gäste sich darüber freuen. Es ist so einfach, Freude zu vermehren.

Zimmermädchen zu sein, lässt sich außerdem überraschend gut mit meiner spirituellen Praxis verbinden. So versuche ich Tag für Tag, Zimmer für Zimmer, meine Arbeit dem Göttlichen darzubringen, dem Aspekt des Ewigen in unseren Gästen. Denn dieses nimmt eine mit Liebe getane Arbeit immer freudig entgegen – egal ob der Mensch im Vordergrund sie zu schätzen weiß oder nicht. Auch das ist ein Anzeichen dafür, dass die Seele erwacht: Man erkennt in allem einen Sinn und reift an jeder Erfahrung.

Nicht zuletzt habe ich den Eindruck, in diesem Metier sogar noch mehr über Menschen zu begreifen als in meinem früheren Beruf. In einem Hotel zeigen sich die Leute nämlich weniger maskiert und verstellt. Sie wirken pur, manchmal sogar ungehemmt – wie wir an späterer Stelle noch erfahren werden (siehe „Absolute Diskretion", Seite146). Ihre Art und Weise, ihr Zimmer bei uns zu bewohnen, ist wie ein Miniaturabdruck ihrer Persönlichkeit.

Manches Zimmer wirkt unpersönlich oder gar leer. Dann bin ich beim Betreten überrascht und frage mich, ob es überhaupt belegt ist. Bis ich dann doch einen Trolley oder Koffer in einer verborgenen Ecke stehen sehe. Es liegen aber keine Kleidungsstücke herum, es stehen keine Schuhe in der dafür vorgesehenen Nische, kein abgelegter Ohrring auf dem Nachttisch, nirgends eine Zeitung oder ein Buch.

Andere Zimmer hingegen quellen über vor lauter Kram, der komplette Inhalt des Koffers großzügig verstreut, selbst wenn der Gast nur übers Wochenende bleibt. Dazu noch diverse Tüten mit Fressalien auf Tisch und Stuhl und jede Menge Krümel im zerwühlten Bett: die Laken verkrumpelt, die Kopfkissen zu unförmigen Klumpen zerknautscht, die ich ordentlich traktieren muss, um sie wieder in ihre ursprüngliche Form zu bringen. Und dann – wie ich das liebe! – finde ich auch noch den Schlafanzug auf links gedreht.

Über den Charakter eines Bewohners sagt insbesondere das Bad viel aus. Auch hier gibt es die, die sämtliche Utensilien nach Gebrauch sofort wieder in ihrer Kulturtasche verstauen. Vielleicht ekelt sie die Vorstellung, jemand vom Housekeeping könnte ihre Sachen berühren. Immerhin haben wir täglich mit den Ausscheidungen sämtlicher menschlicher Körperöffnungen zu tun, was zugegebenermaßen nicht allzu appetitlich ist. In Indien würde ich der Kaste der „Parias" angehören – der Unberührbaren und von der Gesellschaft Ausgestoßenen. In anderen Bädern hingegen türmen sich auf der Ablage vor dem deckenhohen Spiegel Tuben und Fläschchen mit Cremes und Lotionen. Daneben Mundspülung und Parfums, Bürsten, Ohrstäbchen, Kämme, Dosen für Knirsch-Schiene oder Gebiss sowie alles, was es an dekorativer Kosmetik braucht, um sich für gesellige Abende aufzubrezeln. Jeder Quadratzentimeter ist belegt. Da werde ich unweigerlich zur Voyeurin und staune, was Menschen so alles benötigen. Wenn ich Pech habe und ein paar Zahnpasta-Spritzer den Spiegel zieren, heißt es für mich, alles abzuräumen, die Glasoberfläche zu wienern und anschließend den ganzen Kosmetiksalon möglichst originalgetreu zu rekonstruieren.

Soweit die Beispiele, wie unterschiedlich die Menschen ihre Zimmer gestalten, die doch in der Grundausstattung alle gleich sind. Es gibt allerdings auch Situationen, die mich verwirren oder gar verstören, weil sie so gar nicht zu dem Bild eines gesitteten Menschen passen, als der sich der Gast in den öffentlichen Bereichen unseres Hauses gibt. Und so begleitet mich das in meiner Kindheit installierte Thema von „Sein und Schein" und die oft so frappierende Diskrepanz weiterhin durch mein Leben: im Vordergrund eine glänzende helle Welt, dahinter erschreckende Schatten. Während ich mich bis weit ins Erwachsenenalter hinein dazu zwang, die mir präsentierten Fassaden als alleinige Wahrheit hinzunehmen, sehe ich inzwischen wieder klar und deutlich, was sich hinter den allzu glatten Oberflächen verbirgt – oder zu verbergen versucht.

In seinem Zimmer fühlt sich der Gast unbeobachtet. Ich bin bloß das Zimmermädchen, trete als Person, als Mensch nicht in Erscheinung. Bin nichts weiter als eine anonyme kleine Dienstbarkeit, Bestandteil einer Brigade der Unsichtbaren, die man nur an ihren reinlichen Spuren erkennt. Der Gast vergisst, dass da doch jemand ist und – selbst ungesehen – alles genau registriert.

Hier nun ein paar Beispiele des ganz normalen Irrsinns meiner täglichen Realität: Gar nicht selten kommt es vor, dass Gäste ihr Zimmer verlassen, ohne nach dem Toilettengang die Spülung betätigt zu haben. Dabei müssten sie aufgrund des offenen Deckels doch sehen, dass da noch die Klößchen in der porzellanenen Suppenschüssel schwimmen. Kann man wirklich so unachtsam sein? Oder zeigt sich darin das gute Recht des Gastes? Schließlich hat man für sämtliche Dienstleistungen ja bezahlt – „all inclusive"! Das Klo zu spülen inbegriffen?

Manchmal finde ich benutzte Slipeinlagen offen auf dem Bett oder durchgeweichte Tampons lose in unseren schönen Papierkörben aus schimmerndem geöltem Holz. Dabei gibt es im Bad kleine Hygienebeutel und ein extra Mülleimerchen für diese Dinge! War der Weg dorthin zu weit?

Häufiger weist das Bad eindeutige Spuren auf, dass jemand das Limit seiner Alkoholverträglichkeit nicht so recht einzuschätzen wusste. Was treibt einen Menschen dazu, weiter und weiter zu süffeln, obwohl ihm wahrscheinlich längst übel ist? Einmal hat ein Gast es nicht mal mehr bis ins Bad geschafft! Da durfte ich anschließend die fein pürierte Ente à l'Orange mit frischen Bobbyböhnchen von der Zimmerwand kratzen. Die Wand musste neu gestrichen werden, und so war das Zimmer volle zwei Tage nicht zu belegen.

Was mich ebenfalls immer wieder überrascht, ist, was die Leute so alles mitgehen lassen. Dabei hätten sie es – zumindest lässt der Fuhrpark hinter dem Hotel darauf schließen – doch gar nicht nötig! Der Gast als notorischer Kleptomane …

Dieses Phänomen ist im Hotelgewerbe wohlbekannt, deshalb legen wir solchen Elstern unter unseren Gästen für sie leicht erreichbare und für meine beiden Chefs entbehrliche Beutestücke aus. So wird ihr Diebestrieb befriedigt, und es lässt sich Schlimmeres verhindern. Zum halblegalen Entwenden gibt es das hoteleigene Briefpapier (obwohl heutzutage kein Mensch mehr schreibt …), Kugelschreiber, Notizblöcke und die allseits beliebten Shampoo- und Duschgel-Fläschchen. Letztere sind eigentlich für jene Gäste gedacht, die ihr eigenes Shampoo vergaßen. Sie werden jedoch von den meisten gern eingesackt, und das täglich.

Einmal kam ein Gast hinzu, als ich gerade die alten Köder vermisste und folglich neue auslegte. Wenn auch ein wenig verlegen, sprach mich diese Person sogleich darauf an, wie praktisch diese Fläschchen doch für den nächsten Urlaub seien. Na klar, dachte ich im Stillen, wo man im nächsten Hotel logiert und die nächsten Fläschchen mitgehen lässt für den übernächsten Urlaub im übernächsten Hotel. Aber, was soll's, wenn's Freude macht … Im Grunde steckt doch nur mal wieder das Ego dahinter, das immer darauf aus ist, sich einen Vorteil zu verschaffen. Und seien es Kosmetikartikel im Wert von ein paar lumpigen Cents.

Wirklich betroffen bin ich erst dann, wenn es noch irrationaler wird: Ich vermute nämlich inzwischen, dass es sogar Klopapierräuber gibt! Oder kann ein normaler Mensch wirklich mit einem so gut florierenden „großen Geschäft" gesegnet sein, dass er zwei Rollen Toilettenpapier pro Tag(!)verbraucht? Verdächtig allerdings ist: Es finden sich keine leeren Papprollen … Die Vorstellung erschreckt und amüsiert mich gleichermaßen: Ich sehe sie, in schicker Abendgarderobe an der Bar ihre Cocktails schlürfen, über Kunst, Beruf und Politik debattieren oder worüber kultivierte Menschen unter ihresgleichen sonst noch parlieren, während sie kurz zuvor mit glitzernden Äuglein und langen Fingern die Klopapierrollen in ihren Koffer gleiten ließen. Beflügelt von der Genugtuung, damit die ersten paar Tage zu Hause mal wieder gratis aufs Klo zu gehen.

Aber ich will nicht ungerecht sein oder einseitig urteilen. Gäste nehmen nicht nur, manche geben auch. Zum Beispiel Trinkgeld, wenn auch leider selten. Am großzügigsten sind ausgerechnet die, mit denen man am wenigsten Arbeit hat.

Aber auch hier gibt es mitunter bizarres Verhalten: Einmal legte mir eine Frau am Tag vor ihrer Abreise eine einzige 1-Euro-Münze aufs Bett. (Für diejenigen, die die Regel nicht kennen: Was auf dem Bett liegt, ist fürs Housekeeping; und als Trinkgeld werden durchweg fünf Euro gegeben.) Ich mache mir normalerweise keine Gedanken um meinen gesellschaftlichen Status. Zimmermädchen zu sein, ist eine Rolle, wie man im großen Theater des Lebens eben so manche Rolle spielt. In dem Augenblick jedoch, als ich diesen einen Euro sah, wie er herausfordernd da lag, mir wie zum Fraß hingeworfen und hämisch grinsend, da stürzte ich Hals über Kopf die soziale Leiter hinab und schlug bitter unten auf. Da hatte jemand arg zähneknirschend seinen Obolus an ein vermeintlich prekäres Mitglied dieser Gesellschaft entrichtet. Sollte ich jetzt etwa das Raubtier geben, das sich mit sabberndem Maul gierig auf diesen einen Euro stürzt? Nein, danke! Nach getaner Arbeit legte ich die Münze wieder auf das Bett, exakt an dieselbe Stelle. An diesem Tag ging ich traurig nach Hause.

Ich schildere all das nicht, um zu lästern oder anzuklagen. Schließlich schlage ich mich selbst noch genügend mit meinem eigenen inneren Affenzirkus herum. Ich will nur aufzeigen, wie zerrissen wir Menschen doch sind. Wie irritierend anders unser Inneres aussehen kann als unsere zur Schau gestellte Fassade. Und wie sehr wir doch noch von Kräften beherrscht werden, die sich unserer Kontrolle entziehen.

Manchmal überlege ich durchaus, ob in Wirklichkeit nicht nur ich die Schizophrenie durchlebt und durchlitten habe, sondern der Mensch an sich in gewissem Sinne schizophren ist. Zumindest so lange, bis die Seele in ihm erwacht und das „gespaltene Irresein", wie man diese Krankheit früher nannte, heilt.

Wir Menschen denken gern von uns, wir seien eine homogene Persönlichkeit. Weit gefehlt! In Wirklichkeit sind wir ein ganzer Zoo! „Wer bin ich – und wenn ja, wie viele", lautet der geniale Titel eines Bestsellers von Richard David Precht. Wir sind ein Zoo, in dem sich noch sämtliche Relikte der bisher durchlaufenen Evolution tummeln. Und auf ihren Ausbruch lauern! Diese unter- und unbewussten Anteile der Persönlichkeit gilt es, irgendwann zu erkennen und anzuschirren unter die Führung der Seele, die allmählich Ordnung in den wilden Haufen bringt. Vielleicht kann man erst dann wirklich von einem „kultivierten" Menschen oder überhaupt von einem *Menschen* sprechen.

Dieser Vorgang des Anschirrens ist übrigens das, was man eigentlich unter Yoga versteht, und weniger die inzwischen so beliebte Lifestyle-Turnerei. „Yoga", abgeleitet von „yuj" (Sanskrit), heißt anspannen, unterjochen, zusammenbinden. Man könnte das Bild einer Kutsche nehmen, die von mehreren Pferden gleichzeitig in verschiedene Richtungen gezogen wird. So kommt man nicht vom Fleck, schlimmstenfalls geht die ganze Kutsche zu Bruch. Werden die Pferde jedoch in eine gemeinsame Richtung eingespannt, geeint unter einem übergeordneten Willen, geht es leicht und zielstrebig voran. Der Mensch ist Tier, Mensch, Gott. Bis es endlich gelingt, die göttliche Seele aus der Umklammerung des noch Tierhaften zu befreien, toben sich diese Aspekte unweigerlich aus – und keiner will's gewesen sein …

Zum Glück treffen die hier geschilderten Kostproben nur auf einen kleinen Prozentsatz unserer Gäste zu. Die meisten sind freundlich, achtsam, sauber, sodass ich sie wirklich mag und gerne verwöhne. Und die schlimmen Fälle sind, trotz der Irritation, eine willkommene Unterhaltung: von schockierend über peinlich bis hin zu höchst amüsant. So bekomme ich als Zimmermädchen eine Menge geboten, und ich freue mich ja auch, wenn es etwas gratis gibt. Ich glaube, unsere Gäste halten mich für einen fröhlichen Menschen. Weil ich viel lache. Aber wenn sie an mir vorüberziehen – über Wochen und Monate, diese Scharen von Menschen –, dann ahnen sie ja nicht, dass in dem Zimmermädchen eine Psychologin hockt, die sich heimlich an dem ganzen Kasperletheater erfreut. Genauso dürfte es meiner Seele gehen, wenn sie mich in meinem Leben noch herumhampeln sieht …

„Lila" nennt der Hinduismus so weise das Leben – „Lila" heißt im Sanskrit: „das göttliche Spiel".

Buddha aus Stein

Buddha aus Stein.
Seine Augen Sonnen,
deren Strahlen
durch halb geöffnete
Lider fallen.
Ein Schmunzeln huscht
über sein unbewegtes Gesicht.

Von der Mühsal, die arme Seele zu befreien

„Im Kühlschrank ist noch ein Stück Kuchen!"

„Ich weiß."

„Erdbeersahne: lecker!"

„Ja, und …?"

„Der Kuchen sollte besser heute gegessen werden als morgen!"

„Wieso das denn?"

„Morgen wird er schon etwas matschig sein. Du weißt ja, die Konsistenz der Sojasahne lässt mit jedem Tag nach! Es wäre sooo schade darum!"

„Nein, heute nicht!"

„Warum nicht???"

„Weil ich lernen muss, meine Begehrlichkeiten zu disziplinieren!"

„Ach, sei doch nicht so streng mit dir!"

„Doch, sonst wird das nie was!"

„Wir können doch ab morgen wieder standhaft sein …?!"

„Wieso *wir*???"

„Nun ja: Du willst es doch auch …! Denk nur daran, wie köstlich die cremige Sahne in deinem Mund zerschmilzt! Der zarte Biss der fruchtigen Erdbeerstückchen! Und dann noch dieser flaumig-weiche Biskuit …!"

„Oh, hör bloß auf, verdammt lecker!“

„Sag ich doch!“

„Ich wollte aber doch heute stark sein!“

„Ach, du musst nicht immer so asketisch sein. Schau doch nur mal in den Spiegel, wie schlank du geworden bist!“

„Findest du …?!“

„Aber ja! Da täte dir so ein kleines Stückchen Kuchen mal richtig gut. Das Leben ist schließlich dazu da, es zu genießen.“

„Auch wieder wahr … Also gut, einverstanden! Dann machen wir heute mal eine Ausnahme. Morgen ist schließlich auch noch ein Tag …“

Versagt! Schon wieder versagt! Tag für Tag derselbe innere Kampf in dieser oder einer ähnlichen Form. Mal geht es eine Woche gut, dann falle ich auf die innere Stimme, die, zu meiner Schande, höchstwahrscheinlich auch noch meine eigene ist, wieder rein. Genauso wird es Eva im Paradies ergangen sein: hat sich von der säuselnden Schlange bequatschen lassen, mit Engelszungen. Ich hätte garantiert genauso gierig in den saftigen Apfel gebissen! Und nicht nur des Apfels wegen, sondern auch wegen der so verlockenden Erkenntnisse; da hat die Urahnin der Menschheit mein volles Verständnis! Aber es kann doch nicht *so* schwer sein, so eine lästige Genusssucht in den Griff zu kriegen! Ich habe schon ganz andere Sachen zu meistern gelernt. Und mit solch banalen Gelüsten schlage ich mich seit Monaten weitgehend erfolglos herum! Wie soll ich es da jemals schaffen, meine arme Seele aus ihren Verstrickungen zu befreien?

Aber wieso hat sich die Seele, die in ihrem Wesen doch frei und ungebunden, ja sogar göttlich ist, überhaupt in diese ich-haften Regungen verwickeln lassen? Die theoretischen Hintergründe hierzu haben wir an anderer Stelle schon ausführlich betrachtet (siehe „Natur und Seele – Vom zweifachen Wesen des Menschen“, Seite 66). Nun wollen wir uns der praktischen Befreiung der Seele und ihren Schwierigkeiten zuwenden.

Rufen wir uns dazu noch einmal ins Gedächtnis, was mit der Seele in diesem physischen Universum geschehen ist: Wir wissen inzwischen schon, dass die Seele – als kleiner Funke des göttlichen Ur-Feuers – zu Beginn ihres Weges aus himmlischen Sphären in das physische Universum hinabgestiegen ist. Und so, wie es einen Abstieg gab, gibt es auch einen Aufstieg daraus: die Rückkehr der Seele zu ihrem eigenen uneingeschränkten Licht und Bewusstsein. Das Hinabsteigen wird, wie wir ebenfalls wissen, „Involution" genannt, das Wiederaufsteigen „Evolution", denn es kann sich nur das evolvieren – „ent"- oder „aus-rollen" –, was zuvor involviert – „ein-gerollt" – war.

Das Universum, in dem wir leben, ist eine Manifestation des Geistes, der sich in aufeinanderfolgenden Abstufungen oder Zuständen darin zum Ausdruck bringt. Alles ist Geist, auch Materie. Die materielle Ebene ist der grobstoffliche Zustand des Geistes, darüber befinden sich feinstofflichere Ebenen. Bei seinem Abstieg ins physische Universum wird der Seelen-Funke, der an sich unsterblich, unauslöschbar und reines Licht ist, daher in ein immer dichteres Gewand gehüllt. So zumindest wird es in der Philosophie der Evolution des Bewusstseins beschrieben; Sri Aurobindo spricht daher von einer „gefangenen Seele".

Man kann sich dies vorstellen, als sei die lichthafte Seele in einen dreifachen Taucheranzug geschlüpft, durch den sie nun auf Erden agiert. Verstand, Gefühle und physischer Körper sind die Ausdrucksformen oder Instrumente der Seele, mittels derer sie während ihres Aufenthalts auf der Erde Erfahrungen sammeln und handeln kann. In etwa dem vergleichbar, wie man auch Werkzeuge benutzt.

Jedoch hat sich die Seele, wie wir uns erinnern, so sehr mit ihren Instrumenten identifiziert, dass sie sich nur noch für einen Körper hält, der lebt, fühlt und denkt: für ein vereinzeltes, von allem anderen abgesondertes Wesen, ein „Ich" oder „Ego". Dadurch ist sie eingesperrt in ihre eigene Form, statt Herr über ihre Werkzeuge zu sei. Diesen selbstvergessenen Zustand der Seele könnte man mit einem Reiter vergleichen, der sein Pferd mit losen Zügeln drauflos galoppieren lässt, wohin auch immer dieses will. Er kommt so nie zum Ziel.

Deshalb ist es notwendig, dass die Seele sich irgendwann ihrer selbst entsinnt und beginnt, die Zügel wieder in die Hand zu nehmen – eine Notwendigkeit, die jeden Menschen auf dem spirituellen Weg betrifft, sofern er sein Menschsein überschreiten will. Es ist absurd zu glauben, man könne Erleuchtung erlangen, solange man noch an seine menschlichen Gewohnheiten und Begierden versklavt ist. Oder kann sich jemand den Dalai Lama vorstellen, wie er sich mit Nikotin verfärbten flattrigen Fingern alle paar Minuten eine Zigarette ansteckt oder sich bei einer Kaffeetafel zielstrebig das größte Stück Kuchen ergattert?

Nun ist aber die Seele hinter tausend Regungen, Mechanismen und Automatismen versteckt, wie eine goldene Kugel unter einem Haufen Unrat. Man denke nur an das unablässige Geplapper unseres Verstands. Oder daran, wie schnell man auf bestimmte Gefühle und Begierden „anspringt" – zum Beispiel auf so ein heimtückisches, einem im Kühlschrank auflauerndes Stück Kuchen –, und darüber jedes Mal das Bewusstsein seiner selbst verliert. Wir müssen also unserer Seele helfen, wieder zu sich selbst, zu ihrer wahren Größe und Göttlichkeit zurückzufinden, und sich zu erinnern, dass sie weder der Körper noch dessen Begehrlichkeiten, Gefühle oder Gedanken ist. Sie muss lernen, sich davon zu distanzieren und das turbulente Geschehen im Vordergrund gleichmütig zu beobachten: Ich bin nicht dieser Körper. Ich bin nicht diese Gefühle, Bedürfnisse, Stimmungen. Ich bin nicht diese Gedanken. (Wobei, genau betrachtet, natürlich nicht die Seele dies lernen muss, sondern wir …!) Gelingt dies, werden die zuvor so dichten Umhüllungen des Egos, die das Licht der Seele verschatteten, immer durchlässiger und lösen sich schließlich vollständig auf. So reift der Mensch und gewinnt an innerer Stärke, Würde und Selbstbeherrschung.

Als besonders hartnäckig erweist sich auf diesem Weg der Des-Identifikation das Begehren oder Verlangen, denn es ist – Sri Aurobindo zufolge – zunächst der einzige Beweggrund unseres Handelns. Dabei sollte doch der Wunsch nach Selbstwerdung und Gotterkenntnis unser Hauptantrieb sein! Wir tun Dinge jedoch in der Regel nur, um etwas Angenehmes zu erhalten oder etwas Unangenehmes zu vermeiden. Eigentlich ist das Leben aber dazu da, sich dessen zu erfreuen, was man vom höchsten Bewusstsein geschenkt bekommt, und nicht ständig etwas zu fordern.

Wir müssen uns nicht selbst um unsere Bedürfnisse kümmern, so wie auch Jesus versprach: „Euer himmlischer Vater weiß, dass ihr das alles braucht. Euch aber muss es zuerst um sein Reich und um seine Gerechtigkeit gehen; dann wird euch alles andere dazugegeben. Sorgt euch also nicht um morgen; denn der morgige Tag wird für sich selbst sorgen." (Matth. 6,33-34)
Sich, wie der Asket, gänzlich vom Leben abzuwenden, ist allerdings auch keine Lösung. Es geht vielmehr um ein „inneres", nicht um ein „äußeres" Entsagen: die Dinge des Lebens zu genießen, ohne sich von ihnen überwältigen zu lassen oder daran festhalten zu wollen. Zudem verstärkt jedes Begehren, dem man nachgibt, das Empfinden der Absonderung. Denn man kann ja nur das begehren, wovon man sich getrennt glaubt. Das Selbst hingegen ist eins mit allem, ist alles, und alles hat seine Existenz in ihm.

Seinen Begierden, Wünschen und scheinbaren Bedürfnissen, die doch nichts anderes als liebgewonnene Gewohnheiten sind, nicht länger nachzugeben, könnte als unangenehmer Verzicht empfunden werden, als „Opfer". Überhaupt ist der Verzicht zugunsten eines vagen, irgendwo und irgendwann in der Zukunft anzusiedelnden größeren Glücks für die meisten nicht verlockend. Sie entscheiden sich lieber für den sofortigen und sicheren Genuss. Nach dem Motto: „Besser ein Spatz in der Hand als eine Taube auf dem Dach." Oder: „Man lebt nur einmal!"

Wer es jedoch schafft, sich gegen die kurzfristigen Befriedigungen zu entscheiden und sich einem höheren Bewusstsein zu öffnen, wird reichlich belohnt. Zum einen, indem man die Freude der Vereinigung erlebt und wie das eigene Licht wieder eins wird mit dem geheimen Licht aller Dinge. Zum anderen, weil verheißen wird, dass man alles, was man sich auf einer niederen Ebene vorübergehend versagte, auf einer höheren Ebene wiederfinden werde.

Und Gelüste werden auf Dauer nicht dadurch befriedigt, indem man sie durch Nachgeben wieder und wieder anstachelt. Nur indem man über den Dingen steht, sie in Gleichmut zurückweist, wohlwissend „das bin nicht ich", entsteht langfristig Befriedigung und damit innere Ruhe und Frieden. Dann kann man mit Jesus sagen: „Ich habe die Welt besiegt." (Joh. 16,33) In Wirklichkeit gehen mit dem Verzicht eine große Befreiung und Freude einher – die Freude der Selbstüberwindung und zunehmenden Reifung. Und nur die Kräfte, die wir in uns selbst beherrschen, beherrschen wir auch draußen in der Welt und werden nicht länger willenlos davon umhergetrieben.

In dem Ausmaß, in dem die Seele wieder die Zügel ergreift, wird sie reiner Zeuge und stiller Beobachter des Geschehens, auf das sie jetzt – nach ihrem Willen, der zugleich Gottes Wille ist – einwirken kann. Dann erst sind wir Meister unseres Lebens.

Diese schrittweise Befreiung der Seele aus ihrer Selbstvergessenheit gelingt jedoch nicht ohne Anstrengung, nicht ohne Kampf. Jeder Fortschritt im Leben ist das Resultat eines Kampfes. Stets geht es darum, zusammen mit der Seele, auch uns aus der Enge des Egos mit seinen eingefahrenen Regungen, Überzeugungen und Handlungsweisen herauszulösen. Weit und offen zu werden für Neues, für eine größere Wahrheit, für ein umfassenderes Sein und Bewusstsein.

Dabei kann schon mal das Gefühl auftauchen, als seien die altbewährten Regungen liebgewonnene Gefährten, denen man nun den Garaus machen muss. Die Bhagavadgita, eines der heiligen Bücher Indiens, symbolisiert diesen inneren Kampf mit dem Bild von Kurukshetra: eines Schlachtfeldes, auf dem der Krieger Arjuna seine eigenen Verwandten – Sinnbild seiner Gewohnheiten und Begehren – töten muss. Jeder Mensch, der um Transzendierung seiner bisherigen Persönlichkeit ringt, wird zu Arjuna, dem Krieger. Und jede dieser alten Regungen ist ein Teil von ihm, mit seinem Selbstverständnis und Selbstbild verwoben. Und so muss man, um sich von ihnen zu befreien, tatsächlich ein gewisses Opfer bringen.

Man kann Gedanken, Gefühle, Begierden sogar als reale feinstoffliche Existenzen betrachten, die, wie alles Bewusstsein und Leben, um ihren Selbsterhalt ringen – was sie so widerspenstig macht … Dabei entstehen diese „Formationen", wie Mirra Alfassa und andere Mystiker sie nennen, größtenteils gar nicht im Menschen selbst. Er fängt sie sich – wie Krankheitskeime – aus seinem Umfeld ein, von anderen Menschen oder aus den diversen Medien. Je nachdem, was man sich so „reinzieht" … Und man hält diese Inhalte dann für die eigenen. Ihren Ursprung haben sie jedoch auf anderen Bewusstseinsebenen, mit denen der Mensch sich aufgrund der Gefühle, Stimmungen und Gedanken, die er pflegt, verbindet.

Der Mensch ist wie ein auf eine bestimmte Frequenz eingestelltes Radio. Sri Aurobindo verweist darauf, dass dahinter universale unsichtbare Mächte und Wesen stehen, die nur über den Menschen Zugang zur irdischen Ebene finden, um dann hier munter und nach ihren Interessen mitzumischen. Im Guten wie im Schlechten. Der Mensch als „Marionette". Das sind erschreckende Vorstellungen! Vielleicht aber schüren sie ein wenig die nötige Motivation, sich selbst aus dieser so unwürdigen Knechtschaft zu befreien. Denn Willenskraft erwächst aus jedem noch so geringen Bemühen, und jede gute Absicht ist schon ein kleiner Sieg.

Frei zu werden heißt auch, selbst zu entscheiden, welchen Einflüssen man sich öffnet. „Macht euch die Erde untertan!" –, vielleicht war mit diesem Aufruf gar nicht gemeint, die Erde zu vergewaltigen, sondern seine eigenen, noch allzu irdischen Regungen zu meistern und zu wandeln? – und damit vom Status eines ständig haben wollenden *Kindes* in den eines seelisch gereiften *Erwachsenen* überzugehen.

Dieser innere und so langwierige Kampf wird nicht nur mit Meisterschaft und Freiheit belohnt. Er ist, wie Sri Aurobindo aufzeigt, auch der Weg zu unvorstellbaren Freuden, ja sogar zur All-Seligkeit: „Wenn die Menschen auch nur einen Schimmer der unendlichen Freuden, der vollkommenen Kräfte, der leuchtenden Räume unmittelbaren Wissens, der gelassenen Weiten unseres Wesens wahrnehmen könnten, die in jenen Räumen auf uns warten, die wir im Laufe unserer tierischen Entwicklung noch nicht erobert haben, sie würden alles hinter sich lassen und nicht ruhen, bis sie diese Schätze gehoben hätten. Aber der Weg ist schmal, die Tore sind schwer zu öffnen, Furcht, Skepsis und Misstrauen lauern am Wege, die Fußangeln unserer Natur, und wollen uns hindern, die gewöhnlichen Weiden der Menschheit zu verlassen."[13] – Ergo, ich sehe ein: Es ist ein Kampf, der sich lohnt!

Sein-Bewusstsein-Seligkeit

Ich kenne Tage der reinen Glückseligkeit; sie treten inzwischen immer häufiger auf. Das ist ein Zustand, in dem einfach alles stimmt. Alles geschieht zur rechten Zeit, am rechten Ort, die Dinge fügen sich, und ich bin glücklich ohne Grund. Jede Sinnesempfindung ist ein fast unerträglicher Genuss und jegliche Wahrnehmung von einer solchen Intensität, die alles bisher Vertraute bei weitem übersteigt. Dann wird mir die Zeile eines Gedichts zu purem Entzücken, ich vergehe in einer schmerzlich-wehmütigen Melodie oder löse mich im warmen, balsamischen Duft einer Rose restlos auf. Dennoch ist nichts Überspanntes dabei: keine überschießende Emotionalität, keine übersteigerte Ekstase, nur stilles, friedvolles, lächelndes Glück. Diese Seligkeit scheint sich proportional zum Abbau des Egos zu steigern. Nicht, dass ich mein Ego schon vollständig überwunden hätte. Schön wär's! Aber es wird doch durch die Zunahme des inneren Lichts zusehends aus allen Ecken und selbst den hintersten Winkeln meiner Persönlichkeit aufgescheucht. Gnadenlos – und damit im Grunde doch gnädig.

Allmählich dämmert mir, was Jesus mit jener Seligpreisung meinte, als er sprach: „Selig, die ein reines Herz haben; denn sie werden Gott schauen.“ (Matthäus 5,8) Denn ist man aufrichtig – „reinen Herzens“ –, dann sind Denken und Handeln nicht mehr von Hintergedanken, Berechnung oder geheimen Absichten geprägt. Das Ego löst sich, wie jeder Schatten, auf den Licht fällt, auf. Dann gibt es nichts mehr, das den Blick nach innen, zum wahren Selbst hin, verstellt. Denn nur das, was sich vor das Licht stellt, wirft Schatten.

Und so spüre ich: Je kleiner das Ego, desto größer die Seligkeit. Was immer an solchen Tagen im Außen geschieht, es tritt nicht mehr mit vordefinierten inneren Regungen in Resonanz. Fast so, als hätten die Geschehnisse keine persönliche Bedeutung mehr. Etwas in mir bleibt schweigend, unbeteiligt, leer. Und alles ist gut. Aus diesem reinen Sein steigen grundlose Freude, Frieden, tiefe Gelassenheit auf. Und eine Liebe, in deren strahlendem Leuchten auch der letzte Schatten verlischt. Dann ist mir sonnenklar: *So also* ist das Leben in Wirklichkeit gemeint!

Wenn wir den Begriff der Seligkeit näher betrachten, so ist Seligkeit zunächst Attribut und Ausdruck des höchsten Seins und Bewusstseins. Das reine, absolute Sein ist immer selig und seiner selbst bewusst. Sein, Bewusstsein, Seligkeit sind damit die Inbegriffe des Göttlichen und gelten als eins. Auf Sanskrit werden sie „sat“, „chit“ und „ananda“ genannt und oft als „sacchidananda“ zusammengefasst.

Diese Sein-Bewusstsein-Seligkeit bezieht sich nicht nur auf das Absolute im Zustand der Transzendenz – also auf das, was die diesseitige Existenz übersteigt –, sondern auch auf den der Immanenz. Somit ist Seligkeit allem Existierenden innewohnend als dessen ureigenster Zustand. Wie schade, dass wir in unserem Leben kaum an eine solch bedingungslose Daseinsseligkeit zu glauben wagen, geschweige denn uns bemühen, nach ihr zu trachten.

Wer sie jedoch *einmal* geschmeckt hat, diese Wonne mit ihrem weiten Glück, ihrem beflügelten Herzen und ihrer Süße, die so unvergleichlich ist, der will nicht mehr von ihr lassen. Aus gutem

Grund versinnbildlichten die alten Rishis – die menschlichen Ur-Väter – im Rig Veda diese Glückseligkeit mit einem von einem „Felsen" verdeckten „Honigbrunnen". Denn diese süße Daseinswonne ist in den dichten Formen des materiellen Kosmos verborgen, wodurch sie zunächst unzugänglich ist.

Aber warum nur hat das Absolute ein Weltall erschaffen, in dessen Formen es seine Seligkeit sogar vor sich selbst versteckt? Es hätte doch für alle Ewigkeit mit sich allein selig sein und in stiller Ekstase in seinem unbewegten Frieden ruhen können? Die Antwort – ich habe sie, wie so oft, bei Sri Aurobindo gefunden – ist ganz einfach: Das Absolute tut dies einzig und allein aus Freude! Denn eine Seligkeit, die nur in der Selbstversunkenheit existieren könnte, wäre keine absolute. Da es jedoch eine absolute Seligkeit gibt, so muss sie überall, wenn auch im Geheimen, existieren und wieder auffindbar sein. Daraus folgt, dass auch die Dinge und Wesen unserer vordergründig so zerteilten Welt nur sein können, weil sie insgeheim auf dem Fundament dieser All-Seligkeit gründen.

Das mag, wenn man unsere oft so leidvolle und um nur ein bisschen Glück ringende Welt nüchtern betrachtet, zu schwärmerisch klingen. Dennoch bin ich davon überzeugt: Nicht nur der Mensch, auch die Tier- und Pflanzenwelt unseres Planeten wären längst ausgestorben, überwöge nicht die Freude am Dasein Leid und Kummer bei weitem.

Man braucht dazu nur, wie jetzt, an diesen frohen hellen Sommertagen, eine Weile dem Treiben der Schwalben zuzusehen: Wie sie aus beachtlicher Höhe unvermittelt und fast senkrecht nach unten schießen, sich kurz vorm Boden fangen, um gleich wieder, mit unvermindertem Tempo, hinauf gen Himmel zu jagen. Oder die Greifvögel, wenn sie oft minutenlang mit ausgebreiteten Schwingen reglos auf der Thermik gleiten. Lässt sich nicht allein darin die Wonne zu leben erahnen? Im übermütigen Spiel eines Knäuels von Welpen oder Katzenjungen, wenn sie raufen und toben und mit Beißen und Knuffen ihre Kräfte erproben. Oder im Bild einer Robbenmutter, die zärtlich mit ihren Flossen ihren kleinen Heuler umarmt, um ihn zu beschützen, und mit welch überglücklichem Gesichtchen dieser sich an sie schmiegt. Und dann noch die Delfine, wenn sie in ganzen Scharen durch den Ozean preschen, von Zeit zu Zeit in weiten Bögen aus dem Wasser springen, darüber hinwegfliegen oder sich gar um die eigene Achse drehen! Wenn das mal keine Lebensfreude, keine Seligkeit ist!

Wenn aber alles, was ist, ewige selige Freude sein soll, wieso gibt es dann überhaupt Kummer und Schmerz und so viel Leid in der Welt? (Siehe auch Kapitel „Eine unvollendete Schöpfung?", Seite 150) Hierbei gilt es zu bedenken, dass alles, was im höchsten Sein und Bewusstsein als Einheit existiert, für unser menschliches mentales Bewusstsein scheinbar in Gegensatzpaare oder noch weitere Fragmente zerfällt. Auch die göttliche Glückseligkeit. Nach Sri Aurobindo spaltet sich Seligkeit so in ihre beiden Pole von Lust und Schmerz auf: in eine positive oder „übertriebene" Erscheinungsform (Lust)und eine negative oder „unvollkommene"(Schmerz). Hinzu komme noch die Indifferenz, als eine gewisse Gleichgültigkeit gegenüber Geschehnissen und Dingen. Schmerz komme dadurch zustande, dass wir die „Schocks des Daseins" nicht aushielten, davor zurückschreckten und uns ihnen entzögen. Lust hingegen entstünde dadurch, dass wir ein bestimmtes Ding oder eine bestimmte Erfahrung als so wünschenswert erachteten, dass wir regelrecht danach gierten. Mit der Zeit gewöhne man es sich an, auf gewisse Erfahrungen des Lebens mit diesen „Vibrationen" von Schmerz, Lust oder Gleichgültigkeit zu reagieren. Dies sei jedoch keineswegs unabänderlich, sondern nur ein „Zwang der Gewohnheit". Sobald wir nämlich begännen, unsere Welt mit Augen zu betrachten, die sich nach Gott und seiner Glückseligkeit sehnen, offenbare Er sich überall als Körper dieser Seligkeit.

In der indischen Philosophie wird Seligkeit als „rasa" – die „Essenz" oder der ureigenste „Geschmack" einer Sache – beschrieben, als deren „geheimstes Wesen". Solange wir die Welt nur auf unsere ichhaften Begierden und Befürchtungen bezogen wahrnehmen, bleibt uns der Weg zur Seligkeit versperrt, die von völlig anderer Qualität ist als die gewohnte Lust und Freude. Je mehr es uns jedoch gelingt, uns von diesen gewohnheitsmäßigen Reaktionen auf das Leben zu befreien und angesichts der Stürme des Lebens so unerschüttert und unparteiisch zu bleiben wie unser Selbst, umso eher wird wirkliche Freude spürbar und möglich. Denn die Seligkeit ist immer da und bedarf keiner äußeren Anlässe. Dann dringen wir zur Glückseligkeit vor, die hinter allem auf uns wartet, und finden unterm „Felsen" den süßen „Honigbrunnen".

Raupe und Schmetterling

Ein ehemaliger Kollege von mir ist gestorben. Nach Jahren des Kampfes gegen den Krebs. Ich weiß nicht, wie viele Krebsarten er schon hatte, nur dass er sich – ihnen allen zum Trotz – bisher wacker hielt. Er war einer, der nicht aufgab, ein willensstarker Mensch, eine echte Kämpfernatur. Deshalb hatte es der Krebs mit ihm so schwer und fuhr gleich mehrere Geschütze auf, um ihn doch noch in die Knie zu zwingen. Ich hatte diesen Kollegen schon lange nicht mehr gesehen, erinnere mich aber gern an ihn. Und so musste ich bei der Nachricht seines Todes doch etwas weinen. Nicht aus Sorge um ihn, weil er jetzt „tot" ist, sondern angesichts dieser so unbegreiflichen Tatsache, einem bestimmten Menschen nie wieder in der vertrauten Gestalt zu begegnen.

Wahrscheinlich tauchte aus diesem Grund während meines heutigen Spaziergangs, bei dem mich in der sommerlichen Natur so manch bunter Schmetterling umflatterte, in mir die Frage auf, ob Raupen wohl auch in der Lage sind, diese fröhliche Schar in den Lüften zu sehen. Und ich vermutete, eher nicht. Obwohl Schmetterlinge doch keine anderen Wesen sind als die Raupen selbst, nur eben in verwandelter Form.

Wissenschaftlich betrachtet ist meine Vermutung gewiss unhaltbar, denn selbstverständlich verfügen auch Raupen über die notwendigen Sinnesorgane, um sich in ihrem Umfeld zu orientieren. Meine Fragestellung bezog sich daher weniger auf das *äußere* Sehvermögen als vielmehr auf die *innere* Wahrnehmungsfähigkeit der Raupen, auf so etwas wie ein „Raupen-*Bewusstsein*". Ihr Interesse scheint mir doch – wie bei so vielen Menschen auch – allein auf das Nächstliegende beschränkt: Wie kann ich mich vor Feinden schützen, mich möglichst weitstreuend vermehren, und wo gibt es hier was Gescheites zu fressen? Und wenn sie es gefunden haben, dann geht es nur noch um das „Mehr und Mehr und Mehr". Also darum, sich alles ringsum blindlings einzuverleiben, das Bewusstsein vollständig von diesem Vorgang absorbiert. Ich habe jedenfalls noch nie eine Raupe beobachtet, deren Blick sich träumerisch in der Weite des blauen Himmels verlor. Das wäre, zugegebenermaßen, auch etwas schwierig für sie, denn ihre sechs kleinen Punktaugen sind an der Unterseite des Kopfes angebracht. Womit sich ihr Wahrnehmungsfeld allein auf den Bereich unterhalb von ihnen beschränken dürfte. Wahrscheinlich besteht für eine Raupe das ganze Universum in einem einzigen saftigen grünen Busch und den knispelnden Geräuschen ihres unersättlich mahlenden Mundwerks …

Bitte nicht falsch verstehen: Ich mache den Raupen keinen Vorwurf. Sie folgen damit nur ihrer eigenen Natur, denn sie *sollen* ja so viel wie möglich fressen, um sich dann zu verpuppen und ihrer großen Metamorphose zu unterziehen. Sie werden deshalb sogar als das „Fressstadium der Schmetterlinge" bezeichnet. (Wovon wir Menschen wohl das „Fressstadium" sind?) Alles jedoch, was *nach* dieser Wandlung erfolgt, dürfte sich dem Bewusstsein der Raupen entziehen. Denn die Welt des Schmetterlings befindet sich für sie wie in einer anderen, unerreichbaren Dimension. In einer Dimension, in der die Erde sich dem Himmel öffnet.

Und sollte doch einmal eine Raupe, vielleicht eine mit weit offenem Herzen, einen Schmetterling als ihresgleichen erkennen, so würde sie gewiss von den anderen ausgelacht und verhöhnt oder als „Esoteriker“ beschimpft. Denn eine fliegende Raupe gibt es den Raupen-Naturgesetzen zufolge nicht. Und was nicht sein kann, das nicht sein darf! Schon gar nicht eine solch unverschämt lächelnde Leichtigkeit, die den Tod überwindet – wo kämen wir denn da hin!

Und so stelle ich mir vor, wie die Hinterbliebenen jedes Mal im Anblick eines leeren Kokons, der verwaisten Hülle, traurig werden und weinen, weil wieder einer von ihnen „für immer“ von dannen ging. Sein mysteriöses Verschwinden können sie sich nicht erklären. Denn sie sehen Jenen ja nicht, der – von der Raupenschwere befreit – fröhlich in sonnendurchfluteten Lüften schaukelt und in seiner neu gewonnenen Freiheit Erde und Himmel vereint.

Wir Menschen lachen vielleicht über die „dummen“ Raupen, weil wir doch den geflügelten schillernden Schmetterling sehen! Aber – warum lachen wir dann nicht auch, wenn einer von uns „von dannen geht“ …?

Wer bin ich? – Ein Tropfen im Ozean

Die Metamorphose der Raupe zum Schmetterling ist ein gern verwendetes Gleichnis für den Menschen, der zu seiner Seele hinfindet. Bis vor kurzem war ich noch davon überzeugt, dass das Ich des Menschen „verschwinden“ müsse, sobald dieser sich seiner Seele öffnet und damit von der Ich-Persönlichkeit zu seiner wahren Individualität übergeht. Genährt wurde meine Überzeugung durch die Sichtweisen östlicher Philosophien und spiritueller Traditionen, die das Ich als einen minderwertigen oder rein illusorischen Aspekt des Menschen betrachten, den man in sich abtöten müsse, wenn man in seiner spirituellen Entwicklung vorankommen will.

Bei mir verläuft diese Entwicklung derzeit in heftigen Schüben: Wie bei den Schwalben, die draußen durch die blauen Lüfte jagen, geht’s im Sinkflug in ungeahnte Tiefen hinab, um gleich darauf in neue Höhen aufzusteigen, als wollten sich Tiefe und Höhe miteinander verweben. Vor allem die Vorstellung meiner Persönlichkeit oder meines „Ichs“ wird dabei einer gründlichen Überarbeitung ausgesetzt. Und entpuppt sich als anders als alles, was ich bisher glaubte oder dazu gelesen hatte. Theorie und Praxis sind eben doch zweierlei ...! Aber ich kann mich nur auf das verlassen, was ich tatsächlich *erlebe*, denn nur das ist authentisch – trotz allen Respekts meinen großen Vorbildern gegenüber. Und es heißt schließlich ja auch, dass es so viele Wege zu Gott gäbe, wie es Menschen gibt. Somit ist jeder Weg ein individueller und in seiner Eigenart und Einzigartigkeit berechtigt.

Seit Tagen überlege ich, wie ich das, was zurzeit in mir – und mit meinem Ich – geschieht, anschaulich vermitteln kann. Es ist ein schwieriges, wenn nicht gar unmögliches Unterfangen, Zustände beschreiben zu wollen, die das Fassungsvermögen unseres Verstandes übersteigen. Ich will es dennoch versuchen:

Das Bild eines Tropfens Tinte in einer Glaskugel kommt mir dazu in den Sinn. Eines Tropfens dunkelblauer Tinte, der – wie von einer unsichtbaren Gelatinekapsel umhüllt und in sich kompakt – in der Mitte einer riesengroßen Glaskugel schwebt. Dieser Tropfen Tinte versinnbildlicht in meinem Vergleich das auf sich selbst konzentrierte Ich, die riesige Glaskugel hingegen das unermessliche Selbst. Die Glaskugel selbst wirkt leer, ist jedoch mit so etwas wie klarem Wasser gefüllt. Dieses „Wasser“ steht für das allumfassende Bewusstsein, von dem der Tropfen umgeben ist, ohne sich zunächst mit diesem zu vermischen. Aus welchen Gründen auch immer ist bei mir seit geraumer Zeit die Umhüllung des Tropfens – die „Gelatinekapsel“ – durchlässig geworden wie eine semi-permeable Membran. Und so strömt allmählich dieses größere Bewusstsein – das „Wasser“ der Glaskugel – in den Tropfen Tinte hinein, was diesen immer weiter und durchlässiger macht. Dabei bilden die Moleküle der Tinte, die ja in ihrer Anzahl trotz der Ausweitung erhalten bleiben, zunächst noch eine Art „Molekülverbund“. Aus dem dunkelblauen *Tropfen*

Tinte wird damit eine nun hellblaue Tinten-Wolke. Betrachten wir die Tinte als das „Ich", so bleibt dieses während dieser Ausweitung grundsätzlich erhalten. Es nimmt jedoch immer mehr Aspekte des Selbst (des umgebenden „Wassers") in sich auf. So wird das Ich mehr und mehr von dem Bewusstsein der unermesslichen Glaskugel – des Selbst – durchdrungen, in das es eingebettet ist: Das Ich verliert somit sein Empfinden von etwas Persönlichem und wird zunehmend „kosmisch".

Und obwohl das Ich zunächst noch eine lockere, dennoch zusammenhängende Form aufweist – die der „Tinten-Wolke" –, kommt irgendwann unweigerlich jener Moment, in dem der letzte Hauch einer „Hülle" verschwindet und damit jegliche Idee eines Getrenntseins vom großen Ganzen. Dann ist man nicht mehr ein einzelner „Jemand" oder ein abgesondertes „Ich", sondern plötzlich mit allem eins. Und erkennt, dass das Ich nur ein Konstrukt unseres Mentals war, um diese Unermesslichkeit zu bannen.

Der Tropfen ist Tropfen und doch eins mit dem Ozean des Selbst, jenes unendlichen Wesens, das ihn durchflutet, umarmt und ewig trägt: „In allem ist das Eine Selbst; das Eine Göttliche Wesen ist alles. Alle Wesen sind im Göttlichen Wesen; alle sind das Göttliche Wesen. Im Universum gibt es nichts anderes."[14]

Von Zeit zu Zeit flackert während dieses Prozesses – trotz allen Vertrauens – doch etwas Angst in mir auf: Diese Größenordnungen sind so groß und unvorstellbar und entziehen sich jeglicher persönlichen Kontrolle. Und das hat das Ich gar nicht gern! Denn was wird dann noch von „mir" bleiben ...? Bin ich dann immer noch „Ich"? Oder werde ich, durchdrungen von dieser Allgegenwart, nicht nur durchsichtig, sondern auch unsichtbar? – Aber dann, auf einmal, ist alle Angst verflogen! Denn da schimmert, in der Mitte des „Wassers" der Glaskugel, ein Lichtpunkt auf. Ein winziger Punkt, ein Same aus Licht, der – parallel zur Weitung des Bewusstseins – eine individuelle Gestalt annimmt: einen strahlenden Leib, wie aus Sonnenlicht gewoben, der die gesamte Entwicklung koordiniert und den Zustand seiner Erfüllung schon in sich trägt. Es ist dieser Lichtkörper des Menschen, der unsterblich ist, und in dem der Mensch, wie ein Embryo geborgen, zu Gottes Ebenbild heranreift.

Was sich jenseits der Glaskugel befindet? Nun, ich vermute, etwas, das für uns Menschen wohl für immer unerforschlich und unbenennbar bleiben wird: die Unendlichkeit. Nicht umsonst bezeichnet man diesen Bereich, der unser Fassungsvermögen übersteigt, ja auch als „Transzendenz". Eben weil er *jenseits* des uns Erfahrbaren liegt oder sich vielmehr, wie ein unerreichbarer Horizont, mit jeder Erfahrung, die wir mit ihm machen, aufs Neue weitet.

Und wir Menschen müssen ja auch nicht *alles* wissen. Die Ehrfurcht vor dem Numinosen hat durchaus ihren Zauber, ihren Reiz. Vielleicht aber, wird mir soeben bewusst, existiert so eine Glaskugel ja auch gar nicht? Vielleicht war auch sie nur ein Trick meines Verstandes? Eine Fata Morgana – Traumspiegelung des Wunsches –, dass es zwischen uns Menschen innerhalb von Zeit und Raum und jener multidimensionalen Stratosphäre der Unendlichkeit noch eine Grenze gäbe, damit die Unendlichkeit nicht allzu unendlich erscheint …

Ego, Ich und Selbst

Aus meiner Sicht gibt es keine Zufälle, jedoch ganz gewiss Fügungen. Da ist mir mal wieder zur rechten Zeit das rechte Buch in die Hände gefallen: Die „Suche nach dem Zauberwort" des Psychotherapeuten Lutz Müller, seine tiefenpsychologische Deutung von Michael Endes „Die unendliche Geschichte".

Allein der Titel hatte mich schon elektrisiert: Eine Suche nach einem „Zauberwort" dürfte wohl jeden, der sich mit Sprache befasst, begeistern! Und tatsächlich fand ich in diesem Buch nicht nur – zusammen mit dem jungen Protagonisten – das Zauberwort, sondern zudem noch sehr gut aufbereitete Ausführungen zu den Begriffen von „Ich“ und „Selbst“, die mit meinem aktuellen Erleben überraschend kompatibel sind! Ich kannte diese Auffassung des Ichs der modernen Tiefenpsychologie schon ansatzweise, nun aber ist sie mir, dank dieses Buches, wesentlich verständlicher geworden. So will ich versuchen, die Begriffe von „Ich“ und „Selbst“, wie sie Lutz Müller definiert, im Folgenden wiederzugeben. Denn sie sind eine gute Hilfestellung für jeden spirituellen Entwicklungsprozess.

Tiefenpsychologisch betrachtet stellt das Selbst das Gesamtpotenzial des Menschen dar sowie die ihm innewohnende höhere Intelligenz, dieses Potenzial im Laufe eines Lebens zu verwirklichen. Diese sukzessive Offenbarung des Selbst wird in der Tiefenpsychologie daher auch „Selbstverwirklichung“ oder „Individuation“ genannt.

Synonyme für das Selbst seien, so Lutz Müller, „das Atman“, „das Tao“, „Gott in uns“ oder, sieh an!, das „Wasser des Lebens“. Das Ich des Menschen hingegen sei nicht der Ausdruck seiner *Identität*, sondern einer *Funktion*. Genau darin könnte nämlich das Problem der bisherigen Definitionen des Ichs liegen: dass es als „Persönlichkeit“ angesehen wird – somit als etwas, das *ist* –, statt als etwas, das (nur) eine Funktion *hat*. Und die Funktion des Ichs besteht dem Autor zufolge darin, den Menschen im Verlauf seiner Individuation für das noch ruhende Potenzial seines Selbst zu öffnen und es dann im schöpferischen Prozess des Lebens zu entfalten. Das Ich handle damit sogar im Auftrag des Selbst. Es *gestalte* unsere Identität, sei diese aber nicht! Das Ich als der bewusst gewordene Teil des Selbst, der zudem zwischen dem Selbst und der Außenwelt vermittle.

Mit dieser Definition wird das Ich für mein Empfinden regelrecht rehabilitiert, denn durch diesen Prozess der Selbstverwirklichung geschehe: Schöpfung! Ein solch wunderbares Geschenk tötet man logischerweise nicht ab, denn damit würde man ja die weiteren Manifestationsmöglichkeiten des Selbst gleich mitabtöten. Problematisch sei nur, so Lutz Müller, wenn sich das Ich „dauerhaft" machen wolle, indem es hartnäckig an einem bestimmten Stadium seines Selbstverständnisses festhalte. Dann sei es nicht mehr fähig, weiteres und neues Potenzial des Selbst zu verwirklichen. In diesem Fall ist, meines Erachtens, das Ich weniger ein „Ich" als vielmehr ein „Ego", aber dazu gleich mehr ... Das Ich muss also plastisch und wandlungsfähig sein. Nur so bleibt der Prozess der Individuation offen und schöpferisch.

Zum Ego äußert sich Lutz Müller nicht, so will ich selbst eine Beschreibung wagen. Das Ego ist der Teil des Menschen, der auf der Idee eines Getrenntseins vom großen Ganzen besteht, sich als gesondert vom göttlichen Selbst erlebt und nicht bereit ist, diese Vorstellung aufzugeben. Somit ist das Ego auch der Aspekt im Menschen, der unbedingt an seinem Status quo festhalten will, sich ausschließlich damit identifiziert. Wo eine Form existiert, ist immer auch ein Bewusstsein (dieser Form) vorhanden. Und damit ein Selbsterhaltungstrieb, die erreichte Form zu bewahren oder sogar zu mehren, um in seinem So-Sein zu expandieren. Das menschliche Ego hält an seinen angestammten Gewohnheiten fest, da es diese für „seine" Persönlichkeit hält.

Aber ein bunt zusammengewürfelter Haufen von Gewohnheiten, Sympathien, Antipathien und Begehrlichkeiten macht noch lange kein „Individuum" aus! Das Ego wäre damit auch das beharrende und die weitere Entwicklung behindernde Prinzip im Menschen. Es kämpft um seinen Selbsterhalt und breitet sich schlimmstenfalls, wie ein Krebsgeschwür, in seinem Umfeld aus. Von den eigenen Wünschen und Bedürfnissen wie hypnotisiert, starrt es nur auf sich selbst: bloß nicht einen Millimeter seines Terrains verlieren!

Das Ego betrachtet die Welt nur aus einem einzigen Blickwinkel heraus: wie diese *ihm* dienlich sein kann. Bei einem Ich hingegen, das sich für das Selbst und seine Seele öffnet, ist es gerade umgekehrt: Es gibt sich dem Selbst – und damit einer höheren Macht – hin und lässt diese vertrauensvoll in und durch sich wirken: „*Dein*, nicht mein, Wille geschehe!" Das Ego jedoch kennt nur einen Gott: sich selbst. Anstatt die „anderen" liebevoll in sich aufzunehmen, wissend, dass sie doch Aspekte sind eines einzigen großen Selbst, unterjocht sich das Ego sein Umfeld. Denn es muss über alles die Kontrolle behalten, damit bloß nichts geschieht, was nicht seinen Vorstellungen entspricht.

Das Ego ist aber auch das Prinzip der Selbstdarstellung, ein Schauspieler, der sich in vielen Rollen gefällt. Hauptsache, sein Ansehen wird vermehrt! Es tut nichts ohne Berechnung. Und auch wenn das Ego von Natur aus geizig ist – nur nichts von sich selber geben!, – sonnt es sich doch von Zeit zu Zeit in der Rolle des wohltätigen Spenders. (Allerdings nicht, ohne zuvor die lokale Presse zu informieren!) Ein Opfer zu erbringen, das wirklich schmerzt, liegt dem Ego jedoch fern. Mit dem Jagdgeheul „alles meins!" erobert es sich sein Territorium und frisst dafür – wie der böse Wolf im Märchen – auch schon mal Kreide, um die sieben armen Geißlein zu besänftigen, bevor er sie sich einverleibt.

Anstatt sein Selbstverständnis zu prüfen, zu korrigieren und zu lockern, wird das ungebremste Ego störrischer, kompakter und verhärtet schließlich. Im schlimmsten Fall erschafft es, anstatt das (göttliche) Selbst zu verwirklichen, auf diese Weise einen (dämonischen) Titanen. Dann wird es im Leben des Betreffenden immer dunkler, statt heller. Ein Glück nur, dass alles Finstere, Ichverliebte, Erstarrte irgendwann an seiner eigenen Grandiosität kollabiert! So gibt es für das arme Ego dann doch wieder Hoffnung und eine neue Chance, sich hinzugeben und – erlöst und selig – in etwas Größerem aufzugehen.

Absolute Diskretion

Wie bereits erwähnt, arbeite ich als Zimmermädchen in einem Hotel. Und wie in jedem Hotel herrscht auch in unserem absolute Diskretion. Wir vom Housekeeping erhalten von der Geschäftsleitung täglich nur eine Liste der aktuellen Zimmerbelegung plus Namen der Gäste und Dauer ihres Aufenthalts. Sonst keine weiteren Informationen, also weder Adresse noch Beruf. Ein paar Sonderwünsche sind ab und zu noch vermerkt oder werden uns mündlich weitergegeben. Wir erfahren also über unsere Gäste so gut wie nichts. Und wenn wir zufälligerweise doch einmal etwas erfahren, besteht selbstverständlich Schweigegebot gegenüber Dritten. Genauso selbstverständlich halte ich mich daran. Meistens … Ein Vorfall aus jüngster Zeit war jedoch so ungeheuerlich, dass ich wenigstens *einmal* die Schweigepflicht brechen muss.

Es handelt sich um meine Begegnung mit einem männlichen Gast – ich schätze ihn auf Ende Vierzig –, der Mitte Juli mit zwei Sportsfreunden für eine Wellness-Woche bei uns logierte. An seinem zweiten Tag begegnete ich ihm morgens, zusammen mit seinen Freunden, vorm Frühstücksraum, wo er mich um einen Bademantel bat. Er habe seinen zuhause vergessen. Kein Problem. Das kommt bei uns fast täglich vor, daher verfügen wir über ein schneeweißes Sortiment in allen Größen. Ich also schnell ins Wäschezimmer gewetzt, einen passenden Bademantel rausgesucht, um ihn unserem Gast postwendend zu überreichen – für den Fall, dass er gleich nach dem Frühstück ins Spa oder in die Sauna wollte.

„Wissen Sie eigentlich, wie fantastisch Sie sind?“, flötete er da, und ich antwortete, ohne zu überlegen, ganz selbstverständlich und unüberhörbar „Ja!“. Seine Freunde und ein paar dabeistehende Gäste lachten: Eins zu null für mich, völlig unbeabsichtigt.

Ich sah gerade noch, wie ein Schatten sein Gesicht verfinsterte, für den Bruchteil einer Sekunde nur, bevor er sich wieder fing und zuckersüß lächelte wie zuvor. Da ahnte ich schon: Oh, oh, das war jetzt gar nicht gut ... Der Herr hatte ob seines Lobes wohl ein beglücktes Erröten meinerseits erwartet oder wenigstens ein schamhaftes. Aber in meinem Alter hat man (frau) schon so viel Balzgezwitscher gehört, da errötet man (frau) nicht mehr. Seine Rache erwartete mich noch am selben Tag …

Als ich später sein Zimmer zwecks Reinigung betrat, stieß ich im Bad, rund um die Toilette, auf eine beachtliche Pfütze. Ich konnte im ersten Moment gar nicht glauben, dass es sich wirklich um das handeln sollte, was mir schwante. Ich meine, es kann ja jedem mal was danebengehen, aber doch nicht in einer solchen Menge! Da hatte besagter Gast doch tatsächlich großzügig rund um das Klo gepisst, in einem Radius von gut dreißig Zentimetern. Es tut mir leid, normalerweise gebrauche ich solche Ausdrücke nicht, aber in diesem Fall geht es wirklich nicht anders. Der „Herr" hatte nämlich nicht *gepinkelt*, schon gar nicht *uriniert*, er hat *gepisst*! Er muss seinem Prachtstück mal so richtig freie Fahrt gelassen haben. Ich habe daraufhin alles klaglos weggewischt, das ist nun mal mein Job.

Am nächsten Tag dieselbe Szene wieder, neue Pfütze, aber mit Steigerung. Diesmal waren zudem noch Kloschüssel, -brille, -deckel und selbst unsere edlen zartmintfarbenen Wandfliesen voller Sommersprossen. In der Dusche hing ein erschlaffter Plastik-Irrigator – alles klar: Unser Gast hatte sich diesmal obendrein einen Einlauf gemacht. Das musste ich ihm ja lassen: Was er machte, machte er gründlich! Also, wenn *ich* unter Verdauungsstörungen leiden würde, würde ich die Prozedur vor meiner Abreise doch lieber zuhause noch absolvieren, nun ja …

Aber – die Krönung kommt jetzt noch: Zwischen Toilette und Waschbecken erblickte ich, neben der großen, eine wesentlich kleinere Pfütze. Von einer etwas glibberigen, milchig-weißen Substanz. Eine Pfütze von, man ahnt es schon … Da stockte mir dann doch der Atem: Das kann jetzt nicht wahr sein! Naiv wie ich manchmal leider noch bin, überlegte ich doch tatsächlich zuerst: Also, wenn dieser Typ sich schon an einem so unromantischen Ort wie dem Bad mit sich selbst verlustiert, warum hat er dann nicht gleich ins Klo ejakuliert? Oder in die Dusche, wo er das Zeugnis seiner einsamen Lust wenigstens hätte wegbrausen können? Da erst ging mir ein Licht auf: Na klar, man sollte seine Hinterlassenschaft vorfinden! *Ich* sollte sie vorfinden!

Es muss unserem Gast irgendeine merkwürdige Lust bereitet haben, mich von ihm gedemütigt zu wissen. Wahrscheinlich hat er mich in Gedanken schon auf den Knien herumrutschen sehen, die Spuren seiner potenten Großartigkeit bereinigend. Aber, anstatt mich zu demütigen, hatte er bei mir nur gewaltig eine Grenze überschritten: Ich beschloss, mich zu verweigern! Schnurstracks alarmierte ich meinen Chef, den Junior; unser Senior kam im Schlepptau gleich mit. Ich hatte sie damit gelockt, ihnen etwas zu präsentieren, das sie in all ihren Jahren im Hotel mit Sicherheit noch nie gesehen hätten. Und genau so war es dann auch: Beide standen, wie ich zuvor, fassungslos vor dieser Gesamtkreation einer Schweinerei, bis unser Senior irgendwann nur knurrte: „Der fliegt raus!"

Tja, das war eigentlich schon die Geschichte. Vielleicht sollte ich aber noch erwähnen, dass besagter Gast eine leitende Position in einer Bank innehatte; das macht den Vorfall, wie ich finde, noch brisanter. Man hätte von einem solchen, doch gewiss intelligenten Menschen eigentlich ein reiferes Verhalten erwartet.

Normalerweise erfahre ich solche Angaben zu unseren Gästen ja nicht. Aber ein Hotel hat viele Ohren. Genau gesagt, doppelt so viele wie Mitarbeiter – mindestens, wenn nicht noch mehr! Da erfährt man das eine oder andere im Vorübergehen eben doch. Und der Herr Banker hatte offensichtlich am Abend zuvor mit gelockerter Zunge an der Bar sich so großspurig über seine Position ausgelassen, dass er unseren Kollegen vom Service schon äußerst unangenehm aufgestoßen war.

Etwas später, und mit einer größeren inneren Distanz, war mir natürlich bewusst, dass sein Verhalten auf eine gehörige Störung schließen ließ. Davor sind eben auch Banker in gehobenen Positionen nicht gefeit. So war ich – seinetwegen – dann trotz allem betroffen. Ich will lieber nicht wissen, was für ein Verhältnis er sonst zu Frauen hat ... Und jemand, der sich in eine solche Grandiosität verstrickt hat, ist doch vermutlich unfähig zu jeglicher Selbstreflexion? Geschweige denn, dass er jemals zu einem Psychologen ginge. Was nützen da Ansehen, Macht und das ganze liebe Geld ...?

Dieser Vorfall zeigt aber auch, wie wichtig es doch ist, von Zeit zu Zeit das eigene Selbstbild auf verdrängte Schatten hin zu überprüfen. Mutig zu sein, sich allem zu stellen, auch wenn einem dabei der eine oder andere Zacken aus der Krone fällt. Aber *ohne* Krone – das kann ich versichern – lebt es sich sowie unvergleichlich leichter. Je reifer eine Seele wird, in umso tieferer Demut senkt sie vor ihrem Schöpfer das Haupt. Da würde das Ding doch nur rutschen. Besser also, man entledigt sich seiner schon vorher. Und eine Krone, aus der noch Zacken herausfallen können, kann sowieso noch nicht die rechte sein ...

Das Badezimmer unseres Gastes musste ich dieses Mal noch putzen, weil ich nun mal das Zimmermädchen bin. Meine beiden Chefs aber beschlossen, dass – im Fall irgendeiner erneuten Schweinerei – der Verursacher selbst künftig alles zu bereinigen und die daraus entstehenden Konsequenzen zu tragen habe. I

Immerhin hinterließ besagter Gast bei meinen Chefs einen ansehnlichen Geldbetrag als Entschädigung für mich. Erstaunlicherweise überkam mich während der Reinigung ein gutes, ganz warmes, ja geradezu glückliches Gefühl für mich selbst. Nicht nur, weil sich meine Chefs, ohne auch nur zu zögern, auf meine Seite geschlagen hatten, sondern weil ich ganz tief in mir drinnen spürte: Meine Würde ist unantastbar! Da ist neuerdings etwas in mir – so stark, so heil, so fest – das bleibt von allen äußeren Erschütterungen unberührt. Etwas, das nichts und niemand mehr demütigen kann! Ein langes, altes Kapitel ist abgeschlossen.

Wie schön, wenn innere Wandlungen auch im Alltag ihre Spuren zeigen. Ich bin sowieso der Ansicht, dass innere Fortschritte, die nicht auch das äußere Leben verändern, keine wirklichen Fortschritte sind. Und seien sie noch so spektakulär. Denn das Erwachen findet mitten im alltäglichen Leben statt und nicht in irgendeinem transzendenten Elfenbeinturm.

Am selben Tag noch verließ der Gast unser Haus. Ich stand gerade am Ausgang unseres Wirtschaftstraktes, von wo aus man den Parkplatz überblicken kann. So beobachtete ich, wie er in eine dieser silbernen Flundern stieg und von dannen röhrte. Allein, denn seine Freunde blieben. Da wurde mir bewusst, dass auch dieses Erlebnis eine typische Erfahrung dafür ist, dass die Seele erwacht und man in einen neuen Bewusstseinszustand übergeht: Die Wahrheit kommt überall ans Licht!

So viel zu diesem Vorkommnis ... Ansonsten aber herrscht bei uns, selbstverständlich, absolute Diskretion!

Eine unvollendete Schöpfung?

> So wurden Himmel und Erde vollendet und ihr ganzes Gefüge. Am siebten Tag vollendete Gott das Werk, das er geschaffen hatte, und er ruhte am siebten Tag, nachdem er sein ganzes Werk vollbracht hatte. Und Gott segnete den siebten Tag und erklärte ihn für heilig; denn an ihm ruhte Gott, nachdem er das ganze Werk der Schöpfung vollendet hatte.
>
> (Das Buch Genesis 2; 1-3)

Es war Sri Aurobindo, der die ketzerische Frage aufwarf, wieso eigentlich die Evolution mit einem noch so unvollkommenen Wesen wie dem Menschen an ihrem Ende angelangt sein solle. Ich kann ihm da nur beipflichten: Zumindest dem äußeren Anschein nach wirkt der Mensch, so wie er sich derzeit auf der Erde tummelt, noch ziemlich unfertig oder zumindest unreif.

Wir Menschen sind aufrechtgehende Säugetiere, mal mit etwas mehr, meist mit etwas weniger Verstand, die sich trotzdem stolz „homo sapiens“ nennen: der „wissende Mensch“. Es mag ja sein, dass der große Schöpfer nach Pflanzen, Tierreich und Menschen nichts Neues mehr zu erschaffen beabsichtigt. Innerhalb der Spezies Mensch ist jedoch, was deren Bewusstseinsentwicklung anbelangt, noch reichlich Luft nach oben!

Aber kann ein Schöpfer seine Schöpfung überhaupt unvollendet hinterlassen? Er hätte doch als ein Gott gleich auf Anhieb alles vollenden und damit „perfekt“ machen können! Aber der Mensch scheint ja noch längst nicht Gottes Ebenbild zu entsprechen, wie doch eigentlich in der Bibel verkündet. Und all das Leid und der Schmerz überall auf der Erde ... Soll *das* wirklich eine vollendete Schöpfung sein?!

Auf die Frage, ob Gott seine Schöpfung vollendet habe oder nicht, gibt es, meiner Ansicht nach, zwei Antworten. Von denen die eine dies verneint, die andere es bejaht. Man könnte aber auch sibyllinisch antworten: Die Schöpfung ist vollendet, und sie ist es nicht.

Befassen wir uns zunächst mit der (ersten) Antwort, nach der die Schöpfung noch nicht vollendet ist. Hinweise hierauf finden sich in Ansätzen auch im Christentum, obwohl ja in der Genesis (siehe Zitat Kapitelanfang) etwas anderes behauptet wird. Das Christentum geht allerdings davon aus, dass diese Unvollkommenheit nicht Gottes Fehler war, sondern der des Menschen, der gleich nach der Erschaffung der Welt aus der Einheit mit Gott „herausgefallen“ sei. Durch Ungehorsam und eigene Schuld, weshalb dieser Vorfall auch als der „Sünden-*Fall*“ bezeichnet wird. (Wir erinnern uns an Eva und ihren verhängnisvollen Biss in den Apfel!)

Aber ist diese Erklärung für all das noch Unausgereifte oder Schlimme in der Welt nicht zu einfach und zu flach? Werden hierbei nicht typisch menschlich-mentale Konstruktionen von Schuld und Sünde auf die Schöpfungsgeschichte projiziert? Außerdem: Aus Gott herausfallen kann man nicht! Vielleicht kommt daher jener Gedanke, mit dem wir inzwischen schon vertraut sind, der Wahrheit näher: den „Fall" des Menschen als ein „Hinabsteigen" aus dem höchsten Bewusstsein in einen niederen Bewusstseinszustand zu verstehen, in dem der Mensch sich als von Gott getrennt empfindet. (Womit diese „Absonderung" die eigentliche „Sünde" wäre.) Um dann von dort aus wieder den Aufstieg zu beginnen mittels einer stufenweisen voranschreitenden Evolution.

Bei dieser Sichtweise kann sich alles, was die Schöpfung ausmacht, nur nach und nach – durch Wachstum, Fortschritt, Wandel – der ursprünglichen Vollkommenheit nähern. Die Vollendung der Schöpfung wäre daher erst am Ende des gesamten Evolutionsprozesse überhaupt möglich. Und die augenscheinliche Unvollkommenheit des Menschen wäre ein Ausdruck von Gottes Willen und das ganze „Unternehmen Evolution" von Anfang bis Ende Gottes bewusster Plan.

In der indischen Philosophie wird der Verlauf der Schöpfung, wie wir ebenfalls schon wissen, nicht „Drama", sondern „lila" (sanskrit) genannt: das „göttliche Spiel". Und ein „Spiel" impliziert eine ganz andere Bedeutung als ein „Drama", lässt Freude daran erahnen! Der indischen Philosophie zufolge hat sich das Göttliche *absichtlich* in den Tiefen der Materie verborgen, um sich schrittweise aus diesem herabgedämpften, verdunkelten Zustand wieder zu entbinden. Die Schöpfung wäre damit die stetig voranschreitende Manifestation des Göttlichen in der Welt, bis dieses sich schließlich – für alle sichtbar – vollständig enthüllt. All das geschieht aus Lust an dem großen Abenteuer, sich als der All-Eine und Einzige in Myriaden physischer Formen und Gestalten wiederzuerkennen: welch überwältigende Wiedersehensfreude!

Bei dieser Sichtweise bleibt Gott seiner Schöpfung auch nicht fern, sondern wohnt selbst in allem, was ist. Gott wohnt allem inne, das Er erschaffen hat: als göttliche Allgegenwart und in Form eines Seelenfunkens oder einer Seele, die ein Teil des göttlichen Bewusstseins und höchsten Wesens ist. Es gibt daher auch keine Trennung zwischen Welt und Gott, keine Kluft zwischen dem Schöpfer und seinen Geschöpfen. Alles ist Er, alles ist eins. Und alles, selbst der größte Kummer, der tiefste Schmerz, wird von ihm selbst ge- und ertragen.

Wenn der Prozess der Evolution somit eine Art gigantische kosmische Geburt darstellt, so gehen damit, wie bei jeder Geburt, auch äußerst schmerzhafte Wehen einher. Denn überall dort, wo Unbewusstheit herrscht, existiert Leid, und der Begleiter von Freude ist immer Schmerz. Dabei sind Leid und Schmerz notwendig, um die Schöpfung und ihre noch im Schlaf befindlichen Wesen so lange zu bearbeiten, zu „traktieren", bis sie bewusstwerden und erwachen. Und um den Widerstand gegen das überbewusste göttliche Licht zu brechen, damit der Mensch in Gottes Ebenbild hineinwachsen kann: „Es sterben Menschen, dass lebe der Mensch und Gott sich gebär."[15]

Am Ende jedoch – so die Verheißung – werden Gottes und unsere Freude und Seligkeit dann ebenso unermesslich sein, wie das Leid von zuvor unerträglich erschien.

Schauen wir nun noch auf die zweite Antwort, die von der Vollendung der Schöpfung ausgeht. Sie betrachtet die Schöpfung als von Anfang an abgeschlossen und vollkommen, weil Gott – als Inbegriff der Vollkommenheit – logischerweise nur Vollkommenes erschaffen kann. Bei dieser Auffassung liegt das Problem – der Anschein des Unvollkommenen – im Menschen selbst. Weil dieser (noch) nicht in der Lage ist, die Vollkommenheit, die ihn überall umgibt, wahrzunehmen.

Unser menschlicher Reifungsprozess gestaltet sich nämlich so, dass wir nur sukzessive fähig sind, in immer tiefere Regionen der Schöpfung vorzudringen und ihre an sich ewig präsente Vollkommenheit zu erkennen. (Dieser schrittweise Vorgang macht jedoch Sinn, weil man sich der höchsten Wahrheit nur äußerst behutsam annähern darf, um in ihrem gleißenden Licht nicht zu verbrennen.) Der Mensch – als „Instrument" zur Wahrnehmung der Vollkommenheit – ist demnach noch nicht perfekt, die Schöpfung selbst ist es jedoch sehr wohl. Und je mehr ein Mensch sich seiner eigenen Vollendung nähert, umso klarer und deutlicher sieht er auch Gottes ganze Pracht und Herrlichkeit in der Welt.

Da das Göttliche bei dieser Sichtweise innerhalb der irdischen Schöpfung zunächst nur begrenzt erkennbar ist, gibt es – dem Anschein nach – viel Raum für seine gegenteiligen Aspekte von Leid, Schmerz, Irrtum und sogar dem Bösen. Dabei ist die Natur, selbst mit ihrem manchmal so erschreckenden Fressen und Gefressenwerden, amoralisch. Moralisch böse handeln kann erst der Mensch. Das Schlimme und Böse sind und bleiben jedoch stets relativ. Selbst hinter der Dunkelheit verbirgt sich das Licht, alle Zerteilung gründet auf Einheit, und hinter vermeintlicher Ohnmacht wirkt die Allmacht des Höchsten. Denn es gibt nichts außerhalb von Gott und auch kein Gegenteil von ihm.

Und so kann auch die irdische Evolution, egal wie verwirrend und unvollkommen sie mitunter wirken mag, letztlich zu keinem anderen Ergebnis kommen als dem vom Absoluten gewollten und geplanten.

Da Gott der all-einige *Ursprung* der Schöpfung ist, kann auch das Resultat der Schöpfung nur ein göttliches sein. Und es ist sicherlich eines der größten Verdienste Sri Aurobindos, die Gewissheit eines „Göttlichen Lebens" auf Erden (wieder) ins Bewusstsein der Menschheit zu bringen. Eines göttlichen Lebens, bei dem alle Gegensätze in eine allumfassende Einheit münden. Auch die beiden scheinbar so widersprüchlichen Antworten, die wir in diesem Kapitel betrachteten, sind dann nichts anderes als der Ausdruck zweier unterschiedlicher Bewusstseinszustände, zwei Facetten *einer* Wahrheit: Wo das mentale Bewusstsein Wachstum, Fortschritt und Wandlung wahrzunehmen glaubt, erkennt das erleuchtete Bewusstsein die Vollendung.

Vom siebten und vom achten Schöpfungstag

> Jetzt schauen wir in einen Spiegel und sehen nur rätselhafte Umrisse, dann aber schauen wir von Angesicht zu Angesicht. Jetzt erkenne ich unvollkommen. Dann aber werde ich durch und durch erkennen, so wie auch ich durch und durch erkannt worden bin.
>
> (1. Korinther 13,12)

Was die Frage nach der Vollendung der Schöpfung betrifft, so gibt es noch einen höchst bemerkenswerten Ansatz aus der jüdischen Mystik. Ich fand ihn bei dem jüdisch-chassidischen Schriftsteller Friedrich Weinreb und dessen Buch „Der Weg durch den Tempel". Ihm zufolge unterscheidet die jüdische Mystik zwischen dem *siebten* und einem *achten* Schöpfungs- oder Welten-Tag. Sie symbolisieren zwei verschiedene Bewusstseinszustände des Menschen und damit das Leben in zwei verschiedenen Realitäten: Der siebte Tag steht für das Leben in der Dualität, der achte Tag für das Leben in der Einheit oder Ewigkeit.

Am siebten Tag ist – so versichert auch Weinreb – die Schöpfung tatsächlich vollendet, ist alles erschaffen, vollkommen und gut. Aber der Mensch kann dies nicht sehen, solange er sich selbst noch nicht im Zustand der Vollkommenheit befindet. Für ihn ist die diesseitige Welt eine Welt rätselhafter vergänglicher, physischer Gleichnisse und Symbole, deren Sinn er nicht versteht, weil er ihren unvergänglichen, geistigen Hintergrund noch nicht wahrnehmen kann. So starrt er auf die *objektive* Außenseite der Welt und erkennt nicht, dass ihn jenseits davon etwas viel Tieferes und zuhöchst *Subjektives* erwartet. Das ist wie bei einem Fenster, bei dem jemand eifrig dessen Glasstärke und Rahmen misst, ohne zu begreifen, dass ein Fenster doch dazu da ist, auf etwas jenseits davon *hindurchzusehen*! (Siehe hierzu auch „Willkommen in der Unendlichkeit", Seite 219)

Der siebte Tag ist heilig und soll daher auch vom Menschen geheiligt werden. Ihn zu „heiligen", heißt im tieferen Sinn allerdings nicht, einmal wöchentlich in die Kirche zu gehen; der eigentliche „Gottesdienst“ sieht anders aus. Bis hierhin hat Gott allein die ganze Schöpfungsarbeit getan. Am siebten Tag, so Weinreb, fällt nun dem Menschen die Aufgabe zu, die Schöpfung in sich selbst „eins“ und damit „heilig“ zu machen. Dies geschieht – wie Weinreb weiterhin schildert –, indem er alle Ereignisse und Eindrücke der Welt *physisch* in sich aufnimmt und dabei die *geistige* Essenz des Geschehens extrahiert. Indem er die Welt so durch sich hindurch strömen lässt, wird sie zu einem Teil von ihm und – durch das Erkennen der spirituellen Bedeutung aller Geschehnisse und Dinge – vollständig, ganz und heil. Die Erde wird wieder mit dem Himmel und das Endliche wieder mit dem Unendlichen verbunden. Der Mensch begreift auf diese Weise und im Verlauf des siebten Tages, dass die Ursache aller Dinge nicht im Physischen, sondern im Geistigen, Ewigen liegt. Und man sie daher auch nur von dort aus verstehen kann. Solange diese Rückanbindung des Vergänglichen an das Unvergängliche andauert, so lange währt die Zeitspanne des siebten Weltentags.

Auch das Sehen spielt, Weinreb zufolge, beim Übergang vom siebten zum achten Tag eine wichtige Rolle: Die inneren Augen des Menschen, die während des Lebens in der Dualität verschlossen waren, öffnen sich wieder. So schaut er auf die Ereignisse innerhalb von Zeit und Raum mit einem völlig neuen Blick – mit dem Blick der Seele und aus dem Ewigen heraus. Das Konkrete wird immer durchlässiger, die physischen Schleier lichten sich. Die ganze Welt wird diaphan und gibt den Sinn aller Dinge preis. Und so erkennt der Mensch schließlich in den irdischen Abbildern das, was am Anfang alles Erschaffenen steht: deren ursprüngliche göttliche Idee.

Der siebte Tag stellt somit – durch den Menschen – die Einheit wieder her: „Sein Prinzip ist, dass die Welt fertig, vollendet ist. Darum heißt es, dass der Mensch an diesem siebten Tag, auch am siebten Welttag, in der Realität jetzt – die wir den siebten Tag nennen – nichts tun, nur ihn heiligen soll. Sein Tun sei darauf gerichtet, diese Einsmachung zu bewirken. In allem, was ihm begegnet, erkenne er diese Einheit, diese Vollendung.“[16]

Indem man also die (immer schon vorhandene) Vollkommenheit von allem erkennt, wechselt man vom Bewusstseinszustand des „siebten Tags“ in den des „achten Tags“. Damit ist auch die eigene Vollendung erlangt, und der Mensch erlebt wieder den Himmel, aus dem er einst fiel. Nur, dass der Himmel sich jetzt in ihm selbst befindet! Im Johannes-Evangelium wird dieser Übergang als das Erscheinen eines „neuen Himmels“ und einer „neuen Erde“ verkündet. Und der vermeintliche *Weltuntergang* der Apokalypse präsentiert sich in Wirklichkeit als eine unermessliche Wunder-volle *Offenbarung*.

Auch nach Weinreb durchläuft der Mensch einen Entwicklungsweg, der in der jüdischen Mystik als der „Weg durch den Tempel“ beschrieben wird. Dieser Weg verläuft nicht linear, sondern konzentrisch, und führt den Menschen von außen – der „Hülle“ – ins eigene Innere, zum „Kern“ und Ursprung all dessen, was ist. Hier, in seinem Innersten, dem „Allerheiligsten“, steht der Mensch sich – im Bild zweier Engel oder Cherubim – schließlich selbst gegenüber: von Angesicht zu Angesicht, in seinem weiblichen und seinem männlichen Aspekt. Er wird in sich selbst eins und überwindet so jegliche Dualität von zuvor. Alles fällt hier, am Ursprung, zusammen: Seele und Welt, Frau und Mann, Innen und Außen. Vergangenheit und Zukunft verschmelzen im ewig-gegenwärtigen Jetzt. Und man befindet sich, zum großen Erstaunen, wieder – im Paradies!

Immer ist es ein Engel, der dem Menschen den Schlüssel für diesen paradiesischen Zustand der Vollendung überreicht: „Ein Engel des Pfades, strahlend in Glorie, reichte der Seele auf ihrer Suche dar die Süße und die Macht von einer Idee, jede gewähnt der Wahrheit innigster Born und Gipfelgewalt, der Weltenbedeutung Herz, der Vollendung Schlüssel, Pass für das Paradies.“[17]

In und mit sich selbst vereint, erkennt der Mensch nun auch die Einheit von allem, was ist. Dieser letzte Schritt in das Innerste des Menschen hinein kennzeichnet ebenfalls den Übergang in die Welt des achten Tags. Hier, in der Radnabe allen Seins, um die die Welt sich dreht, herrscht immer Stille, immer Frieden. Denn alle emotionalen und mentalen Regungen kommen hier zum Erliegen. Aus dieser Stille tritt die Wahrheit alles Geschauten ganz von allein hervor.

Der Mensch, der die Schwelle zum achten Tag überschritten hat, schaut die Welt nun als das, was sie in Wirklichkeit ist: eine Welt voller Schönheit, Wahrheit, Sinn. Und er beginnt, ihre Geheimnisse aufzudecken. Es ist, als sei er selbst zu einem „Universalschlüssel" geworden, mit dem sich ihm nun die Rätsel dieser Welt in einer immer größeren Tiefe er-schließen, sodass ihm eine „Tür" und ein „Licht" nach dem anderen aufgehen. Er sieht die vergängliche Vorderseite der Dinge, so wie sie sich seinen Sinnen präsentieren. Er schaut, hört und spürt jetzt aber auch das, was sich dahinter verbirgt: die Verwurzelung eines jeden Geschehnisses, Wesens und Dinges in der Unendlichkeit. Und so macht er die Erfahrung, dass es tatsächlich eine „unendliche Geschichte" zu lesen und zu erleben gibt, anstatt wie zuvor, nur ratlos auf scheinbar sinnlose Buchstaben zu starren.

Das Leben im Zustand des „achten Tags" ist ein unermessliches Abenteuer, ein immer tieferes Eindringen in die Welt der Wirklichkeit! Man taucht in die Dinge ein bis in ihr ewiges, unvergängliches Sein, anstatt mit den physischen Sinnen an deren Oberfläche abzuprallen.

Einen letzten Aspekt zum siebten und zum achten Schöpfungstag möchte ich noch anfügen. Ich fand ihn wiederum bei Sri Aurobindo und halte ihn für ebenso einleuchtend wie ermutigend: Seiner Auffassung nach hat uns zu dieser äonenlangen und oft so beschwerlichen Odyssee des Verbergens und Wiedererlangens unserer eigenen Vollkommenheit niemand gezwungen. Niemand hat uns, was auch immer, gegen unseren Willen aufgebürdet! Wir alle – vielmehr unsere Seelen – haben noch vor Beginn der Welt, klar und deutlich „Ja" zu diesem Welten-Drama, zu diesem göttlichen Spiel gesagt. Um nach der langen Reise durch den „siebten Tag" hindurch am „achten Tag" dann die größte Lust, die größte Freude zu erleben: das Wunder einer sich auf Erden offenbarenden göttlichen Schöpfung.

Sein allerschönstes Bild

Stell dir vor, ein Gott öffne seine Augen. Ein großer Gott. So groß, dass er eigentlich unvorstellbar ist, aber stell es dir trotzdem vor: Er öffnet seine Augen, nach Jahrmilliarden der Selbstversunkenheit zum ersten Mal. Das, was er in diesem langen, langen Schlaf in sich fand, will er erschaffen, will er in greifbaren, sinnlichen Formen vor sich sehen – seine Träume aus den Schatzkammern der Ewigkeit. Ein Bild, so schön, dass es wert ist, auf Erden verwirklicht zu werden: sein allerschönstes Bild.

Vorsichtig hebt er die Lider, öffnet die Augen ganz, da fällt das jetzt in Formen gekleidete Bild auch schon in seine Augen hinein. Und er sieht – eine Wiese. Eine Wiese im ersten Morgenlicht. Drei Pferde stehen darauf. Ein weißes, ein Rotfuchs, das dritte ist braun-weiß gescheckt. Sie stehen da, friedlich, und grasen. Eine Szene wie von Milch und Honig übergossen, als hinge sie noch halb zwischen Traum und Tag. Das Licht flirrend weiß mit jenem Hauch von Gold, wie es nur der ganz frühe Sommermorgen zu weben vermag.

Da weitet sich der Blick des Gottes; der soeben noch waagrechte Horizont beginnt sich zu wölben. Und er sieht, dass die Wiese mit den drei Pferden Teil einer Kugel ist. Einer blau leuchtenden Kugel, die sich um sich selbst und um eine Sonne dreht. Um einen strahlenden Stern am Rande einer Galaxis, von denen es so unzählig viele im Kosmos gibt. In der Mitte der Galaxis ein dunkler Punkt. Ein magischer Kern, ein schwarzes glänzendes Rund – die Pupille eines Menschen, der, soeben vom Schlaf erwacht, an seinem Fenster steht und schaut. Von einer Galaxis hat er geträumt, von seiner Galaxis, die ihn einst aus ihrem Staub erschuf. Und von einer Sonne, seiner Sonne, die in einem der äußeren Seitenarme des Sternennebels schwebt, und um die sich ein kleiner blauer Planet dreht: eine Erde, *seine* Erde. Da fällt sein Blick nach draußen. Wo er vorm Haus die Wiese sieht. Eine Wiese im ersten Morgenlicht. Drei Pferde stehen darauf. Ein weißes, ein Rotfuchs, das dritte ist braun-weiß gescheckt. Sie stehen da, friedlich, und grasen. Die Szene schwirrt in frischem Glanz, so hell und weiß und golden – wie von Milch und Honig übergossen. Ein Bild, das den Menschen an sein Innerstes rührt, als sei es gerade eben dort entsprungen – den Träumen aus den Schatzkammern der Ewigkeit. Es ist das Schönste, was er je gesehen hat, sein allerschönstes Bild: Es ist der erste vollends bewusste Blick seines Lebens.

Wie strahlend die Welt ist, wenn man erwacht, denkt der Mensch. Wie strahlend, wie groß und *wie schön!*

Theodizee: die Frage nach dem Bösen in der Welt

Der eine oder andere wird nun sagen: „Nun ja, dass das Unvollkommene seinen berechtigten Platz innerhalb der Schöpfung hat, sehe ich ja noch ein – aber das Böse doch nicht?!" Womit wir zum Thema der Theodizee kommen. Der Begriff „Theodizee" geht auf den deutschen Philosophen Gottfried Leibniz (Ende 17./Anfang 18. Jahrhundert) zurück und heißt „Rechtfertigung Gottes". Gemeint ist damit das Rätsel, wie es angesichts der Allmacht und Güte Gottes überhaupt Böses und so viel Elend in der Welt geben kann. Die Theodizee ist eine verstörende Frage, die bis heute im Zusammenhang mit Gott immer wieder gestellt wird und oft unbeantwortet bleibt. So manchem Suchenden dürfte sie den Glauben an ein allwissendes, allmächtiges und vor allem all-liebendes göttliches Wesen verleiden.

Wenden wir uns zunächst der Ursache des Bösen in der Welt zu. Der christlichen Auffassung zufolge ist der Mensch – vielmehr Adam und Eva – selbst Ursache des Bösen, nämlich durch seinen Ungehorsam Gott gegenüber, der zur sogenannten Erb- oder Ursünde des Menschen führte.

Aber diese Sichtweise wirft, statt Antworten zu geben, nur wieder neue Fragen auf: Wieso konnten Adam und Eva überhaupt sündigen, wenn sie doch Geschöpfe Gottes waren und, wie in der Genesis behauptet, sogar nach seinem Abbild erschaffen? Und wieso gelang es der Schlange im Paradies, Eva zu dem für die Menschheit so folgenträchtigen Biss in die verbotene Frucht zu verführen? Ist da nicht doch etwas furchtbar schiefgelaufen? Hat sich das Böse womöglich entgegen Gottes Willen in seine Schöpfung eingeschlichen?

Geht man jedoch von der Prämisse aus, dass Gott allmächtig und allwissend ist und daher keine Fehler macht, muss selbst das Böse seine Bedeutung und eine Funktion in dieser Welt haben, sonst ließe Gott es nicht zu.

Betrachten wir nochmals den Verlauf der bisherigen Evolution, so sehen wir, dass diese in völliger Unbewusstheit, der „Dunkelheit", begann. Ihre Absicht ist, sich allmählich aus dieser Unbewusstheit heraus in eine zunehmende Bewusstheit – und damit ins „Licht" – hinein zu entwickeln.

Als erstes wurde Materie erschaffen, in der es weder Gut noch Böse gibt; Materie ist neutral. Aus Materie entfaltete sich dann das Leben, das zwar – wie beim Tier – Grausamkeit und Leiden kennt, aber noch kein absichtliches oder moralisches Böses. Dieses wird erst auf der Stufe des Menschen und dem Auftauchen des Verstandes mit seinem alles zerteilenden, absondernden – und daher „sündigen" – Ich-Empfinden möglich. Alles, was diesem Ich wohltut und es fördert, wird von ihm als „gut" beurteilt, alles, was ihm widerstrebt oder schadet, als „böse".

Diese egozentrische Bewertung ist zunächst berechtigt. Denn das sich entwickelnde Individuum lebt anfangs ständig in der Gefahr, ansonsten in der Unbewusstheit, aus der es doch gerade so mühsam aufgetaucht ist, wieder zu versinken. Dann würde ein tapfer emporkeimendes Leben gleich wieder von der Dunkelheit verschlungen. Es *soll* sich aber behaupten und wachsen und gedeihen! Deshalb muss es sich seinen Raum erobern, sich gegen andere Lebensformen und Gestalten durchsetzen, wenn es überleben will – notfalls mit Gewalt.

Und diese Selbstdurchsetzung ist – wie ich in den Schriften Sri Aurobindos fand – der eigentliche Ursprung des Bösen. Selbstdurchsetzung ist ein wesentliches Merkmal des Egos, das nur seine eigenen

Interessen und die Befriedigung seiner Gelüste im Sinn hat, wofür ihm jedes Mittel recht ist.

Wie relativ diese Einstufung von Gut und Böse jedoch ist, zeigt sich daran, dass Dinge oder Handlungen, die zu einer bestimmten Zeit oder in einer bestimmten Kultur als „verwerflich" oder „böse" gelten, zu einer anderen Zeit als „gut" angesehen werden, und umgekehrt. Und ebenso daran, dass oft aus Gutem oder gut Gemeintem Schlimmes erwächst, während Böses unerwartet gute Resultate bringen kann, siehe Mephistos allseits bekannten Ausspruch in Goethes „Faust": „Ich bin ein Teil von jener Kraft, die stets das Böse will und stets das Gute schafft."

Der Mensch kämpft sich so lange durch die Dualität von Gut und Böse hindurch, bis seine Seele erwacht, die schließlich – in dem ihr eigenen Licht der Einheit – alle Gegensätze aufhebt und überwindet.

Der Weg des Menschen aus der Dunkelheit des Unbewussten ins strahlende Licht des Überbewussten findet sich auch in dem Mythos vom Kampf zwischen den Mächten der Finsternis und denen des Lichts wieder, den man in vielen Kulturen kennt. Dieser Mythos berichtet in vielerlei Variationen davon, wie die finsteren Kräfte darum ringen, den Menschen auf ihre Seite zu ziehen. Und genau das ist ihr Recht und ihre Berechtigung in der sich entfaltenden Welt: den Menschen bei seinem Streben zum Licht hin zu verführen oder ihm Steine in den Weg zu legen, einzig um ihn zu prüfen oder zu stürzen.

Jeder wird die Erfahrung kennen, vorübergehend von Kräften (an-)getrieben zu werden, die sich der eigenen Kontrolle entziehen, und über die man später nur erschrocken den Kopf schütteln kann. Das kann sich bis hin zu einer vorübergehenden „Besessenheit" von solchen Mächten steigern. Der Betreffende wird dabei zu ihrem willenlosen Spielball, bis er sich – dank der Erfahrung des Bösen mit all seinen Konsequenzen – irgendwann eines Besseren besinnt.

Das Böse hat daher für den sich entwickelnden Menschen, unter anderem die Funktion, seine grundlegende Wahl zwischen dem Guten und dem Bösen, dem Göttlichen und dem Widergöttlichen zu treffen. Im tieferen Sinn geht es hierbei einzig darum, ob der Mensch bereit ist, *freiwillig* Gottes Willen zu folgen und damit den Weg der Liebe zu gehen. Das Böse ist somit ein notwendiger Bestandteil des Pfads zum All-Guten, so wie auch nur der das Licht wirklich zu schätzen weiß, der die Dunkelheit kennt.

Je mehr der Mensch von der mentalen Bewusstseinsstufe zur integralen übergeht, umso eher bekommt er ein untrügliches Gespür für das Gute und die Wahrheit. Denn seine Seele dürstet danach. Nach Sri Aurobindo kann die Seele hier auf Erden nämlich nur durch die göttlichen Attribute des Guten, Wahren und Schönen an Größe und Leuchtkraft gewinnen. Je lichter das Bewusstsein in einem Menschen wird, umso mehr werden seine restliche Unwissenheit und Zwiespältigkeit transzendiert. Im höchsten Bewusstsein gibt es das Böse nicht, weil es dort auch keine Unwissenheit mehr gibt.

Leiden, Schmerz und das Böse sind an Begrenztheit gebunden und daher niemals etwas Absolutes. Absolut sind das Gute, das Wahre, das Schöne, Liebe und Frieden, Freude, Seligkeit, Licht. Und so, wie Berge nicht über 9000 Meter emporwachsen können, ohne durch das eigene Gewicht in die weichere Erdkruste zurück zu versinken, kann auch das Böse ein gewisses Maß nicht überschreiten. Auch wenn es sich oftmals den Anschein von Maßlosigkeit gibt …

Der Mensch verbleibt also nur so lange in der Welt der Dualität und isst von den Früchten des „Baumes der Erkenntnis von Gut und Böse“, bis er zu seiner Seele und zur Wahrheit jenseits allen Sichtbaren gelangt. Für denjenigen, dessen Seele vollständig erwacht ist, gibt es kein Gut und kein Böse mehr. Denn er erkennt die göttliche Absicht hinter allem Geschehen.

Nun isst er die Früchte vom „Baum des Lebens“, denn er ist wieder im Bewusstseinszustand der Einheit – dem Paradies – angelangt.

Opfer – Vom sich darbringenden Gott

Vor etlichen Jahren sah ich im Fernsehen einen Bericht über einen indischen Yogin, der sich dazu entschieden hatte, als Opfer für das Göttliche seinen linken Arm in die Höhe zu recken und ihn dort für den Rest seines Lebens zu belassen. So stak, nach zig Jahren, sein Arm – lederhäutig wie der einer Mumie – nutzlos und wie ein erschreckendes Mahnmal gen Himmel. An dieses groteske Bild erinnere ich mich immer wieder an so manchen Fastentagen, wenn ich während des Einlaufs den mit anderthalb Litern Salzwasser gefüllten Plastikbehälter mit meinem linken Arm hoch über meinen Kopf halte, um die Durchlaufgeschwindigkeit des Wassers zu erhöhen. Und schäme mich jedes Mal angesichts meiner mangelnden Leidensfähigkeit, wenn mein Arm schon nach zwei oder drei Minuten protestiert und nach einer Pause verlangt. Welch unglaubliche Selbstüberwindung hatte dieser Yogin vollbracht! Nur: Ist eine solche peinvolle Selbstkasteiung wirklich *das*, was sich das Göttliche von uns Menschen als Opfer wünscht? Und was meint der Begriff des „Opfers" eigentlich?

In unserer Kultur scheint mir dieser Begriff eher negativ besetzt zu sein. Das Erste, was man vermutlich damit assoziiert, dürften Tier- oder Menschenopfer aus früherer Zeit sein oder andere, bis heute zelebrierte archaische Formen der Opferung. Das Abschlachten eines wehrlosen Tiers zum Beispiel, um irgendwelche Gottheiten milde zu stimmen oder den eigenen Wünschen gemäß (im wahrsten Sinne des Wortes) zu „bestechen". Vielleicht denkt man bei Opfer aber auch an Handlungen aus rein moralischen Gründen, die jenen etwas bitteren Beigeschmack von Verzicht, (Selbst-)Aufopferung und stoisch zusammengebissenen Zähnen haben. „Man muss eben ein Opfer bringen", heißt es dann. Oder an die in frömmelnden Kreisen häufig anzutreffende moralinsaure Abkehr von Freude, Liebe und Lust, die von tiefer Demut des Entsagenden zeugen soll.

Die indischen Veden hingegen verstehen unter Opfer etwas völlig anderes, etwas viel Umfassenderes, ja Universales: ein kosmisches Gesetz. Den Veden zufolge ist – wie in Sri Aurobindos „Das Geheimnis des Veda" zu lesen – die gesamte Schöpfung auf dem Prinzip des Opfers aufgebaut, als einem Grundgesetz des Lebens und der Welt. Es meint sowohl, dass Gott sich für seine Schöpfung darbringt, als auch ein gegenseitiges Geben und Nehmen von Gott und Mensch.

Das Opfer beginnt – so Sri Aurobindo –, indem sich das Göttliche den Bedingungen der Materie unterwirft. Dabei tritt die göttliche All-Seele als Myriaden von göttlichen Seelen-Funken in die Formen der Schöpfung ein, die der Welt-Geist im Zuge seines Herabsteigens durch die Bewusstseinsebenen, der sogenannten Involution, erschaffen hat. Sie nimmt – wie man es in christlicher Diktion nennen würde – „das Kreuz der Materie" auf sich, um die Materie nach und nach zu wandeln, zurück zur Einheit zu führen und die „gefallene" Welt zu erlösen: „Dieses Herniederkommen, dieses Opfer des purusha, der Göttlichen Seele, die sich der Kraft und der Materie unterwirft, um diese von innen her zu formen und zu erleuchten, ist die Saat der Erlösung dieser Welt aus Unbewusstheit und Unwissenheit."[18]

{Es sei auch an dieser Stelle nochmals darauf hingewiesen, dass Gott, auch wenn Er sich „der Materie unterwirft", niemals weniger sein kann als Gott in seiner Allheit. Egal, in welche Form Er sich kleidet, egal, als welches Wesen, Ding oder welcher Umstand Er erscheint: Gott ist und bleibt immer Gott in seiner Einheit, Größe und Unendlichkeit. Und hinter jeder Gestalt und jeder Erscheinung verbirgt sich damit ebenfalls die Unendlichkeit und Allheit Gottes.}

Es heißt immer, Gott habe die Welt *erschaffen.* Viel eher aber ist Er selbst zur Welt *geworden* und drückt sich in seiner eigenen Schöpfung aus. Dass dieses Opfer in Wirklichkeit nicht *sein* Opfer, sondern das der göttlichen Mutter ist, die sich in ihrer All-Liebe an die Welt verschenkt, dazu kommen wir später … (Siehe: „Die göttliche Mutter", Seite 215)

Dieses große Welten-Opfer besteht, Sri Aurobindo zufolge, aus zwei Faktoren: der Hingabe des Göttlichen an die Welt und, im Gegenzug, der Hingabe und Selbstdarbringung des Menschen an Gott. Man kann es auch so verstehen, dass Gott bei seinem Opfer für die Welt (vordergründig betrachtet) das Bewusstsein seiner selbst verliert und nur im erwachenden Menschen wieder auferstehen kann. Niemand, so erläutert Sri Aurobindo weiter, entkommt diesem Gesetz. Da, wo es freiwillig nicht berücksichtigt wird, wird es erzwungen. Sogar von denen, die gar nicht darum wissen. Sie lernen dann eben aus Erfahrung. Denn ohne Opfer könne die Welt nicht einen einzigen Augenblick bestehen, und wer in der hiesigen Welt nicht zu Opfern bereit sei, werde erst gar keine andere Welt gewinnen: „Opfern ist das Gesetz der Welt. Nichts kann ohne es erlangt werden, weder Herrschaft hier, noch der Besitz der Himmel des Jenseits, noch der allerhöchste Besitz.“[19]

Das Gesetz des Opfers zu befolgen, ist dabei gar nicht schwer. Der Mensch dafür braucht nur eine einzige grundlegende Tatsache anzuerkennen, nämlich die, dass alles in dieser Welt Ausdruck des Absoluten ist. Er selbst existiert innerhalb dieses Absoluten als dessen „Eigentum“ und gibt ihm durch seine Hingabe nur das zurück, was diesem sowieso gehört.

Dieser so wesentlich tieferen Bedeutung des Begriffs des Opfers zufolge brauchen Erde und Menschheit einander, damit die Evolution voranschreiten und zu ihrer Vollendung gelangen kann. Die Erde ist auf das Opfer des Menschen angewiesen, auf sein Mitwirken am großen evolutionären Plan. Aber erst, wenn der Mensch dieses freiwillig und freudig leistet, wird das Opfer auch für ihn zu einem Weg zur Vollendung. Denn jedes Opfern, alles Lieben, Schenken und Geben sind, so Aurobindo, eine Überwindung von Egoismus.

Das Opfer, das der Mensch zu erbringen hat, besteht in einer zunehmenden, letztlich vollkommenen Hingabe und Überantwortung an das höchste Bewusstsein. „Hingabe“ oder, auf Englisch: „surrender“, klingt doch auch schon ganz anders als „Opfer“ und drückt das

Wesentliche des Opfers viel besser aus: sich selbst in Freude zu verschenken, ein „geweihtes Geben". Der Mensch weiht sich selbst mit allem, was er ist und hat, ganz und gar dem Göttlichen und legt damit die Verantwortung für sein Leben in dessen Hände.

Ein ähnlicher Gedanke findet sich auch in der Bibel, in einem Brief von Paulus an die Römer, als Hinweis auf den „wahren Gottesdienst": „Angesichts des Erbarmens Gottes ermahne ich euch, meine Brüder, euch selbst als lebendiges und heiliges Opfer darzubringen, das Gott gefällt; das ist für euch der wahre und angemessene Gottesdienst." (Brief an die Römer 12,1)

Zunächst ist der Mensch allerdings nicht zum Opfern oder zur Hingabe bereit. Im Gegenteil: Mit dem Selbstverständnis, es stünde ihm zu, reißt er alles an sich und kommt überhaupt nicht auf die Idee, etwas von sich zurückzugeben. Nach Sri Aurobindo ist ein solcher „Diebstahl" jedoch nur ein kurzfristiger, ja sogar ein fataler Triumph, denn derjenige verfehle die wahre Bedeutung des Lebens und lebe dadurch vergebens. Wer sich hingegen in *surrender* übt, lässt jegliche Ansprüche, all seine Vorlieben und Wünsche los, bis nichts mehr verbleibt als ein aufrichtiges „Dein Wille geschehe!". Er gibt sein „niederes" menschliches Sein hin, um es gegen das wahre und „höhere" Sein einzulösen. Dieses Hinübergehen von einer niederen Stufe der Existenz zu einer höheren bedeutet keineswegs ein Auslöschen der Individualität des Menschen, sondern deren Erfüllung. Man sollte meinen, das sei doch kein schlechter Tausch!

Und egal, wie banal eine Tätigkeit oder Empfindung auch erscheinen mag: Keine Regung ist zu schlicht, zu klein und keine zu groß, um nicht dargebracht zu werden. Somit wird nicht länger zwischen „heiligen" und „profanen" Handlungen unterschieden, sondern es kommt allein auf das Motiv der Handlung an. Sogar unser Atem und das Pochen unseres Herzens können dargebracht werden, indem man sich bewusst macht, dass selbst jeder Herzschlag, jeder Atemzug ein Geschenk ist. Bliebe nur ein einziger Einatem aus – nämlich der jeweils nächste – wären wir auf der Stelle tot! Nichts, aber auch gar nichts gehört uns, unser Leben ist einzig Ausdruck von Gnade.

Sobald der Mensch nur beginnt, sich und sein Erleben dem Göttlichen darzubringen, öffnen sich die Dinge und Geschehnisse ringsum wie Blütenknospen in der Sonne. Und er erkennt sie bis auf den Grund. Was verborgen war, tritt zutage: das wahre Wesen der Dinge. Diese kostbare Essenz – „Soma-Wein" würde ein indischer Rishi sie nennen, „lebensspendendes Elixier" ein Alchemist – ist zunächst den Göttern vorbehalten. Weil nur sie die nötige Stärke haben, in solche Tiefen einzutauchen und die Ekstase auf dem Grund aller Dinge auszuhalten, ohne daran zu zerbrechen wie ein zu schwaches Gefäß. Durch die fortschreitende Darbringung des Menschen fließt ihm jedoch, im Gegenzug zu seinem Opfer, immer mehr dieser göttlichen Essenz zu. Und so wie der Mensch sich dem Göttlichen hingibt, wächst auch das Göttliche in ihm. Erfahrungen ebenso wie Dinge werden durchscheinend, transparent, bis der sich darbringende Mensch an jener Seligkeit teilhaben darf, die im Herzen aller Dinge wohnt. Sein inneres Licht brennt heller und heller, je mehr „Öl", sprich Ekstase, die Götter als Gegengabe in das innere Opferfeuer gießen. Dessen Flammen steigen immer höher hinauf bis zum höchsten Licht, das oberhalb der Schöpfung brennt. Das eine lodert hinauf, das andere lodert hinab, das untere Licht vermählt sich mit dem oberen, so werden Immanenz und Transzendenz eins.

Damit dürfte nun die Frage des Anfangs dieses Kapitels beantworten sein, was sich Gott wohl wirklich von uns Menschen als „Opfer" wünscht. Und der Opfernde erhält dabei so viel zurück! Tauscht er doch sein menschliches Ich gegen sein göttliches Selbst und erhält nicht nur das Glück dieser, sondern auch das der „jenseitigen" Welt:

„Denn Gott beschenkt eine Seele, die sich ihm ganz hingibt, mit sich selbst in seiner Allheit. Nur wer seine ganze Natur opfert, findet das Selbst. Wer alles hingeben kann, gewinnt überall die Freude am göttlichen All."[20]

Der Hintergrund der Welt

Ich liebe Blumen! Mehr denn je! Seitdem ich dieses strahlende schwingende Leben in ihnen sehen kann, sind sie mir ein geoffenbartes Wunder. Wobei ich mit „Leben" nicht ihr Wachsen, Grünen und Blühen meine oder wie sie ihre Blüten zur Sonne hinwenden. Sondern vielmehr dieses äußerst feine, stille, fast reglose Vibrieren der Pflanzen, das man nur aus einem ebenso stillen, reglosen Zustand heraus erschauen kann. Am leichtesten lässt sich dieses so lebendige innere Licht, nach meiner Erfahrung, an ihren Blüten wahrnehmen: den Blütenblättern und -stempeln und ihren Staubgefäßen. Es mag ungewöhnlich klingen, aber man kann die Hingabe der Pflanzen tatsächlich sehen – ihre selige, dem Leben hingegebene Trance.

Über den voranschreitenden Sommer hinweg hat sich meine Wahrnehmung, wie ich mit Überraschung feststelle, nochmals deutlich verändert. Vielleicht liegt es an der stetigen Zunahme des inneren Lichts, dass es leichter wird, in ein höheres Bewusstsein hinüberzugleiten? Oder es ist jetzt immer mehr meine Seele, die schaut?

Und so stellte sich inzwischen wieder jener geheimnisvolle Zustand ein, in dem Innen und Außen ihre Plätze tauschen. Er kündigt sich jedes Mal damit an, dass etwas, das sich sonst zwischen mir und der Welt befindet, plötzlich verschwunden ist: ein trennender Schleier, ein Häutchen – mein Ego? Dann ist „mein" Bewusstsein nicht mehr in meinem Körper, sondern breitet sich weit um mich herum aus. Bis wohin? Bis in die Unendlichkeit. Der Körper ist dann nicht mehr als der Wurmfortsatz eines grenzenlosen Bewusstseins, eines Meeres reinen Seins, in dem er – wie ein winziger Embryo – schwimmt und schwebt. Alles ist unmittelbar, pur, allgegenwärtig. Und das, was man normalerweise als „Außen" wahrnimmt, befindet sich nun in einem selbst: in einem unermesslich weiten Seelen-Innenraum. Genau genommen gibt es dann kein Innen und kein Außen mehr, sondern nur noch diese *eine* Wirklichkeit, in der jegliche Trennung in Subjekt und Objekt, in Selbst und Welt aufgehoben ist.

Die „vierte Dimension“ würde ein Mystiker vermutlich diesen Zustand nennen, was aber im Grunde nur meint, dass man tiefer und immer tiefer in die eine und einzige Wirklichkeit vordringt. Alles ist dort eins, ein einziges allumfassendes Selbst, das sich wundersamerweise obendrein im eigenen Herzen befindet: das Herz als kosmische Blüte, die die ganze Welt in sich umfängt. – Wie ist es nur so licht in mir, so hell und weit und klar! In meinem Herzen blüht ein Lotos in seiner vollen Pracht: OM mani padme HUM!

Und dann tauchte – aus diesem Herzens-Seelen-Innenraum heraus – eine weitere, vollkommen neue Wahrnehmung auf, während ich mal wieder, in Bewunderung versunken, vor einem Strauß Blumen saß. Ich musste wohl, ohne es zu bemerken, mit vollkommen stillem Geist dagesessen sein, denn plötzlich riss etwas wie ein Vorhang auf – und ich schaute den ungeformten Urgrund der Welt, den immateriellen Hintergrund aller Dinge. Seither sehe ich, wie jetzt und hier und in jeder Sekunde, Ereignisse, Wesen, Formen in Zeit und Raum sprießen, wie aus einem Nichts heraus, hinein in unsere dreidimensionale Welt. Mit der Geschwindigkeit von Lichtjahren und doch wie unbewegt. Wie aufleuchtende Feuerwerksgarben an einem leeren Himmel, nur ist der Hintergrund nicht dunkel, sondern hell. Sehr hell. Diamanten, brillant und klar, so rein und durchsichtig wie leuchtendes Wasser oder flüssiges Licht.

Diesen Hinter- oder Urgrund, der mich wie ein durchsichtiges Meer umgibt, nehme ich als eine Art „Substanz“ oder „Fluidum“ wahr, aus dem heraus sich der gesamte Kosmos gestaltet. Alles ist aus einem Guss: die sichtbare und die unsichtbare Welt. Formen bilden sich darin ab, wie Bilder auf einer Kinoleinwand, aber alles ist mit allem verbunden – eins.

Dieses Transparente, diamanten Klare kenne ich inzwischen gut. Es ist eine der Qualitäten des Geistes und daher überall dort, wo es auftritt, stets Indiz dessen Anwesenheit. Aber ich kann den Hintergrund der Welt jetzt nicht nur *sehen*, sondern auch *hören*. Seine Stimme ist – Schweigen: die Stille der Unendlichkeit, auf der der Klangteppich der Welt ruht. Aus dieser Stille heraus ist sie besonders deutlich wahrnehmbar: jene göttliche Allgegenwart, die alles durchdringt. Ihre Präsenz ist etwas unendlich Großes, Allumfangendes, Allmächtiges und seit den Wochen des reifenden Sommers jetzt einfach nur „da". Still und sanft im Hintergrund – ein einziges Strahlen.

Alles, was ist, hat seinen Ursprung darin, sodass diese Allgegenwart etwas Weiblich-Mütterliches hat, sich anfühlt wie ein gebärender kosmischer Schoß. Und alles, was jemals sein wird, alle Wesen, Dinge, Ideen, jegliches Potenzial sowie alle Dimensionen des Seins, sind darin enthalten und warten darauf, sich zu entfalten.

Jede Gestalt, jede Form lässt sich bis in die Formlosigkeit zurückverfolgen, aus der sie hervorgegangen ist. So erscheint mir der Hintergrund der Welt als „Leere" oder als „Nichts", solange die Dinge noch unverwirklicht in dieser Formlosigkeit ruhen. Und wird zu „Allem", zur „Fülle", sobald er sie aus sich heraus entlässt und als zahllose Gestaltungen manifestiert. Damit wären auch Form und Formlosigkeit, Fülle und Leere im Grunde eins. (Was der Verstand nicht begreifen kann, ist für die Wahrnehmung der Seele so einfach!)

Auch der Grad des Vertrauens und der Hingabe an das Absolute spielt bei der Wahrnehmung des Urgrundes, so wie es aussieht, eine Rolle: Vertraut man darauf, dass hinter allem scheinbar Unbewussten eine allwissende und all-liebende Weisheit über uns wacht, wirkt das Unbewusste nicht länger dunkel und bedrohlich, sondern nun strahlend, beruhigend und hell. Und es kommt die Ahnung auf, dass es sich bei dieser aus sich selbst heraus leuchtenden Klarheit und Brillanz um kein *Unbewusstes* mehr handeln kann, sondern dass sie Ausdruck eines *Überbewussten* sein muss. Dieser unermessliche Raum, der all das umfängt – die Leere, die Fülle, das Alles, das Nichts –, stellt sich mir dar als vieles zugleich: als das Innere meines eigenen Herzens, als das LEBEN an sich, als Kosmos, als Seele, als Selbst und obendrein als ein „Tor", durch das das LEBEN strömt. Und ist doch immer und ewig nur EINES!

Nach Sri Aurobindo und anderen Mystikern soll tatsächlich die Seele des Menschen das Tor zu anderen Dimensionen und Welten sein. Je mehr man sich seiner Seele öffnet, umso breiter wird auch das Spektrum der Wirklichkeit, das man wahrnehmen und in dem man wachen Geistes leben kann. Mit jedem errungenen Bewusstseinszustand betritt man eine andere, eine neue Welt, die für all jene, die diese Bewusstseinsstufe noch nicht erlangt haben, jedoch unsichtbar und unauffindbar bleibt.

Wer hingegen die Weltenstufen emporklimmt, stellt fest, dass die jeweils „alte" Stufe oder Bewusstseinsdimension nur das schattenhafte Abbild der neuen war. Seitdem ich wahrnehmen kann, wie die sichtbare äußere Welt einem unsichtbaren Innen entspringt, begreife ich auch, dass die vermeintlich *höheren* Dimensionen in Wirklichkeit *innere* Dimensionen sind: jene eines schier unvorstellbaren multidimensionalen raumlosen Raumes.

Allmählich glaube ich, dass wir Menschen so etwas wie die „Sinnesorgane" Gottes sind, durch die er das, was er in seinen ewigen Träumen erschafft, wahrnehmen und erleben kann. Das gelingt jedoch nur, wenn wir uns und unser Leben darbringen als Opfer an ihn – als unsere größte Liebesgabe. So wird der bewusste Kontakt zwischen Mensch und Gott hergestellt. Ansonsten bliebe Gott in seiner Selbstvergessenheit versunken.

Mit unserer Darbringung und Hingabe erwecken wir Gott – hier, im physischen Universum. Gott erschafft träumend, der Mensch schaut und erkennt. So erwachen Gott, Mensch und Welt zum LEBEN. Und dem, der mit erwachter Seele auf das Leben blickt, wird jedes Ereignis, jedes Wesen, jedes Ding zu einem Abbild einer übergeordneten Dimension, zu einem Tor zur Wahrheit, zum Gleichnis einer geheimnisvollen inneren Realität.

Einzig Du!

Was immer ich höre – dahinter die Stille.
Was immer ich sehe – dahinter das Licht.
Was immer ich fühle – darinnen die Liebe.
Was immer da ist – bist Herr, einzig Du!

Haus des Lebens

Das Leben ist wie ein großes Haus. Es hat unzählig viele Etagen, sprich: unendlich viele Erfahrungsmöglichkeiten: „Im Haus meines Vaters gibt es viele Wohnungen" (Joh. 14,2), wie es in der Bibel heißt. Leider bleiben wir oft viel zu lange im Erdgeschoss wohnen. Dabei ist das Erdgeschoss eigentlich nur als Fundament für die höheren Etagen gedacht. Im „Erdgeschoss" wohnen zu bleiben, heißt, unser alltägliches Leben mit seinen kleinen Freuden und großen Sorgen für den einzigen Inhalt des Lebens zu halten. Natürlich ist es *ein* Aspekt unseres Lebens, erwachsen zu werden: eine Schule zu besuchen, einen Beruf zu ergreifen, Liebespartner und Freunde zu finden, Kinder aufzuziehen und den Rest der Zeit mit Hobbys und ein wenig Kultur zu verbringen. Aber das ist beileibe nicht alles und schon gar nicht das *wirkliche* Leben!

Dieses kleine Leben, in dem so viele Menschen stranden, kann man – statt als „Erdgeschoss" – auch als die Außenseite eines immensen Gebäudes betrachten. Dahinter warten die unglaublichsten Geheimnisse darauf, von uns entdeckt zu werden. Ein Leben jedoch, das sich nur an der Fassade abspielt, ist wie ein Traum, den man nicht deutet. Er vergeht und verweht, ohne Spuren zu hinterlassen. Man hätte ihn eigentlich erst gar nicht zu träumen brauchen. Und wir selbst sind dann kaum mehr als Eintagsfliegen. Ob es uns nun gab oder nicht, ist am Ende eines solchen Lebens nahezu ohne Belang; wir versinken wieder im Meer der Unbewusstheit, aus dem wir kamen.

So gesehen, könnte man tatsächlich von „vielen Leben" sprechen, von denen eins auf das andere folgt. Der Mensch lebt eine Weile unbewusst – wie im Halbschlaf – vor sich hin, um am Ende seines Lebens scheinbar zu verlöschen. In Wirklichkeit gibt es natürlich kein Verlöschen und wenigstens ein paar Spuren einer inneren Entwicklung bleiben. Und sei es nur, dass wir die Grundlagen dessen lernen, was es überhaupt heißt, „Mensch" zu sein.

Solange wir allerdings unser Leben nur an der Außenseite verbringen, ohne es tiefer zu hinterfragen, wird noch kein durchgängiger Faden des Bewusstseins gewoben. Das innere Licht bleibt unentdeckt, und leider überdauert nur das, was Licht beziehungsweise Geist oder Bewusstheit in sich trägt. So reißt bei einem unbewussten Leben der hauchdünne Faden des Bewusstwerdens im Moment des Sterbens gleich wieder ab. Wir vergessen mit jedem Sterben, wer wir waren und was wir erlebten, und so folgt ein Leben dem nächsten: ein Versuch zu erwachen, und noch einer und noch einer.

Bis – irgendwann – JEMAND inmitten des unablässigen Rotierens des kleinen Lebens endlich innehält und die alles entscheidende Frage stellt: „Wer bin ich?" Vielleicht noch ergänzt durch die Fragen „Was tue ich hier eigentlich?" und „Was soll das hier alles bedeuten?" Und da – in diesem gnadenvollen Augenblick – wird das innere Licht entfacht, oder vielmehr „wachgeküsst", wie Dornröschen nach seinem hundertjährigen Schlaf. Denn das Licht der Seele brennt immer, nur eben im Verborgenen. Gemeinsam mit dem Licht glimmt ein erster Schimmer reiner Bewusstheit, reinen Seins auf, mit dem man nun ganz behutsam umgehen muss.

Fragt der Mensch „Wer bin ich?", folgt zunächst eine ganze Litanei an Antworten, wer und was er alles sei oder für wen oder was er sich hält: „Ich bin ein Mensch, bin Vater, Mutter, Tochter, Sohn, Landwirt, Ärztin, Prof. Dr. Dr. Sowieso; ich bin freundlich, jähzornig, genügsam, intelligent, großzügig" und so weiter und so fort. Irgendwann hat sich das, was der Mensch zu sein glaubt, erschöpft. Seine Antwort auf die Frage „Wer bin ich?" lautet jetzt nur noch „ICH BIN": Er wird sich vollständig seines reinen Seins und Bewusstseins gewahr. Und jetzt, in genau diesem Moment, fällt Gottes Blick auf ihn, auf diesen neu geborenen kleinen Stern am großen Himmelsfirmament, und bleibt bis in alle Ewigkeit auf ihm ruhen. Und er wird eine sanfte innere Stimme vernehmen, die zu ihm spricht: „Fürchte dich nicht, denn ich habe dich ausgelöst, ich habe dich beim Namen gerufen, du gehörst mir." (Jesaja 43,1)

Zwei Verhaltensweisen sind typisch für uns Menschen, solange wir noch im Erdgeschoss des Hauses des Lebens vor uns hindösen: Die eine ist Angst, die andere der Versuch, das Glück allein in äußeren Dingen zu finden.

Die Angst bezieht sich auf das Leben an sich, weil es so unverständlich und unberechenbar erscheint. Deswegen mag kaum jemand aus dem Erdgeschoss in ein höheres Stockwerk übersiedeln, weil man ja nie wissen kann, was einen dort erwartet. Da verweilt man lieber ganz unten, wo einem die Umstände vertraut sind, und man weiß, „was man hat". Als Gegenmaßnahme zu diesem scheinbar so unberechenbaren Leben setzt der Bewohner des Erdgeschosses Kontrolle über Kontrolle ein, um sich vor allen nur denkbaren unangenehmen und unerwünschten Eventualitäten zu schützen. (Und atmet jedes Mal erleichtert auf, wenn das Unglück an der eigenen Haustür vorübergeht und an der des Nachbarn klopft.)

Von Lebensangst wird der Mensch jedoch nur so lange geplagt, wie er noch nicht wirklich lebt. Das Leben aber ist weise und unbestechlich. Und so ereignet sich das, was uns widerfahren soll und muss, um daran zu reifen, letztlich doch – egal, mit wie vielen Sicherheitsschlössern man seine Tür vor dem Eindringen des Lebens verhängt. Unser „Schicksal" tragen wir wie einen Samen in uns, es wird im Außen nur vollzogen. So gibt es kein Entrinnen. Vielmehr reagiert ein Leben, das man mit allen Mitteln zu kontrollieren versucht, wie ein Fluss, den der Mensch – der ja alles besser zu wissen meint – begradigt. Früher oder später überschwemmt er das Land und richtet erst hierdurch eine wirkliche Verheerung an. Hätte man dem Fluss des Lebens doch nur seinen natürlichen Lauf gelassen!

Denn das Leben weiß, bis ins kleinste Detail, was es tut. Und so wird nur der, der sich mutig in die Fluten des Lebens wirft, die beglückende Erfahrung machen, dass es trägt.

Der Bewohner des Erdgeschosses als jener Etage des Lebens-Hauses, auf der das innere Bewusstseinslicht noch schläft, ringt zudem ständig darum, sein Glück in äußeren Dingen zu finden. Er glaubt, wenn er nur den „richtigen" Partner hätte, eine größere Wohnung, eine höhere Position im Beruf, dann, ja dann wäre er glücklich. Aber er ist es nicht oder wenn, dann nur für kurze Zeit. Denn Erfüllung kann niemals von außen kommen. Erfüllung – und damit Glück – bedeutet, von sich selbst, seinem wahren Selbst, erfüllt zu sein. Ist das noch nicht der Fall, bleibt statt des Seins nur das Haben und das Wollen und der schöne Schein. So kauft und kauft man, will wie ein Kind, das etwas sieht, sofort alles haben – und bleibt doch innerlich leer. Dann ist es der fünfte Lebensgefährte, von dem man sich endlich die große Liebe verspricht. Oder der neue Sessel, der einen gewiss glücklicher machen wird als der durchgesessene alte. Das schnittige, neueste Sportwagen-Modell, mit dem Mann seine Potenz unterstreicht, oder das vierte T-Shirt in diesem Monat, an dem Frau einfach nicht vorübergehen kann. Oder dieses entzückende Paar Schuhe zum neuen Mantel, weil von all den Schuhen, die man schon hat, ja keine so richtig dazu passen. Aber zu den neuen Schuhen braucht man dann wieder eine entsprechende Hose, zu der man einen farblich darauf abgestimmten Pullover braucht, und dazu noch ein hübsches Tuch. Und zum Tuch wieder einen neuen Mantel, weil es ja oben aus dem Kragen hervorlugt und leider zu dem – inzwischen schon wieder alt gewordenen – ersten neuen Mantel nicht mehr passt. So schließt sich der Kreis, und alles beginnt wieder von vorn.

Für Außenstehende hat ein solch unaufhörliches Habenwollen etwas Getriebenes, ja Verzweifeltes. Nur der Betreffende selbst wähnt sich „glücklich". Aber, man müsste ihn nur eindringlich genug fragen, ob er wirklich glücklich ist. Er würde es wahrscheinlich dreimal vehement bejahen, beim vierten Mal wortlos zusammenbrechen und weinen. Weil er sich seiner inneren Leere bewusst wird. Beim Leben wie bei unserer Persönlichkeit ist es so, dass man etwas, das innerlich nicht angelegt ist, von außen später nicht mehr hinzufügen kann. So wie ein Vogel ein taubes Ei noch so emsig bebrüten mag, es schlüpft doch niemals ein Küken daraus!

Hat der Mensch jedoch in irgendeinem dieser so zahlreichen Leben endlich entdeckt, dass er ist und mit dem Erkennen dieses „ICH BIN" das innere Licht erweckt, kann dieses nun wachsen. Es brennt immer heller, je mehr der Betreffende sich selbst und sein Leben hinterfragt, die „Lampe" seines Bewusstseins darauf richtet und es somit er-leuchtet. „Erleuchtung" meint, einsichtig zu werden, „durchsichtig" für sich selbst und seinen allwissenden Wesensgrund. Wer fragt, erhält immer Antwort. Deshalb braucht man in verwirrenden Situationen nur das Leben selbst zu befragen: „Was willst du mich damit lehren?" oder „Auf welchen neuen Weg willst du mich hiermit führen?", und schon ist die Antwort da!

Auf diese Weise zieht man, um im Bild des Hauses zu bleiben, vom Erdgeschoss in die erste Etage, die nächsthöhere Bewusstseinsebene, um. Man beginnt nun, allmählich hinter die Fassade des Lebens zu blicken. Und dort, in diesem wacheren Bewusstseinszustand, erkennen wir, dass unser Leben – neben den vordergründigen, alltäglichen Pflichten – noch wichtigere Aufgaben für uns bereithält, vor allem die der größtmöglichen Erkenntnis unserer selbst. Denn Selbsterkenntnis ist die Basis für alles, was daraufhin folgt. So bringt uns das Leben als weiser Lehrer unermüdlich in neue Situationen, in denen es uns mit bislang unbekannten, da unbewussten oder vor uns selbst verheimlichten Facetten unserer Persönlichkeit konfrontiert – neben hellen, liebenswerten auch mit so manchen ungeliebten, dunklen.

In diesem ersten Stock entdecken wir also, dass das Leben in erster Linie eine Schule der Selbsterkenntnis ist. Und ahnen zudem, dass für ein glückliches Leben nicht dessen Dauer zählt, sondern seine Intensität und Tiefe.

Steigen wir von dort aus in die nächste, die zweite Etage des Lebenshauses auf, stellen wir fest, dass das Leben sogar mit uns kommuniziert, klar und deutlich. Und dass alles, was geschieht, eine Art Unterricht für erwachende Seelen ist. Eine Art „Holodeck" – wie damals in der Serie „Raumschiff Enterprise" –, das unbestechlich und wertfrei den inneren Zustand eines Menschen reflektiert, nur eben auf die äußeren Gegebenheiten und Gestalten projiziert. Wir erkennen nun, dass die Welt „da draußen" eine wichtige Botschaft für uns hat. Und somit keineswegs von uns getrennt existiert: Sie ist daher weniger *die* Welt als vielmehr *meine* Welt. Und alle Figuren darin, die ich für „die anderen" hielt, sind Teilaspekte meiner selbst, die ich nun lieben und für die ich Verantwortung übernehmen kann.

Es ist ein entscheidender Moment im Lauf unserer Entwicklung – fast möchte ich behaupten: der erste Schritt zur Erleuchtung –, wenn wir somit erkennen, dass es gar keine *objektive* Welt gibt, sondern nur eine zutiefst *subjektive* Spiegelung unserer selbst. Und dass es somit auch kein Schicksal gibt, das uns „einfach so" und unberechenbar widerfährt, keine „zufälligen" Begegnungen, keine „ungerechten" Geschehnisse, keine „unerklärlichen" Wunder.

So klettern wir, mutig geworden, im Haus des Lebens Etage für Etage empor. Es ist das Licht unserer Seele, das uns auf seinen Flügeln höher und höher trägt. Das, was in uns selbst noch unbewusst war, wird ausgeleuchtet und damit bewusst. So wird es in uns heller und heller, und wir begreifen immer mehr, was „Leben" eigentlich meint.

Irgendwann sind wir auf einem der oberen Stockwerke angekommen. Wir haben bis dahin nicht nur alle Angst verloren. Auch das Glück stellt sich jetzt dauerhaft und bedingungslos ein, weil wir unser Potenzial entfalten. So werden wir erfüllt von unserer innersten Wahrheit und vertrauen dem Leben. Jetzt machen sogar all die schönen Dinge, die man sich auf der Spielwiese des Lebens „draußen" gönnen kann, auch wirklich Freude. (Obgleich man, je höher man steigt, immer weniger braucht und will ...)

Und dann gibt es noch jene geheimnisvolle Etage, da braucht es selbst kein Wollen und Wünschen mehr. Denn alles, aber auch alles, was man sich je hätte wünschen können, fällt einem – Sterntalern gleich – ganz von selbst in den Schoß! Weil man nichts anderes mehr will, als in dem gnadenvollen Zustand des Einsseins und des ICH BIN zu verweilen.

Weise Menschen behaupten, Selbst-Erkenntnis führe zu Welt-Erkenntnis und Welt-Erkenntnis zu Gott-Erkenntnis. Auch das ist ganz einfach zu verstehen: Je mehr wir uns selbst, das heißt, von unserem Selbst, erkennen und verwirklichen, umso mehr „Etagen" erklimmen wir im Haus des Lebens. Oben angekommen, haben wir so viele Stockwerke bewohnt, um schließlich festzustellen: Wir selbst sind ja dieses Haus! Im gleichen Moment lösen sich die einzelnen Stockwerke auf, wie Treppenstufen, die man nun nicht mehr braucht: Denn es gibt weder Werden noch Wachsen noch Wandeln, nur ewig seliges, göttliches Sein, das sich mehr und mehr selbst erkennt.

Jetzt ist auch die Welt nicht länger draußen, sondern in uns drinnen; das LEBEN an sich, Selbst und Welt verschmelzen zu einem einzigen unteilbaren Ganzen. Wird einem dann noch, wie in einem letzten jähen Schritt des Begreifens, bewusst, dass dieses große Ganze unser eigenes Sein ist – vielmehr „*das* Sein" an sich, denn es gibt ja nur eines –, dann wird das „Haus des Lebens" zu einem unermesslichen allgegenwärtigen Raum voller Bewusstseinszustände und Welten, die wir durchleben und damit verwirklichen können. Und zu einem lebendigen Tempel für Gott – einem Tempel, „nicht von Menschenhand gemacht." (Apostelgeschichte 7,48)

So wird aus Selbst-Erkenntnis Welt-Erkenntnis und aus Welt-Erkenntnis Gott-Erkenntnis. Jetzt sind wir frei und in der „neuen Welt" angekommen, von der manche behaupten, sie sei „das Paradies am Ende der Zeit".

Wir erinnern uns: Das „Paradies" ist dort, wo wir alle – als eine große Familie – immer erfüllendere Leben miteinander teilen. Dort sind wir wieder wie Kinder und sind sie nun ja auch – die Kinder Gottes. Und DAS LEBEN ist das großartigste Spiel, das wir je erfunden haben!

Traum gleich Tag, Tag gleich Traum

Meine jüngsten Erfahrungen mit dem an sich unsichtbaren Hintergrund der Welt führen mir einmal mehr vor Augen, dass Bewusstsein etwas höchst Faszinierendes ist und sich auf unendlich viele Weisen auszudrücken vermag. Ich bin überrascht von der aktuellen Entwicklung, denn sogar meine nächtlichen Träume haben sich in erstaunlichem Maße verändert. Früher waren sie oft abstrakt, zeigten verworrene Szenen, die sich kaum deuten ließen. Oder sie handelten, im Gegensatz dazu, von banalen Geschehnissen, mit denen mein Unbewusstes den Alltag wiederkäute. Verhältnismäßig oft gab es auch Träume, die Ereignisse der Zukunft vorwegnahmen, manchmal Jahre voraus. Und hin und wieder einen „großen Traum", voll mystischer Tiefe.

Neuerdings bin ich im Traumgeschehen ständig unterwegs. Ich oder wohl eher meine Seele. So, wie ich es tagsüber liebe zu wandern, wandert jetzt auch meine Seele des Nachts. Vermutlich hat sie das schon immer getan, nur bisher ohne meine Kenntnis. Jetzt aber bin ich wachen Geistes dabei und bekomme alles mit, was meine Seele so treibt. Sie reist an mir unbekannte Orte, wo sie mir ebenfalls unbekannte Menschen oder Wesenheiten trifft. Manchmal sind mir Wesen wie Orte auch schon vertraut, aber immer nur von dieser „anderen", nächtlichen Seite her. Diese Orte und Landschaften sind durchweg von einzigartiger, bizarrer Schönheit, was mich vermuten lässt, dass sie sich größtenteils auf anderen Bewusstseinsebenen und nicht auf der Erde befinden.

In einer der letzten Nächte zum Beispiel stand ich am Rand eines milchig-türkisblauen Meeres, das in einer sanft ausrollenden, riesigen Woge unter einer kilometerlangen rosenholzfarbenen Felsenwand verschwand, wie unter einer sich aufbäumenden tektonischen Platte.

Am liebsten aber mag ich die Träume, in denen meine Seele fliegt. Über pastellfarbene, aus sich selbst leuchtende, surreale Landschaften hinweg, sogar über hohe Gebirge, wobei sie Richtung und Höhe des Flugs allein kraft ihres Willens bestimmt. Erstaunlicherweise habe ich nie die Sorge, ich könnte mich dort, nachts in der Fremde, verirren. Die Souveränität, mit der meine Seele Orte und Treffpunkte ansteuert, zeigt mir: Sie kennt sich in den inneren Gefilden bestens aus.

Erwache ich morgens, bleibt die Erinnerung an das, was im Traum geschah, weitgehend erhalten, sodass ich ohne jeglichen Zweifel weiß, dass „ich" tatsächlich die ganze Nacht reisend verbrachte. So sind die Reisen in diese inneren Lande nicht länger Traum, sondern Realität. Ob „Tag" oder „Traum" macht inzwischen sowieso kaum einen Unterschied mehr: Es ist hüben wie drüben dieselbe Identität, die lebt und agiert. Nur dass ich im Moment des Einschlafens beziehungsweise Aufwachens – wie nach einer kurzen Zäsur – eine andere Szenerie, ein anderes Bühnenbild betrete.

Meine Existenz aber ist in beiden Wirklichkeiten gleichermaßen real, lebendig und intensiv, sodass es gar keine zwei Wirklichkeiten mehr gibt. Es fühlt sich vielmehr so an, als würde ich jetzt, da offensichtlich auch die Mauer zwischen Tag und Traum zerfällt, in allen mir möglichen Zuständen nichts anderes tun, als mein eigenes Selbst zu erkunden – ein einziges unteilbares Sein und Bewusstsein.

Bewusstsein: geheimnisvoller Stoff des Kosmos

So ist Bewusstsein tatsächlich etwas Besonderes, und es lohnt sich, es eingehender zu betrachten.

Wir verstehen unter Bewusstsein zumeist nur dessen sehr begrenzten Ausdruck als menschliche Ratio mit ihrer Fähigkeit zu denken. Wahrscheinlich hat Descartes' Schlussfolgerung „cogito ergo sum": „Ich denke, also bin ich", hier ihre Spuren hinterlassen. Bewusstsein ist jedoch etwas viel Größeres, letztlich eine alles umfassende (Schöpfer-)Kraft oder Energie, die sich auf mannigfaltige Weise ausdrücken kann.

In seinem Buch „Sri Aurobindo oder Das Abenteuer des Bewusstseins" erläutert der französische Autor Satprem ausführlich die Stationen des Bewusstseins auf seiner evolutionären Reise durch Zeit und Raum und wie es sich dabei wandelt. Ich werde im Folgenden die wesentlichen Stationen zusammenzufassen.

Grundsätzlich weist auch das Bewusstsein, ebenso wie der Mensch, einen Doppelaspekt auf: Es setzt sich zusammen aus „Bewusstsein", als seinem *geistigen*, und „Kraft", als seinem *naturhaften* Element. Korrekterweise müsste man daher immer, wenn man „Bewusstsein" meint, von „Bewusstseins-Kraft" oder „Bewusstseins-Energie" sprechen.

Wir haben an mehreren Stellen dieses Buches schon gesehen, dass das Universum ein einziges Spektrum des Bewusstseins ist, das sich vom reinen Geist bis zur reinen Materie erstreckt. Je weiter die Bewusstseins-Kraft – im Zuge der Involution – die Stufen dieses Spektrums hinabsteigt, desto mehr verliert sie an Bewusstheit oder (Geistes-)Licht. Ihr Zustand wird immer kompakter, stumpfer, gröber, undurchlässiger für ihr eigenes Licht und somit „dunkler". Auf der untersten Stufe der reinen Materie angelangt, ist von der Bewusstseins-Kraft nur noch die pure Energie – scheinbar ohne Bewusstheit – übrig geblieben. Das Bewusstsein selbst, der Geist, „schläft" und ist jetzt – zumindest dem Anschein nach – in Materie „eingesperrt".

Das Bewusstsein vergisst sich in seinen materiellen Formen, die es annimmt, um daraus das Universum zu erschaffen.

Und so agiert die Bewusstseins-Kraft nun als vermeintlich unbewusste Energie und arbeitet dennoch auf wundersame Weise einen kompletten und perfekten Kosmos aus: „Die Kraft wirkt automatisch und mit einer scheinbaren Blindheit wie in Trance, jedoch noch mit der unwiderstehlichen Sicherheit und Macht der Wahrheit des Unendlichen."[21]

In Wirklichkeit ist das Bewusstsein zwar in der physischen Form, die es annimmt, versteckt, aber dennoch „heimlich" wach. Und treibt so von innen heraus die Evolution voran. Da es nur eine Energie gibt, die alles erschafft und durchdringt, kehrt die Bewusstseins-Kraft bei ihrem Aufstieg in einen immer höheren Ausdruck ihrer selbst zurück.

So wie sie sich in der Materie als *physische Kraft* ausdrückt, zeigt sie sich – Satprem zufolge – auf der Stufe des Vitalen als *Lebenskraft* und auf der mentalen Stufe als *Verstandeskraft*. Man kann es auch so beschreiben, dass das Bewusstsein allmählich wieder eine immer höhere Schwingung annimmt, bis hin zur höchsten Schwingung des reinen Geistes. So gewinnt es in seinem jeweiligen Ausdruck seine Bewusstheit und sein Licht zurück.

Die Bewusstseins-Kraft wird dabei nicht nur – auch von außen betrachtet – wacher, sie vereinigt sich auch zu immer komplexeren Gestaltungen. Bis zur evolutionären Stufe des Tiers ist die Bewusstseins-Kraft noch weitgehend zerstreut und beginnt, so Satprem, erst bei den höheren Tierformen, sich zu bündeln. So entstehen allmählich „Knotenpunkte" oder Zentren" einer jeweils einzigartigen Individualität.

Diese Individualisierung des Bewusstseins erreicht auf der Stufe des Menschen ihren Höhepunkt. Und je mehr sich das Bewusstsein zentriert, desto stärker und machtvoller wird es. Der im Innersten verborgene „Funke" des ewigen Feuers schwillt dabei zu einer „Flamme" an, die man dann „Seele" nennt. Das Bewusstsein wird feiner, reiner, durchlässiger, heller. Die Seele schließlich leuchtet –

wie alles Psychische – aus sich selbst heraus. Bewusstsein tritt jetzt, wie es Satprem beschreibt, als *psychische* Kraft oder Seelen-Licht in Erscheinung.

All dies geschieht, zunächst noch von außen weitgehend unbemerkt, im Innersten des Menschen wie hinter einem Vorhang oder Schleier. Dennoch wird der Mensch sich in dieser Phase schon seiner Seele bewusst, wenn auch anfangs nur in vereinzelten kostbaren Augenblicken: in Momenten der Selbstversunkenheit in der Natur, beim Betrachten eines Sonnenaufgangs, einer zarten, duftenden Blume, oder vielleicht auch in der Ergriffenheit durch eine Begegnung oder ein Lied. Dann ist es, als ob der Himmel aufreißt und den Blick freigibt auf etwas, das alle Hoffnungen und alle Sehnsucht übersteigt. Diese erste Spur der Seele ist dabei so sanft wie der Flügelschlag eines Engels oder wie der ferne Klang der Kirchenglocken, der vom Tal hoch hinauf zu den Berggipfeln weht. Kaum spürbar, ein Hauch nur und ebenso schnell vorüber. Und doch unvergesslich!

Dem betreffenden Menschen ist damit ein entscheidender Schritt gelungen. Denn ohne zu seiner Seele zu erwachen, gibt es auf Erden – zumindest Sri Aurobindo zufolge – keine weitere spirituelle Transformation.

Der nächste Schritt auf der großen Reise des Bewusstseins besteht nun darin, dass der erwachende Mensch seine Seele – als das zentrierte, individualisierte Bewusstsein – aus ihrer Verwobenheit mit den mechanisch und unbewusst ablaufenden Regungen seiner menschlichen Natur herauslösen muss. (Diesen Vorgang haben wir ausgiebig in den Kapiteln „Natur und Seele – vom zweifachen Wesen des Menschen“ und „Von der Mühsal, die arme Seele zu befreien“ betrachtet.) Je mehr dies gelingt, desto machtvoller wird das innere Licht.

Irgendwann ist es so stark, dass es nach außen durchbricht: Der Vorhang zerreißt, die Seele tritt als Herrscher, als „König“ hervor. Jetzt ist die Seele frei und erlangt ihre göttlichen Fähigkeiten und

Qualitäten zurück. Mit ihrer ganzen wiederhergestellten Kraft wirkt sie nun auf die äußere Natur des Menschen ein, um auch sie mit ihrem Licht zu erleuchten. Denn nur jene Aspekte des Menschen gelangen schließlich zur Unsterblichkeit, die durchseelt sind von dieser ewigen Flamme.

Jetzt ist das Bewusstsein – in seiner einzigartigen, individuellen Gestalt als Seele – wieder Herr über seine eigene Kraft. Womit diese sich wie ein Werkzeug einsetzen und steuern lässt. Der Mensch wird zum Meister seines Schicksals und erkennt, dass das Leben sich von innen nach außen gestaltet. Er lässt sich nun seiner höchsten Wahrheit gemäß neu erschaffen – und damit auch sein Leben und seine Welt –, indem er sich gänzlich dem göttlichen Willen überlässt.

In dem Augenblick, in dem die Seele hinter ihrer Verhüllung hervortritt, geschieht noch etwas Wesentliches, wenn auch Paradoxes: So, wie die Seele *nach außen* in Erscheinung tritt, macht man selbst einen großen Schritt *nach innen,* und lebt fortan aus diesem Inneren heraus. Es ist der Ort, an dem alles Getrennte, Zerteilte sich nun wieder vereint. Es ist das Land der Wahrheit, der Weite, die uns erwartende *neue Welt.* Sie ist aus Licht und Liebe erbaut und befindet sich: mitten in unserem Herzen!

Jetzt halten wir den niemals mehr abreißenden goldenen Faden des Bewusstseins in unseren Händen. An ihm entlang reisen wir: über Tag und Traum und Tod hinaus – hinein in unsere Unsterblichkeit.

Blume des Lebens

Blüte
Bin ich
An Gottes Baum
Blume des Lebens
ICH BIN

HERBST

FÜLLE

UND ERFÜLLUNG

Komplette Kapitulation

Drei Wochen lang hielt der neue Zustand an, in dem Innen und Außen sich auflösten in einem einzigen inneren Raum, und ich glaubte schon, dieses Mal würde er für immer bleiben. Denn etwas ist in meinem Herzen unumkehrbar erwacht, aufgegangen wie eine Blüte am Baum des Lebens.

Dann aber, an einem Tag gegen Ende der drei Wochen, spürte ich eine gewaltige und mir bis dato unbekannte Kraft von oberhalb meines Kopfes in meinen Körper strömen. Viel zu groß, allzu mächtig, als dass mein Körper sie fassen konnte, und ich bekam schreckliche Angst. Da geschah etwas mit mir, das sich vollständig meiner Kontrolle entzog, und ich hatte keine Ahnung, was. Das drückte und drängte sich wie ein Bulldozer durch meinen Körper hindurch, und als es unten angekommen war, gab es mit einem unhörbaren, aber fühlbaren „Rummms" eine solche Erschütterung, die Tote hätte zum Leben erwecken können – und tatsächlich erweckte, wie ich einige Zeit danach begriff …

Diese Kraft lastete wie ein tonnenschweres Gewicht auf mir, drückte mich nach unten, Richtung Erde, sodass ich kaum noch in der Lage war, meine Füße zu heben. Ausgeliefert an eine mir unbekannte übermächtige Kraft geriet ich in helle Panik. Da begannen die Schmerzen, und meine friedvolle, selige Weite war dahin.

Es folgten neun Wochen vernichtenden Schmerzes, überwiegend in meinem Herzen, das von dieser Kraft so angestaut war, als wolle es platzen. Diese Kraft wütete in mir, unkontrolliert und unkoordiniert, wie mir schien, und sprengte jegliches mir bekannte Ausmaß von Schmerz. Vielleicht hatte mein frisch erblühtes Herz mit seiner lichtvollen Weite diese Übermacht angelockt, wie eine duftende Blume die Biene? Und wir hatten beide nicht bedacht, wie viel Enge es an anderen Stellen in meinem Wesen doch noch gab!

Mit den Schmerzen kam das Feuer, und ich spürte voller Entsetzen: Mein Körper war wie am gleißenden Licht der Sonne entfacht!

Von Kopf bis Fuß ein elektrisches Bitzeln wie von tausend weißglühenden Nadelspitzen oder als hätte ich in hundert Steckdosen mit Starkstrom gelangt. Aber wie kann ein Mensch eine solche Gewalt des Lichts in sich aushalten, ohne daran zu zerbersten?! Es war fürchterlich! In mir ein erbarmungsloses Dauerfeuer, während draußen – als sei sie Spiegelbild meines lodernden Innern – eine unerbittliche Sommersonne nicht minder erbarmungslos die Erde versengte.

Nachts wurde ich von meinen eigenen Schreien wach, weil grellblaue Feuerzungen wie ein lichterloher Strahlenkranz um meinen Kopf herum leckten, und ich schrie, noch im Schlaf: „Aber ich brenne, ich verbrenne doch!" Diese Kraft in mir nahm jedoch keine Rücksicht darauf, und es fühlte sich an, als brenne etwas in mir restlos aus. Wie eine an beiden Enden angezündete Kerze, von der nichts übrig bleiben würde: kein einziger Tropfen Wachs und nicht das kleinste Fitzelchen ihres Dochts.

Zweimal hielt ich den Schmerz des Nachts nicht mehr aus, und man brachte mich, mit Notarzt und Rettungswagen, gegen Mitternacht ins Krankenhaus. Mit Verdacht auf Herzinfarkt. Aber beide Male stellte sich heraus, dass mein physisches Herz kerngesund ist und intakt. Ich konnte es nicht fassen, dass ein solcher Schmerz „nur" psychisch sein sollte und war noch ratloser und verzweifelter als zuvor.

Die hypochondrische Anwandlung, mein Herz könne trotz der ärztlichen Entwarnung defekt sein und es habe eben nur noch niemand die wahre Ursache erkannt, gab ich bald auf. Denn das regelmäßige Wandern war nach wie vor eine Wohltat für mich, und die in unserer hügeligen Region unvermeidlichen Aufstiege kraxelte ich immer noch wie eine Bergziege, wenn auch ein wenig lahmer, hinauf.

Mit der Zeit und dem Vertraut-werden mit dem seltsamen Feuer begriff ich allmählich, was in meinem Körper wirklich geschah: Es war ein unerbittlicher Transformationsprozess, der sich über diese qualvoll langen Sommerwochen hin erstreckte. Wie die besagte Kerze brannte mein noch verbliebenes Ich-Empfinden aus. Ich wurde entrümpelt wie ein schon fast leerer Raum mit seinen letzten Möbeln, damit ich frei und offen werde wie ein großes Haus, wie ein Tempel – auf dass die Seele darin Einzug halten möge.

Ich hatte keine andere Wahl, als mich diesem Läuterungsfeuer zu überlassen, nicht wissend, wohin es mich führt: Würde ich danach auferstehen wie Phönix aus der Asche oder, daran zerborsten, vielleicht doch in die ewigen Jagdgründe übergehen? Das in mir grassierende Feuer ließ mich obendrein die Erschöpfung meines ganzen Lebens spüren. Jahrzehnte der Überforderung erstanden in mir auf: ein unablässiges Funktionieren-müssen, das Eingespannt-sein in ein Räderwerk, das uns Menschen, kaum dass wir jemals zur Besinnung kommen, unaufhaltsam dem Tod entgegenrattern lässt.

Irgendwann war der Höhepunkt meiner Erschöpfung erreicht. Da gab ich auf und legte allen Kummer und all meine Qual diesem lodernden Feuer zu Füßen. „Ich will nicht mehr nur funktionieren, ich will *leben!*", rief ich ihm zu, „ich kann nicht mehr, ich kann nicht mehr, *mach du!*" – gab allen Widerstand auf und kapitulierte restlos vor dieser Macht.

Und dann, am selben Tag noch, ließen der Druck und die unerträglichen Schmerzen nach. Welch ungeheure Entlastung, endgültig alles, aber auch alles abgeben zu dürfen! Je mehr ich losließ, umso sanfter wurde das Feuer. Sein so gleißend-weißes wie auch sein zischend-blaues Licht wandelten sich in eine warme goldene Flut, die mich durchströmte und in der ich selig geborgen lag – wie im Schoß einer göttlichen Mutter. Und da, endlich, verstand ich! Mein Herz erkannte sie wie ein Kind seine Mutter: Sie war diese geheimnisvolle übermächtige Macht, die mich so gebeutelt hatte! *Sie*, die Ur-Kraft des Kosmos, die alles umfassende, all-liebende Mutter – Ursprung und Heimathafen aller Seelen.

Ein unvergleichlich größeres Herz begann in mir zu schlagen, und statt unerbittlicher, fordernder Strenge strömten auf einmal Liebe und Erbarmen in mich hinein. Seither spüre ich, dass diese neue Kraft in mir nicht nur eine weibliche, sondern auch eine zutiefst wohlwollende, gütige ist. Sie lässt mich in jedem Augenblick – mit nur noch leichtem Druck und doch unüberhörbar – spüren, was sein soll und was nicht. Es ist unmöglich, ihre Hinweise zu ignorieren. Jetzt – endlich – ist alles leicht, ist alles gut, und alle Wunden heilen.

Jetzt weiß ich, dass nur vollkommene Überantwortung zu vollkommener Freiheit führt. Denn das Erstaunliche dabei ist: Im gleichen Moment, in dem man sich aus tiefstem Herzen dem Göttlichen unterwirft, wird man für immer frei. Und vielleicht ist Schmerz, ja sogar der Tod, gar nichts anderes als nur ein Aufbegehren gegen das Licht? Und all das, was ich über Monate hinweg als „fürchterlich", „unerträglich" und „qualvoll" empfunden hatte, erkannte ich nun als meine eigene Angst vor dem Licht. Aber Licht selbst kann niemals etwas anderes als Liebe sein und Liebe bringen – egal wie wir es in unserer beschränkten Wahrnehmung interpretieren!

In mir ist der letzte Widerstand gebrochen. Da ist nichts mehr außer Vertrauen, Hingabe, Plastizität gegenüber dieser Macht, eine unbändige Liebe und ein ungeheurer Respekt. Selbst all mein Wissen ist plötzlich bedeutungslos, wie schal. Weil ich erkenne, dass ich in Wirklichkeit nichts, aber auch gar nichts weiß. Noch nicht einmal, ob ich den jeweiligen Tag überhaupt überleben werde. Worum also soll ich mich da noch sorgen?! Und sind es letztlich nicht allein die Weisheit des Herzens und die Liebe, die zählen?

Eines spüre ich jedoch in aller Deutlichkeit: Die Wandlung der letzten Wochen ist anders als alle vorherigen, sie hat mir ein von Grund auf neues Fundament geschenkt. So setze ich meinen Fuß auf unbekanntes Terrain, wie ein Astronaut den seinen auf einen noch unerforschten Planeten, und gebe ich mich dieser göttlichen Macht mit Leib und Seele und mit Freuden hin. Auch weiß ich jetzt, wem meine tiefste Sehnsucht galt, mein Heimweh ist beendet! *Sie* ist die Kraft, die Sterne leuchten lässt, *Sie* ist das Feuer im Atom, *Sie* ist das Licht in meinem Herzen. Ich fliege – selig, frei und grenzenlos –, *Sie* ist „unter meinen Flügeln der Wind".[22]

Mein schöner blauer Reifen

Als Kind litt ich unter zwei Albträumen, die über Jahre hinweg wiederkehrten. In dem einem spiele ich allein auf dem großen Rasenstück hinter dem Mietshaus, in dem wir damals wohnten, mit einem handlichen blauen Gummireifen. Meine Mutter hatte ihn mir geschenkt. Für mich einen blauen, für meine Schwester einen roten. So wie sie meine Schwester gerne in rote und mich in blaue Kleidung steckte, weil sie meinte, dass diese Farben uns besonders stünden.

Ich liebte diesen Gummireifen sehr. Man konnte ihn werfen und fangen wie einen Ball, durch seine Öffnung aber viel besser greifen. Und während ich im Traum meinen schönen blauen Reifen hoch in den Himmel hinaufwerfe und wieder auffange, entgleitet er plötzlich meinen Händen und kullert die sieben Stufen der Kellertreppe hinterm Haus hinab. Wie die goldene Kugel der Prinzessin im „Froschkönig“, nur dass diese ja in einen Brunnen und nicht in einen Keller fiel und ich keine Prinzessin war.

Ich laufe meinem Reifen schnell hinterher, bleibe auf der obersten Stufe der Treppe jedoch abrupt stehen, weil ich just in dem Moment weiß, dass da unten – am Ende der Treppe – im unheimlichen dunklen Keller, eine Schlange wohnt. Und dass sie zusammengerollt dort liegt, sich aber nur schlafend stellt und sich regen würde, sobald ich begänne, die Treppe hinabzusteigen. Ein Frosch wäre mir vermutlich lieber gewesen …

Mich überfällt eine furchtbare Angst. Aber es hilft alles nichts: Ich muss meinen geliebten blauen Reifen von dort unten holen. Und so betrete ich die erste der sieben Stufen, die nach unten führen, und wachte in diesem so mutigen Moment jedes Mal schreiend auf – nicht ahnend, dass sich die Botschaft dieses Traums in meinem Leben tatsächlich verwirklichen sollte, indem ich mir meinen schönen „Reifen“ –Symbol der Ganzheit – zurückerobern würde.

Kundalini, die unberechenbare Göttin

Man kennt und verehrt sie in allen großen spirituellen Traditionen: Kundalini, die geheimnisvolle Schlangenkraft. Sie wird als Gottheit angesehen, als die ursprüngliche Bewusstseins-Kraft: „Shakti", die göttliche Schöpferkraft, die allem innewohnt. Solange sie im Menschen noch schläft, nennt man sie „Kundalini" oder „Kundalini-Shakti", von „kundala" (sanskrit): „aufgerollt". Sie wird als eine dreieinhalbmal in sich eingerollte Schlange am Ende des menschlichen Körpers, dem sogenannten Wurzel-Chakra, dargestellt. In diesem Zustand ist sie das im Menschen noch ruhende schöpferische Potenzial.

Der indischen Mythologie zufolge geht die Schöpfung auf eine zweieinige Gottheit zurück: Shiva und Shakti. Shiva repräsentiert – als männliches Prinzip – das absolute, reine, unbewegte Sein, und Shakti – als das weibliche Prinzip – seine Gespielin, die allgegenwärtige, dynamische, alles erschaffende Macht. Sie ist die Ur-Kraft des Kosmos, die allem Werdenden zugrunde liegt. Sie ruht im Kosmos ebenso wie im Menschen und wartet darauf, zu erwachen. Wird sie im Menschen erweckt, richtet sie sich wie eine Schlange auf, steigt innerhalb eines feinstofflichen Kanals die Wirbelsäule hinauf, um sich oberhalb des Kopfes wieder mit Shiva, ihrem Liebsten, zu vereinen. Auf diesem Weg erweckt und öffnet sie, Chakra für Chakra, Blüte für Blüte, die Energie-Zentren im Menschen.

Die Wiedervereinigung von Shiva und Shakti, der göttlich-männlichen mit der göttlich-weiblichen Energie, ist das Ziel aller Yogas und aller spirituellen Bemühungen. Diese Vermählung ist auch in anderen Kulturen bekannt; in der jüdisch-christlichen Mystik zum Beispiel wird sie „unio mystica": „mystische Hochzeit" genannt.

Ist Kundalini einmal erwacht beziehungsweise befreit, denn in Wirklichkeit schläft sie nie, beginnt der sogenannte „Kundalini-Prozess". Wie in dem Buch „Kundalini-Erfahrungen" der Kundalini-Expertin Kiu Eckstein sehr gut beschrieben, verläuft er in der Regel in Schüben, oft über Jahre hinweg, und kann äußerst schmerzvoll sein. Und vor allem „heiß" – wovon ich ein glühendes Lied singen kann …! Sie stürzt den Betreffenden in aufzehrende Prozesse, bei denen Angstzustände, Herzschmerzen, ja sogar Psychosen nicht selten sind. Begleitet von tiefster Erschöpfung, aber auch von Phasen der Ekstase – eine wahrlich emotionale Achterbahn!

Ursache der Schmerzen ist allerdings nicht diese göttliche Kraft, sondern sind Unreinheiten und Widerstände im Menschen. Der manchmal kaum erträgliche Schmerz kann dabei Ausdruck alter emotionaler Ablagerungen in den Zellen des Körpers sein, die durch die innere Erschütterung freigegeben werden und noch einmal durchlebt werden wollen. Dabei löst dieses Läuterungsfeuer nicht nur ichhafte Regungen, sondern auch emotionale und mentale Blockaden auf. Alles wird ins Bewusstsein gebracht, was noch nicht echt und wahrhaftig ist, alles Kleinmütige, Engstirnige, Lieblose, Verbogene. Das Feuer leuchtet selbst den allerletzten Winkel der Persönlichkeit aus. Je mehr diese Ablagerungen und Widerstände verschwinden, desto sanfter und erträglicher gestaltet sich der weitere Prozess. Er ist jedoch alles andere als leicht! Was nicht verwundert, geht es doch um nicht weniger als eine vollständige Erneuerung des Menschen und seine endgültige Befreiung.

Trotz der geschilderten Schrecknisse und Gefahren sollte man sich vor Augen halten, dass Kundalini den Menschen, in dem sie erwacht, keinesfalls zerstören, sondern – ganz im Gegenteil – ihn stärken und bereit machen will für ein neues, Gott geweihtes Leben. Schließlich soll er ja zu einem „Gefäß" werden, das diese übermenschliche Kraft in sich umfangen und bewahren kann, ohne daran zu zerbrechen. Somit ist das Freiwerden der Kundalini tatsächlich etwas Überwältigendes, und nach Eckstein ganz und gar Ausdruck göttlicher Gnade.

Da die Kundalini-Shakti eine mächtige Göttin ist, erweist sie sich allerdings nicht nur als wohlwollend und gütig, sondern auch als unerbittlich: Sie richtet das Leben des Betreffenden von Grund auf

– radikal – neu aus, von „radix“ (lat.): die Wurzel. „Seine Wurzeln senkte er ins Unendliche, er gründete sein Leben auf Ewigkeit“[23], wie Sri Aurobindo diese Wandlung in seinem Epos Savitri so poetisch beschreibt. Um diese, oft Jahre andauernden Umwälzungen heil zu überstehen, gibt es nur einen einzigen Weg: vollkommenes Vertrauen in und vollkommene Hingabe an diese göttliche Macht.

Das Aufsteigen der Kundalini bis ins Kronen-Chakra – dem Wohnsitz Shivas – hinauf, wo sich Shakti und Shiva wieder vermählen, gilt in allen Yogarichtungen als *die* Voraussetzung zur Erleuchtung –weil sich auch der Mensch erst hierdurch wieder mit Gott vereinigt und so zu seiner Ganzheit und zur Einheit mit allem gelangt. Symbol dieser Ganzheit ist, unter vielen anderen, alles, was rund ist: die (goldene) Kugel, ein Kreis oder auch ein Reifen.

In diesem überwältigenden Geschehen vollendet sich schließlich der Kreislauf der Selbstwerdung des Menschen und etwas völlig Neues beginnt, denn das im Menschen ruhende Entwicklungspotenzial ist unerschöpflich.

In meiner Kindheit hatte ich nicht nur von meinem schönen blauen Reifen und der aufgerollten Schlange geträumt, sondern auch einen Schwur getan. In versunkener Betrachtung des Sternenhimmels schwor ich mir eines Abends, erst dann zu sterben, wenn ich alles – das Menschsein, das Weltall, Gott und die Sterne – verstanden haben würde.

Nun, dieser Schwur, ist immer noch nicht erfüllt. Aber, angesichts meiner turbulenten Entwicklung, möchte ich doch behaupten: Er ist inzwischen aufgehoben. Denn „verstehen“, allein mit dem Verstand, kann man gar nichts. Man kann die Dinge nur erkennen durch Liebe und Identität, indem man selbst zu ihnen wird. Und zutiefst fühlt, dass man alles *ist* – ein einziges unteilbares Ganzes: das Selbst. Und hat man diesen Zustand der Einheit verwirklicht, gibt es sowieso kein Sterben mehr.

Der Weg des Herzens – Der eigenen Bestimmung folgen

Der heftige Umwälzungsprozess über die Sommermonate hinweg bis jetzt, in den frühen Herbst hinein, hat so manche Spuren bei mir hinterlassen. *Ein* Resultat ist, dass es mich seither immer stärker dazu drängt, nun endlich ganz meiner Berufung zu folgen.

Geschürt wurde dieser Drang durch den Hilfeschrei einer meiner besten Freundinnen. Sie berichtete mir vor wenigen Wochen verzweifelt von dem Eindruck, in ihrem eigenen Leben gar nicht mehr vorzukommen, so sehr fühle sie sich von den Erwartungen anderer aufgefressen. Ich war ziemlich entsetzt angesichts dieser bitteren Erkenntnis! Bei unserem nächsten Gespräch revidierte meine Freundin ihre Aussage zwar ein wenig, mit dem verlegenen Hinweis darauf: „Ich hatte da einen verdammt schlechten Tag ...", aber ein tiefes Erschrecken blieb.

Und so hat mich die Verzweiflung meiner Freundin sehr nachdenklich gemacht. Denn ich befürchte, dass es gar nicht wenige Menschen gibt, die – vor allem im fortgeschrittenen Alter – erschüttert feststellen müssen, dass sie sich ihr Leben durch andere und deren unablässige Ansprüche und Vorgaben haben nehmen lassen. Falls sie sich dies überhaupt eingestehen ... Aber, sich das „Leben nehmen" zu lassen, ist ja fast so, als sei man zu Lebzeiten schon tot! Da kann man nur hoffen, dass eine solch ernüchternde Lebensbilanz für den oder die Betroffene(n) das Startsignal sein möge, nun endlich jene Frage zu stellen, die am Anfang jeglicher Selbstfindung steht: „Wer bin ich, und was ist für mich der Sinn und Zweck meines Lebens?"

Das „Erkenne dich selbst" stand aus gutem Grund über den Pforten der mystischen Tempel. Gelangt der Mensch doch erst durch diese Frage an die innere Schwelle der Selbst-Verwirklichung und auf den Weg, die Wahrheit seines Wesens zu finden – und mit ihr seine Bestimmung, seine Erfüllung, sein Ziel.

Alles im Kosmos entspringt geistigen, göttlichen Ideen oder Ur-Bildern, die sich auf ein Ziel hin entwickeln: ihre Offenbarung und Manifestation hier, in der physischen Welt. Das, was sich im Großen, dem Makrokosmos, abspielt, wiederholt sich im Kleinen, im Menschen, den man daher auch einen „Mikrokosmos" nennt. Die grundlegenden Prinzipien sind in beiden dieselben.

So hat nicht nur der Kosmos seine Bestimmung, sondern auch jeder Mensch. Ein jeder ist hier auf dieser Erde, um etwas ganz Individuelles, seinem Wesen Gemäßes zu verwirklichen. In der indischen Philosophie wird diese Bestimmung oder Berufung, wie Sri Aurobindo es in seinen „Essays über die Gita" sehr einleuchtend beschreibt, mit zwei Sanskrit-Begriffen definiert: „Svabhava" und „Svadharma". Mit Svabhava ist die, zunächst noch verborgene, einzigartige *Wahrheit* eines Menschen gemeint, die im Laufe seiner Entwicklung durch sein Handeln ausgearbeitet werden muss. Svadharma bedeutet, dass dieses Ausarbeiten der Wahrheit einem ebenfalls einzigartigen *Gesetz des Werdens* folgt. Man kann dies mit dem schöpferischen Prozess eines Bildhauers vergleichen, der in einem Marmorblock schon die darin ruhende Gestalt erahnt, die er dann herausmeißelt und zum Leben erweckt. So werden die Ideen Gottes auf Erden Realität, und der Mensch wächst in Gottes Ebenbildlichkeit hinein.

Unsere Berufung zu *finden*, ist im Grunde nicht schwer. Wir brauchen dafür nur den Weg unseres Herzens zu gehen, das um unsere tiefste Sehnsucht weiß. Das Ahnen um unsere Berufung fühlt sich an wie eine Erinnerung an die Zeit, „als das Wünschen noch half". Man erkennt sie auch daran, dass sie uns beflügelt, uns die Kraft und Hoffnung schenkt, über uns hinauszuwachsen.

Seiner Berufung dann aber treu zu *folgen*, ist hingegen nicht so leicht. Denn unser Lebensweg wird nur allzu gerne von anderen und deren Vorstellungen bestimmt. So wie bei meiner Freundin. Schlimmstenfalls ein ganzes Leben lang, wenn man sich nicht irgendwann vehement dagegen wehrt. Auf diese Weise aber lebt man nicht selbst, sondern *wird* gelebt, ist weniger Mensch als vielmehr nur ein funktionierender Roboter.

Dabei können nur wir selbst um unsere Bestimmung wissen. Die Bhagavadgita, auf die sich das erwähnte Buch Sri Aurobindos bezieht, legt daher besonderen Wert auf die Notwendigkeit, sich aus dieser Fremdbestimmung zu befreien. So belehrt in dieser heiligen Schrift Gott Krishna seinen Schüler Arjuna – der eine ausgereifte Seele versinnbildlicht –, dass es besser sei, fehlerhaft dem eigenen Gesetz zu folgen, als perfekt dem eines anderen. In letzterem Fall sei man nicht mehr als eine schlechte Kopie und habe seine eigene Berufung verfehlt. Je mutiger jedoch ein Mensch seinem inneren Wesen gemäß lebt, umso mehr entfaltet sich das Seelische in ihm und damit sein wahres Wesen. Und umso glücklicher und harmonischer gestaltet sich sein Leben. Denn er ist dann nicht nur im Einklang mit sich selbst, sondern auch im Einklang mit dem großen Ganzen und findet unweigerlich zu seiner Vollendung.

Während meiner Tätigkeit als Psychotherapeutin wurde mir recht früh bewusst, dass der Mensch und sein Leben nicht zu verstehen sind, wenn man nicht auch seine transpersonalen Wesensteile mit einbezieht. Es wäre mir zudem grob fahrlässig vorgekommen, Symptome einfach „weg zu doktern", ohne ihre Botschaft zu begreifen. Gelang es, die Symptome eines Klienten in den Bezugsrahmen seines gesamten Lebenskontexts zu stellen, zeigte sich prompt, wie ein roter Faden, die tiefere Bedeutung seines bisherigen Weges.

In jedem Anfang ist alle Ordnung schon enthalten und faltet sich im Laufe der Zeit, im Laufe des Lebens dann aus. So wie auch ein Baum aus einem Samen, einer Kastanie oder einer Eichel heraus erwächst. Der gesamte „Bauplan", das Wachstumsprogramm, ist darin schon angelegt. Warum sollte das bei uns Menschen anders sein? Nicht nur der körperliche Bauplan ist in uns vorhanden, sondern auch der Weg der Entfaltung unseres Potenzials und unserer Seele als der – anfangs noch verborgenen – wahren Persönlichkeit. Bekommt man diesen roten Faden des Lebens zu fassen, spürt man zudem über allem jene gütige, weise Hand, die uns von da an sicher zu unserer Erfüllung lenkt.

Der Zustand der Erfüllung, das Ziel unserer Bestimmung, existiert dabei von Anfang an auf einer höheren Bewusstseinsebene und zieht den Menschen, wie ein Attraktor aus der Zukunft, zu sich hin.

Für mich war dieses Erkennen, dass das menschliche Leben in Wirklichkeit von der Zukunft und nicht von der Vergangenheit her gesteuert wird, geradezu eine Offenbarung. Setzt sie doch eine völlig andere Prämisse für unser Leben. Die – auch und gerade in der Psychotherapie – gängige Sichtweise ist jedoch, dass unsere Vergangenheit uns formt. Demzufolge könnte einem ein schlechtes Elternhaus schon mal das ganze Leben verderben. Woraus sich die Rechtfertigung ergibt, beispielsweise für immer in einer Depression gefangen zu bleiben, weil sich der vermeintliche Mangel in der Kindheit nie wieder auffüllen lässt. So begibt man sich in die (passive) Opfer-Rolle und verweigert die (aktive) Verantwortung für sein eigenes Leben.

Die Überzeugung, dass unsere Vergangenheit unser Leben bestimmt, ist wie ein Minuszeichen vorm Leben: Einmal mies, immer mies, einmal krank, für immer krank. Geht man stattdessen davon aus, dass die Zukunft unser Leben gestaltet, wirkt dies wie ein Pluszeichen vorm Leben und verleiht allem Erlebten einen Sinn. Wer zudem den Mut hat, auf eine Bedeutungshaftigkeit jeglichen Geschehens zu vertrauen, erfährt, dass selbst unsere dunkelsten Nächte, unsere bittersten Stunden, Prüfungen sind, die uns nicht zerstören, sondern stark machen wollen. Das Leben geht aus ihnen heraus – wundersam verwandelt – weiter. Und alles, was sich ereignete, geschah aus einem einzigen Grund: um uns zu unserer Berufung und Erfüllung hin zu lotsen, für die der ganze bisherige Weg eine Vorbereitung war. Und plötzlich tauchen jede Menge neue Chancen und Möglichkeiten auf. Vor allem aber übernimmt man auf diese Weise selbst die Verantwortung für sein „Geschick“, überwindet sein „Schicksal“ und wird frei.

Unsere Bestimmung ist wie ein Leitstern, der selbst in der finstersten Nacht über uns wacht, und unsere Träume und unsere Sehnsucht sind der Weg zum Ziel. Die Zukunft gestaltet sich von innen heraus, aufgrund der tiefsten Sehnsucht, der innigsten Herzenswünsche, die man pflegt. Auf welche Weise unsere Seele diese dann allerdings konkret umsetzt, dürfen wir getrost ihr überlassen: Sie allein weiß den Weg. Wir selbst haben nicht mehr zu tun, als unserer Berufung treu zu bleiben. Dann fügt sich – wie von Zauberhand – alles in die rechte Ordnung.

Und ein jedes Ding, ein jeder Mensch erhält *den* Ausdruck in der physischen Welt, der seinem wahren Wesen entspricht. Unsere gesamte künftige Evolution ist als noch ruhendes Potenzial in uns angelegt. Wir müssen nur darauf vertrauen! Und den Mut und die Stärke haben, die erahnte Wahrheit unseres Wesens zu *leben*. Damit erschaffen wir immer wieder einen neuen und schließlich den wahren Ausdruck unserer selbst. Das Ausmaß dessen, was wir tatsächlich erreichen, wird allein durch den Glauben an uns selbst bestimmt und daran, dass der tiefste Grund aller Existenz Freude, Liebe und Erfüllung ist.

Wandlungen und Abschiede sind auf diesem langen und oft so beschwerlichen Weg allerdings unumgänglich. Der Mensch kann sich zunächst nur durch Verirrungen und Umwege seiner Vollendung nähern. Genau hierdurch aber bahnt er sich seinen Weg und wächst in einen immer vollkommeneren Ausdruck seiner selbst hinein. Wovor sollte man sich da fürchten, worum trauern?

Außerdem ist jede Wandlung, jeder Abschied auf den inneren Bewusstseinsebenen längst erfolgt, sobald sie sich im äußeren Leben als Aufgaben stellen. Und ist man seiner Bestimmung bewusst auf der Spur, verselbständigen sich die förderlichen Prozesse. Der Mensch und sein göttliches Ur-Bild streben dann wie zwei Magneten immer unwiderstehlicher aufeinander zu, und man fühlt sich, wie am Ende einer langen Reise angekommen. Etwas Äußeres und etwas zutiefst

Innerliches fallen zusammen; das Leben schließt sich zum Kreis der Ewigkeit, aus dem heraus sich wieder und wieder Neues gebiert. Vertrauen und Durchhaltevermögen werden auch hier belohnt, denn:

> „In dem Augenblick, in dem man sich endgültig einer Aufgabe verschreibt, bewegt sich die Vorsehung auch. Alle möglichen Dinge, die sonst nicht geschehen wären, geschehen, um einem zu helfen. Ein ganzer Strom von Ereignissen wird in Gang gesetzt durch die Entscheidung, und er sorgt zu den eigenen Gunsten für zahlreiche unvorhergesehene Zufälle, Begegnungen und Hilfen, die sich kein Mensch vorher je so erträumt haben könnte. Was immer du tun kannst oder wovon du träumst, fang es an. In der Kühnheit liegt Genie, Macht und Magie."
>
> (Johann Wolfgang von Goethe)

Schmieg nur, Natur

Schmieg nur, Natur,
dein Haupt zur Erde.
Lass deine welken Blätter sinken,
schaff dir aus ihrem Polsterbette
deine eigne Ruhestätte,
in der du Kräfte sammeln kannst und schläfst,
bis du zu neuem Leben auferstehst.

Boten der Unsterblichkeit

„In dem Augenblick, in dem man sich endgültig einer Aufgabe verschreibt, bewegt sich die Vorsehung auch." Als ich dieses Zitat Goethes in meine Tastatur tippte, musste ich doch schmunzeln. Denn genau das kann ich inzwischen selbst bezeugen und bin über die Synchronizität der inneren mit den äußeren Ereignissen erstaunt! Aber, eins nach dem anderen …

Vor gut zwei Wochen, es war Mitte September, brach ich während meiner Arbeit im Hotel zusammen. Schon zum zweiten Mal. Ich hatte vier Stunden lang nonstop Zimmer gereinigt, den Parkettboden des weitläufigen Foyers geschrubbt und war noch lange nicht am Ende meiner Schicht, als ich vor Erschöpfung zu Boden fiel. Ich konnte gerade noch meinen Chef benachrichtigen, dann kroch ich auf allen Vieren nach Hause, – wo ich mir eingestehen musste, dass ich der Anstrengung meines Arbeitsplatzes nicht mehr gewachsen bin, auch wenn ein guter Teil der Erschöpfung auf das Konto des monatelang in mir wütenden Feuers geht.

Als Konsequenz habe ich umgehend gekündigt. So war auch diese Tätigkeit mal wieder ein Übergang, so wie fast alles im Leben ein Übergang ist, auf dem wir uns – Schritt für Schritt – unserer Vollendung nähern. Zuerst erfasste mich ein ziemlicher Schrecken: Wovon soll ich denn jetzt leben?! Aber dann kam eine große Ruhe über mich. Ich hielt mir vor Augen, dass ich keine Angst haben müsse, wenn ich nur gradlinig und treu meiner Berufung folge. Und diese ist eher nicht das Putzen …

Ich will nicht behaupten, dass mein Zusammenbruch eine „Vorsehung" war, aber er geschah zumindest zur rechten Zeit. Und fast sieht es so aus, als wolle er mich zu einer noch größeren Wahrhaftigkeit zwingen.

Was meine wahre Bestimmung denn nun sei? Hierauf gibt es nur *eine* Antwort: das Schreiben! Allerdings nicht über irgendwelche beliebigen Themen. Zu schreiben ist für mich untrennbar damit verbunden, Seelenforscher – „Psychonaut" – zu sein, und dabei in immer tiefere Bereiche menschenmöglicher Erfahrung vorzudringen, in neue Bewusstseinsräume, -ebenen und -welten. Ich wünsche mir, den Weg meiner Seele immer bewusster zu gehen und zu verstehen, von seiner ganzen Fülle zu berichten – Chronist zu sein dieser großartigen unendlichen Odyssee.

Noch scheint es wie ein Traum. Aber Träume sind dazu da, sie zu verwirklichen; sie sind der Ruf, der unsere Schritte heimwärts lenkt. Ein Anfang ist gesetzt. Und da jedem Anfang bekanntlich das Ende schon innewohnt, brauchen sich die Dinge jetzt nur noch in Ruhe und Zuversicht zu entfalten.

So widme ich mich dem Schreiben Tag für Tag, mit ebenso viel Freude wie Disziplin, auch wenn mein Werk gewiss noch so naiv ist wie der erste Aufsatz eines Kindes, den es zaghaft, aber dennoch freudig präsentiert. Aber das soll mich nicht hindern; denn „selbst die längste Reise beginnt mit dem ersten Schritt", wie es ein chinesisches Sprichwort so weise besagt. Und so schreibe ich über das, was ich selbst vom Leben und seinen Hintergründen, seinen Höhen und Tiefen begriffen habe, versuche es in Bilder und Worte zu fassen, durch die vielleicht auch andere ihr Leben, das Menschsein an sich und das große Abenteuer der Seele ein wenig besser verstehen.

Selbstverständlich freut es mich, wenn andere meine Bücher lesen. Ich würde aber auch dann schreiben, wenn sich niemand für meine Notizen aus diesem Labor des Lebens interessierte. Daran lässt sich, zweifelsohne, auch die eigene Bestimmung erkennen: von einer Aufgabe so entflammt zu sein, dass man gar nicht anders kann, als sie auszuführen.

Ich hätte allerdings keine Freude daran, reine Unterhaltungslektüre zu schreiben, einen Krimi etwa oder einen Liebesroman. Beides mag für ein paar Stunden recht unterhaltsam sein. Ich lese selbst so manchen dicken Schmöker zur Entspannung gern, gemütlich auf der Couch mit einer Tasse Tee. Am liebsten solche, deren Handlung in englischen Herrenhäusern spielt, und in denen es ein dunkles, sich über Generationen erstreckendes Familiengeheimnis aufzudecken gibt. Pures Lesevergnügen! Und ich bewundere all jene, die unvergessliche Charaktere und Handlungen erschaffen, welche sich über mehrere Erzählstränge, Zeiträume oder gar fünfhundert Buchseiten hinweg wie eine perfekte Choreographie entfalten.

Mir persönlich liegt es leider gar nicht, mir etwas auszudenken. Ich kann nur über das schreiben, was *ist*. Vielleicht fehlt mir die Fantasie. Oder mein Leben, zumindest das innere, ist schon so abenteuerlich, dass ich erst gar nicht das Bedürfnis habe, etwas zu erfinden. Mir reicht es, die eigene Geschichte aufzuschreiben. Nicht, weil sie „meine" Geschichte ist; das Persönliche ist für mich inzwischen nicht mehr sonderlich von Belang. Nein, sondern weil sie – so oder so ähnlich – doch die Geschichte von uns allen ist.

Auch wenn ein jeder von uns ein anderes Thema hat, das er aus dem riesigen Archiv des kollektiven Unbewussten bearbeitet, um Licht hineinzubringen und es so zu erlösen, ist doch der Weg in die Freiheit für uns alle der gleiche. Manchmal denke ich sogar, dass das Einzige, was wir in diesem Universum wirklich zu erforschen haben, wir selber sind. Denn je tiefer wir in uns selbst vordringen, umso tiefer dringen wir doch auch in alles andere ein – das ist das große Geheimnis! Erkennen wir uns selbst, ist alles erkannt!

Und so schreibe ich, damit andere ihren eigenen Weg darin wiederfinden, schreibe Bücher, die ihre Seele nähren. Mich fasziniert es, über das Sichtbare hinauszuweisen auf das Unsichtbare dahinter, auf kosmische oder gar transzendente Zusammenhänge, soweit ich diese jeweils selbst begreife. Wenn einem Künstler dieses Künden vom Transzendenten gelänge, schreibt Sri Aurobindo in seinem Werk „Die Dichtung der Zukunft", dann sei er ein „Bote der Unsterblichkeit". Wie sehr er mit diesem Aufruf an meine tiefste Sehnsucht rührt!

Mein ganzes bisheriges Leben war im Grunde von dem Bestreben geprägt, hinter die Welt der Erscheinungen zu gelangen, die weiten Bögen des Lebens nachzuverfolgen, das große Mysterium des Menschseins zu verstehen. Und ich war dankbar für jedes Buch, jeden Autor, jeden Weisen, in dessen Schriften meine Seele Antworten fand und Spuren einer längst verloren geglaubten Heimat. Nach fast 60 Jahren Suchen, Sehnen und Finden ist es jetzt an der Zeit, etwas von mir zurückzugeben. An andere, die nun vielleicht ihrerseits froh darüber sind, unvergängliche Wahrheiten hinter den vergänglichen Dingen zu entdecken, und damit deren Sehnsucht ein wenig zu stillen.

Ich stelle mir vor, dass meine Bücher einem Adventskalender gleichen. Es müssten ja nicht unbedingt 24 Bücher sein, 12 reichten fürs Erste auch. Mit jedem Buch würde dem Leser, der Leserin, ein „Türchen" geöffnet, ein (Ein-)Blick gewährt auf ein noch verborgenes Bild dahinter. Jedes weitere Buch wäre ein Puzzleteilchen mehr. Ich würde, genau betrachtet, immer wieder über dieselben Themen schreiben, aber in einer immer größeren Tiefe. In jedem neuen Buch so viel, wie ich gerade selbst durchlebt und erkannt habe, damit es authentisch bleibt. Bis zum Schluss dann, beim 12. Buch, das größte Türchen sich öffnet und – wie bei einem Adventskalender am Heiligen Abend – das vollendete Bild erscheint. Wäre das nicht schön?!

Den Saum des Mantels der Ewigkeit möchte ich berühren und Sternenstaub aus seinen Falten auf die Erde schütteln! Denn sehnt sich, im tiefsten Grund, nicht jeder Mensch danach, sich selbst zu finden, zu überschreiten und damit auch die Welt, in der er lebt? Ahnen wir doch, dass unsere Existenz etwas unermesslich Größeres und Geheimnisvolleres ist als das so kleine, durchschaubare alltägliche Leben und nichts so ist, wie es scheint.

Und sollte nicht Literatur – oder generell Kunst – dem Rechnung tragen, indem sie etwas vom Antlitz des Ewigen offenbart und die Tore zu neuen Welten öffnet? Alles andere kennen wir doch schon! Mich jedenfalls erfasst jedes Mal eine Woge des Glücks, wenn der Hauch des Unendlichen mich umweht und mir zuflüstert, dass auch der Weg meiner Seele kein Ende hat. Und es ist ein noch größeres Glück, etwas von diesem Schauen und Erkennen anderen weiterzugeben, sodass auch sie erwachend spüren, wie ihre Seelen gottwärts ziehen.

Noch etwas Wesentliches wurde mir anhand des eigenen Schreibens bewusst: Künstlerische Tätigkeit ist immer auch Schöpfung! Womit kreatives Handeln eine immense Kraft besitzt. Nicht nur die Kraft der Schöpfung, sondern auch die der Transformation. So kann Kunst ein Mittel zu intensiver Wandlung werden.

Je länger ich schreibe, desto tiefer erforsche ich mein eigenes Leben, bringe Licht in Vergangenheit und Gegenwart. Das meiste davon lege ich danach ad acta – verarbeitet, verdaut und geheilt. Dann aber, erlöst von Vergangenem, erschaffe ich mir eine neue Existenz, eine von Altem unberührte Zukunft.

Bei dieser Selbst-Erschaffung geht es nicht darum, sich aus noch ichhaften Wünschen ein neues Leben zu basteln, nach der Vorstellung eines „kosmischen Bestellservices". Das ist zwar auch möglich, „des Menschen Wille" ist schließlich „sein Himmelreich". Man hat dafür aber auch die Konsequenzen zu tragen. Und diese sind nicht immer so, wie erhofft! Der einzig sichere Weg der „Selbst-Schöpfung" ist, sich auch hierbei einer höheren Instanz, dem Selbst, zu überlassen und bei jedem noch so kleinen Schritt auf dessen Stimme zu lauschen. Allein das Selbst weiß, was man wirklich braucht und wie sich das weitere Leben idealerweise gestaltet. In Zusammenarbeit mit dessen göttlichen Willen gibt es dann hinsichtlich der Erfüllung keine Grenzen mehr.

Und nun, angesichts dieser fantastischen, ja unbegrenzten Möglichkeiten – wollen wir da nicht lieber eine Welt kreieren voller Schönheit, Liebe, Frieden und Licht? Eine Welt, in der das höchste Glück Gestalt annimmt, anstatt immer wieder aufs Neue uraltes Grauen und die Abgründe der Menschheit heraufzubeschwören?

Einsame

Hauch aus Wind,
wirst zum Kind,
das zur Erde fällt:
ein Same des Ewigen.

Einsame,
die du zwischen deinen Händen
den Regenbogen
entfachst.

Erlösung

Und doch ist's Freude, zu leben und zu schaffen,
zu lieben und sich zu mühn, auch wenn nichts gelingt,
zu suchen, wenn alles, was wir finden, auch trügt
und alles, worauf wir bauen, sich nicht bewährt;
doch etwas in den Tiefen lohnte den Schmerz,
Erinnerung sucht mit Ekstasefeuer uns heim.
(Sri Aurobindo)[24]

Ich bin ein glücklicher Mensch. Und dankbar: dafür, dass ich ein Dach über dem Kopf habe, dreimal täglich eine Mahlzeit zu mir nehmen und jeden Abend heiß duschen kann. Dafür, dass es wundervolle Menschen gibt, die mich auf meinem Lebensweg begleiten, und ich wandern gehen und schreiben kann, wann immer ich will. Ich bin dankbar dafür, dass ich (wieder) in vollem Besitz meiner geistigen und körperlichen Kräfte bin, und dafür, *überhaupt zu leben!*

Weshalb ich das alles aufzähle? Weil ich normalerweise jetzt in einem Heim für Geisteskranke vor mich hinvegetieren würde oder mich dort vor Gram wahrscheinlich längst aus dem Leben davongeschlichen hätte. Aber was in meinem Leben verläuft schon „normal" ...?

Betrachte ich noch einmal den roten Faden meines Lebens, so fällt mir auf, dass die mich von Kindheit an begleitende Diskrepanz zwischen hellen, glänzenden Fassaden und ihren verheimlichten dunklen Schatten dahinter im Laufe der Zeit immer krasser, ja absurder wurde. Das, was ich als Kind gelernt hatte – alles hinzunehmen, zu schlucken und bloß nichts zu hinterfragen –, betrieb ich bis zum Exzess. Wofür es allerdings auch Gründe gab. Heute ist mir bewusst, dass ich mich mit dieser Strategie in einem irrsinnigen Umfeld vor dem Irrsinn retten wollte, und galoppierte dann doch geradewegs in ihn hinein.

Wie schwer es einem doch fällt, bittere Wahrheiten zuzulassen! Ich ahnte so einiges. Aber das, was ich ahnte, war so ungeheuerlich, dass ich es lieber nicht für möglich hielt. Ich hätte anerkennen müssen, dass es in manchen Menschen entsetzliche Abgründe gibt – vor allem in den scheinbar ach so guten! Und auf meine innere Stimme zu hören, die anfangs hin und wieder noch Alarm schlug, hatte ich längst verlernt. Ich glaube, man befürchtet in solch furchtbaren Lebenslagen immer, die Wahrheit würde einen vernichten. Aber das genaue Gegenteil ist der Fall: Allein die Wahrheit heilt! Und ein Leben, das noch auf den verzweifelten Überlebensstrategien der Kindheit gründet, kann sowieso niemals gelingen. So gesehen ist es gut, wenn die alten Strukturen des Lebens zerbrechen. Dann kann man wenigstens noch einmal neu beginnen, auf einer gesünderen und stabileren Basis. Aus einem lichtvollen, heilen Kern baut sich notfalls wieder und wieder ein neues Leben auf, jedes Mal größer, strahlender, heller. Und sobald man sich seiner ewigen Verbundenheit mit der göttlichen Quelle wieder besonnen hat, sind jedes Leben und jede Welt, die aus dieser Quelle entstehen, sowieso jungfräulich neu und frei.

Der Irrsinn, dem ich im mittleren Erwachsenenalter ausgesetzt war, hielt etliche Jahre an. Ich hatte ihn anfangs erst gar nicht bemerkt und meine Situation über eine lange Zeit hinweg sogar glorifiziert. Wohl in der Hoffnung, das immer bedrohlichere Fauchen des schwarzen Drachens damit noch abzuwehren. Als Flucht vor einem unerträglich gewordenen Leben verstieg ich mich immer mehr in schwindelnde geistige Höhen, bis es mich schließlich mit einem massiven Gegenschlag in die Finsternis riss. Wie Ikarus war ich der Sonne zu nahegekommen und stürzte mit zerfließenden Flügeln ungebremst hinab.

Interessanterweise war mir sogar dieses entsetzliche Geschehen in der Kindheit schon angekündigt worden – in einem zweiten Albtraum und über viele Jahre hinweg, als wollte meine Seele mich warnen. Dieser Albtraum tauchte jeweils in zwei Varianten auf: In der ersten Variante befinde ich mich im Fahrstuhl des Mietshauses, in dem unsere Familie damals lebte, welcher nach unten fährt, Richtung Erdgeschoss. Dort hält er jedoch nicht, sondern bewegt sich noch weiter hinab, durch den Keller hindurch, tiefer und tiefer in die Erde hinein, an Stockwerken vorbei, die es in Wirklichkeit längst nicht mehr gab. In der zweiten Variante desselben Traums fährt der Aufzug nach oben statt nach unten, an der fünften Etage vorbei, in der wir wohnten, übers oberste Stockwerk hinweg, wo er das Dach durchbricht und weiter und weiter hinaufsteigt in den Himmel. Und ich wachte abwechselnd in der tiefsten Tiefe wie in der höchsten Höhe stumm vor namenlosem Grauen auf.

Ja, und genau so war mein Leben dann auch verlaufen: zu weit nach oben gestiegen, zu tief hinabgestürzt! Als das Unbewusste mich und jegliches Bewusstsein meiner selbst schließlich wie ein Tsunami verschlang, schien es mir, als fiele ich für immer ins Bodenlose. Heute weiß ich: Da in unserem Innersten das ewige Licht brennt, kann niemand für immer untergehen. Aber das wusste ich damals noch nicht. Alles wurde zerstört, was mir von Bedeutung war.

Es folgten Jahre des Kampfes um Genesung und gegen die Schizophrenie; zunächst vergeblich. Irgendwann sah ich in meiner Verzweiflung nur noch einen Ausweg: mich umzubringen. Ich hatte – in jenen verzweifelten, einsamen Stunden, die sich so schmerzlich häuften – alles perfekt und „todsicher" geplant: Zwei Föhne, die ich in eine Doppelsteckdose im Bad stecken wollte, um sie, eingeschaltet, auf zwei kleinen Holzbrettern auf dem Rand der mit Wasser gefüllten Badewanne zu deponieren. Dann hatte ich vor, die beiden Brettchen im entscheidenden Moment gleichzeitig zu kippen, sodass die Föhne ins Wasser fallen und mich gnädig erlösen würden. Die beiden Brettchen warteten im Keller, der zweite Föhn war schon gekauft, als ich in die nächste schwere Psychose geriet und erneut in eine geschlossene Anstalt eingeliefert wurde. So kam ich nicht dazu, mich umzubringen.

Nach dem Aufenthalt in der Psychiatrie und allein nahezu lebensunfähig geworden, war vorgesehen, dass ich – inzwischen völlig verlassen – in ein Heim für Geisteskranke ziehen sollte. Für den Rest meines Lebens. Aber dieser Rest wäre gewiss ein sehr kurzer geworden. Denn ich hätte meinen zweiten Föhn und die beiden Brettchen mit dorthin genommen – in der Hoffnung auf eine vorhandene Badewanne.

Aber dann kam, wie so oft in meinem Leben, alles anders: Nach diesem inneren Tod wurde ich – mitten im Leben – neu geboren, hinein in ein Leben, das mich seither trägt. Damit dürfte jetzt nachvollziehbar sein, weshalb ich so dankbar bin und ein so glücklicher Mensch!

Eine solche „dunkle Nacht der Seele" möchte ich allerdings niemals mehr erleben müssen! Und doch habe ich in ihr meine wichtigsten Erfahrungen gemacht, denn wirkliches Gottvertrauen kann wohl nur aus tiefsten existenziellen Krisen heraus erwachsen. Die so bittere und einsame dunkle Nacht ist wie eine persönliche Apokalypse, die keinem erspart bleibt, wenn das Wunder des höchsten Heils geschehen soll. Jeder Auferstehung geht nun einmal eine Kreuzigung voraus.

Bis zu diesem entscheidenden Wendepunkt im Leben eines Menschen ist es so, als ruhe ein göttlicher Same oder ein kleines himmlisches Licht in ihm. Zunächst jedoch nur als still vor sich hin glimmende Glut: eher eine *Möglichkeit des Lichts* denn ein *wirkliches Feuer*. Schreit der Mensch dann in tiefster Not zu Gott, stürzt sich die Liebe selbst aus dem Himmel in ihn hinab und entzündet die dort verborgene Glut zu einem Feuer. So zumindest habe ich es erlebt … Erst von da an lodert das innere göttliche Feuer voller Kraft und ist als „Feuer der Erde" wieder erwacht. Und der Betreffende ist dann kein Geschöpf der Erde mehr, das in der dunklen irdischen Vergangenheit wurzelt, sondern aus dem Himmel heraus neu geboren: ein Kind Gottes, das eine schöpferisch-offene, lichtvolle Zukunft in sich trägt.

Diese Zusammenhänge und Notwendigkeiten des Lebens erschließen sich einem allerdings nicht, solange man noch mit dem Leben hadert und aus einer ichhaften Sichtweise auf die Geschehnisse schaut: als ein trauriges, unglückliches Ego. Man erkennt sie nur von einer übergeordneten Warte aus, und der Schlüssel zum Erkennen der Wahrheit ist Vertrauen – wozu das Ego jedoch nicht fähig ist; das Ego schimpft und grollt. Es ist allein die Seele, die vertraut. Denn sie weiß, dass alles, was geschieht, eine Botschaft für uns hat, und uns – selbst durch tiefstes Leid hindurch – zu unserer Erfüllung und einem letztlich All-Guten führen will.

So sind es Vertrauen, Glaube und Liebe, die uns erst wirkliche Erlösung schenken. Wodurch eine völlige Neubewertung des Lebens möglich wird. Denn man begreift, dass im Leben keineswegs eine unbewusste, blinde Kraft agiert, sondern eine allwissende und allliebende. Und dass man sämtliche Hindernisse und Katastrophen für das Erwachen nutzen kann, anstatt an ihnen zu zerbrechen.

Dem Leben *nicht* zu vertrauen, erschiene mir inzwischen geradezu absurd! Da gibt es eine Kraft, die einen vollständigen Kosmos ausgearbeitet hat, in einer Präzision und Perfektion, die uns Menschen für immer unbegreiflich bleiben wird. Und ausgerechnet bei unserem kleinen menschlichen Leben sollte sie sich irren? Vielleicht liegt der Schlüssel zum Glück somit allein darin, ob man seinem Leben einen Sinn zugesteht oder nicht. Vertraut man, fühlt man sich behütet und umsorgt von einer liebenden göttlichen Macht. Die Verschmolzenheit mit etwas Größerem, Jenseitigem, die der Mensch zu Beginn seines Lebens manchmal unbewusst noch verspürt, wandelt sich in das Glück und die Fülle bewussten Einsseins. Und hinter dem Bildnis eines strengen göttlichen Vaters schimmert das gütige Antlitz der göttlichen Mutter herauf.

Von da an lebt man im Zustand der Gnade, der Liebe, und der weitere Weg ist sonnenbeschienen und leicht, denn „die mit Tränen säen, werden mit Jubel ernten", wie es Psalm 126 so wunderbar verheißt: „Sie gehen hin unter Tränen und tragen den Samen zur Aussaat. Sie kommen wieder mit Jubel und bringen ihre Garben ein."

Fülle des Lebens

Wieder einmal laufe ich einen meiner Lieblingspfade durch den inzwischen herbstlich buntgefärbten Wald – jenen Höhenweg, der mich über viele Kilometer hinweg zu mehreren atemberaubenden Ausblicken führen wird. Das letzte Mal lief ich ihn im Frühling, während der ersten Corona-Welle. Ein halbes Jahr ist seither erst vergangen, und doch ist so vieles geschehen! Die Natur bereitet sich auf ihren alljährlichen Rückzug vor und die Menschheit, nach einem vorübergehenden Rückgang der Infektionszahlen, auf die zweite und vielleicht noch schlimmere Corona-Welle. Ein Grüppchen kleiner Kiefern säumt meinen Weg. Sie stehen da, wie Kinder einer Baumschule, in Reih und Glied, ihre Haare wie Seide. Daneben eine junge Birke, die mir gerade bis an die Oberschenkel reicht. Ihre Ästchen sind voller goldener Rauten; dazwischen funkeln, wie Juwelen, die Tautropfen der vergangenen Nacht. Am Boden des Waldes, zwischen seinen kupfernen Blättern, wuchern üppige Polster hellvioletten Heidekrauts, die schimmern wie Amethyst und Chrysopras. Darüber hat eine Spinne ihr filigranes silbernes Netz gewoben. Die Erden-Natur schmückt sich für ihren himmlischen Bräutigam.

Der Weg unter meinen Füßen ist von schwarzen Tupfen übersät, den kläglichen Überresten der Mistkäferchen, meiner kleinen sechsbeinigen Freunde. Jetzt leben sie alle nicht mehr. Von rasanten Mountainbikern geplättet, zertreten von unachtsamen Wanderern in derben Schuhen oder eines natürlichen Todes gestorben. Sie liegen auf dem Rücken mit verkrüppelten Beinen, da hilft auch kein Umdrehen mehr. Ihre kleinen Seelchen aber sind weitergezogen, und ich frage mich, in welch neuer Gestalt ein Mistkäfer wohl in seinem nächsten Leben wiederkehrt. Im Alten Ägypten wurde der Skarabäus, der zur selben Überfamilie von Käfern gehört, mit dem ewigen Kreislauf der Sonne in Zusammenhang gebracht und als Sinnbild der Auferstehung verehrt. Hie und da treffe ich noch einen wackeren Alten, der, unverwüstlich wie ich, gemächlich und unbeirrt seines Weges zieht. Lichtwärts.

Auch wenn der Frühling mich entzückt mit seinem explodierenden Grün, seiner grandiosen Verschwendung von zarten Blüten und betörenden Düften, so ist doch der Herbst meine liebste Jahreszeit. Wenn sich der von den Dörfern heraufziehende Rauch der ersten Holzfeuer mit den balsamischen Aromen des Waldes mischt. Und die Welt im Nebel entschwindet, so wie auch dem Menschen in seinem Lebens-Herbst das Vergangene nur noch wie ein ferner Traum erscheint. Dann sehe ich hinter den verblassenden Schemen dieser Welt den Himmel groß und weit und offen stehen.

Schon als Kind habe ich den Herbst geliebt. Mit seinem Geheimnis der Vergänglichkeit, der allmählich einkehrenden Stille, seiner leisen Melancholie. Und ich ahnte mehr, als dass ich wusste: In dieser irdischen Daseinsspanne werden Endliches und Unendliches einander die Hände reichen, wird ein großer Zyklus in einen neuen, größeren übergehen und mein Leben sich fügen zu einem vollendeten Rund.

Ich vergegenwärtige mir, wie viel sich ereignet hat in diesem Jahr, und wie viel mehr in meinem bisherigen Leben. So wie die ersten Stürme an den Bäumen rütteln, so rüttelt auch das innere Feuer in mir. Noch. Die schon verblichenen Regungen meines Egos lasse ich wie welke Blätter fallen, bis es, mit ein paar letzten müden Zuckungen, auf dem Opferaltar des unsterblichen Selbst zerbröselt, vergeht.

Etwas in mir ist wach geworden, wahr und wahrhaftig und damit frei. Eigene Wahrhaftigkeit löst auch im Umfeld Wahrhaftigkeit aus, so wie innere Freiheit unweigerlich zu äußerer Freiheit führt. Denn Bewusstsein ist ansteckend, unendlich stärker als jedes Virus. Ein erweitertes Bewusstsein kann sich nicht mehr verengen, so wie auch das göttliche Feuer nie mehr verlischt, wenn es erst einmal brennt.

Still und leise bin ich selbst zu diesem Rund geworden, zu einem Durchlass, rein und klar und unversehrt. ICH BIN ein offenes Tor, durch das der Himmel auf Erden Ausdruck findet, Zeitliches sich wieder an Ewiges bindet. ICH BIN ein Kelch, in den Ekstase sich ergießt, ein Kanal, den eine unermessliche Kraft durchfließt. Da ist eine solche Intensität des Seins in mir!

So bin ich also tatsächlich, wenn auch nicht „unsichtbar", so doch „durchsichtig" geworden: Das Licht der Einen Sonne strahlt durch die transparent gewordene Form hindurch. Und das, was ich in meinem wahren Wesen bin – das ICH BIN –, füllt alles aus! Ich fühle mich verklärt, gereift und weise und doch zugleich wie ein Kind. Denn auch der Traum von Silvester, einen neuen Stern – ein „Sternenkind" – zu gebären, ist Wirklichkeit geworden: Gott war mir vertraut als strenger Vater, als Jesus – das Licht, das in meinem Herzen wohnt –, als Krishna, der Geliebte meiner Seele, und als Freund. Jetzt aber enthüllt Er sein weibliches Angesicht, das Antlitz von IHR: der Göttin und göttlichen Mutter im Sternenmantel, die das goldene Kind in ihrem Armen wiegt.

Die einstige Heimatlosigkeit ist überwunden. Ich habe die Sonne in meinem Herzen und das funkelnde Sternenzelt als Dach über mir – kann es eine schönere Heimat geben? Mein Leben aber hat sich noch nicht erschöpft, weil doch auf jedes Ende ein neuer Anfang folgt und die Erfahrungen der Seele so grenzenlos sind wie die Wirklichkeit selbst. Die große Göttin schüttet ihr Füllhorn aus – die selige Fülle des LEBENS.

Die göttliche Mutter

Es gibt sie also doch, die „eine Mutter" … Nur dass damit nicht meine leibliche gemeint war, auch wenn diese von sich immer als der „einen Mutter", als der einzig maßgeblichen, sprach. Aber ich musste mich wohl erst selbst aus den Fängen der dunklen, besitzergreifenden Mutter befreien, um Sie zu finden: die leuchtende Mutter hinter der dunklen – Sie, die man auch die „große Göttin" nennt. Sie ist die *Eine*, auch wenn Sie in den verschiedenen Kulturen verschiedene Namen und Gesichter hat. Sie ist der weibliche Aspekt Gottes, seine ewige Geliebte und Gefährtin. Sie ist seine bewusste Kraft, die im Universum wie in jedem einzelnen Individuum lebt und wirkt und alles erschafft: „Die Eine, die wir als DIE MUTTER verehren, ist die göttliche Bewusstseinskraft, die alles Dasein beherrscht."[25]

Sobald in einem Menschen die Seele erwacht, tritt Sie in Erscheinung, als habe Sie nur darauf gewartet, sich ihm endlich zu offenbaren. Was nicht verwundert, denn alle Seelen sind ein Teil von ihr. Taucht Sie im Bewusstsein eines Menschen auf, zeigt Sie sich als allwissende Macht, die genau weiß, was sie tut. Und das Leben und die Welt ringsumher geben eine nie erahnte Sinnhaftigkeit preis: eine einzige große Ordnung wie ein kosmisches Mandala, in das sich nun alles fügt.

Im Hinduismus wird dieser weibliche Aspekt Gottes „Shakti" oder die „ewige Mutter", genannt. Sie ist das höchste Bewusstsein, die höchste Kraft, die über allen Welten steht, alles trägt, erhält und erschafft. Das höchste Sein – Gott, Geist, der „Purusha" der hinduistischen Philosophie – ist unbewegt, inaktiv und kann daher selbst nicht handeln. Es tut dies durch seine Bewusstseins-Macht, seine göttliche Natur, die große Göttin. Durch Sie offenbart sich Geist innerhalb von Zeit und Raum. Er und Sie, sie scheinen zwei und sind doch eins und wirken stets gemeinsam: Das, was Er, Gott, in seinem reinen Sein erträumt, arbeitet Sie, seine Geliebte, aus. So basiert das ganze Universum auf diesem Mysterium der zweieinigen Gottheit, des männlichen und des weiblichen Prinzips. Alles ist ihr gemeinsames Spiel, ist Shaktis Tanz auf Shivas Geheiß. Er ist es, der sich nach ihr sehnt, und Sie sehnt sich nach ihm. Aber erst, wenn seine bewusste Kraft – im Kosmos wie im Menschen – wieder zu sich selbst erwacht, können sie endlich wieder zueinanderfinden.

Die große Göttin hat auch im menschlichen Körper ihren Platz, wo Sie am unteren Ende der Wirbelsäule als „Kundalini" ruht. Wird Sie erweckt, steigt Sie in ihrer Sehnsucht nach ihrem göttlichen Gefährten bis zur „Krone" des Kopfes, dem Wohnsitz Shivas, empor. Dann findet die mystische Hochzeit von Gott und Göttin statt.

Dabei ist die große Göttin weniger als eine *transzendente* Kraft zu verstehen, die „von jenseits" alles erschafft und lenkt. Sie ist vielmehr selbst in die Schöpfung hinabgestiegen und damit dieser innewohnend, *immanent*. Alles, was in diesem Universum existiert, ist nichts und niemand anderes als Sie, ist aus Ihr, der Bewusstseins-Kraft als der Ur-Substanz des Kosmos, gewoben. Wir haben uns an anderer Stelle mit dem Begriff des „Opfers" befasst (siehe „Opfer – Vom sich darbringenden Gott", Seite 164) und gesehen, dass die gesamte Schöpfung ein Opfer Gottes ist: das „Opfer des Zeugen", das „Opfer des Purusha", der göttlichen All-Seele, wie es in der indischen Philosophie heißt. Nun aber wird deutlich, dass nicht „Er" – Gott – es war, der sich erbarmend in seine eigene Schöpfung ergoss, sondern Sie, die göttliche Mutter. Sie ist es, die in Wirklichkeit das große Opfer bringt! Sie selbst ist in die physische Schöpfung eingetaucht, um der Erde das göttliche Feuer zu bringen, und so die Schöpfung aus Dunkelheit und Zerteilung heraus in das Eine Licht zurückzuführen.

Kann es ein größeres Opfer, einen tieferen Ausdruck von Liebe geben? Dazu ist wahrlich nur die göttliche Mutter mit ihrer All-Liebe fähig.

Gibt ein Mensch sich einer höheren Instanz hin, als sein Dank für das göttliche Opfer, so gilt diese Hingabe in Wirklichkeit Ihr, der göttlichen Mutter. Und mir wird an dieser Stelle soeben erst selbst bewusst, dass jedes Mal, wenn ich zu Gott oder dem Göttlichen betete, Sie es war, die mein Gebet erhörte.

Der Gott, der der Schöpfung als Ur-Licht innewohnt, ist also in Wahrheit *die Göttin:* das „Feuer der Erde“ – ist SIE! Bringt ein Mensch sich ihr dar, wird Sie ihn von Grund auf wandeln, um daraufhin durch ihn in der Welt zu handeln. Sie strömt mit ihrer Kraft und ihrem Licht in ihn ein. Dann fühlt man Sie als innige, allgegenwärtige Präsenz, mit ihrem Frieden, ihrer Seligkeit und einer Liebe, die alles übersteigt. Denn Sie ist keineswegs eine abstrakte, reine Kraft, sondern auch und vor allem: *ein Wesen.* Ein Wesen, das wir lieben können und das uns liebt!

Die Liebe der göttlichen Mutter ist ebenso unendlich wie unermesslich und will nichts anderes, als sich uns im Überfluss zu schenken. Um alles dürfen wir Sie bitten, vor allem aber um ihre Hilfe auf unserem Weg: Sie ist immer für uns da; es gibt nichts, das ihr nicht möglich wäre. Und Sie ruht nicht und gibt niemals auf, bis Sie auch den letzten von uns in die Freiheit, Glückseligkeit und Unsterblichkeit geführt haben wird.

Mir kommen an dieser Stelle noch einmal die vielen derzeitigen Krisen in den Sinn, die die Menschheit wie ein apokalyptisches Szenarium plagen: die Klimakrise mit ihren bedrohlichen Folgen, neu auftauchende Pandemien, der Raubtier-Kapitalismus mit seinem Verfall der ethischen Werte und seinem überbordenden Egoismus. Und ich frage mich, ob unsere Welt vielleicht auch deswegen so sehr aus dem Ruder gelaufen ist, weil die Menschheit die weibliche Seite Gottes nicht mehr kennt? Und ob möglicherweise nur ihre Rückkehr ins Bewusstsein und in die Herzen der Menschen unsere so bedenklich trudelnde Erde wieder in ein harmonisches Gleichgewicht bringen kann?

Ich muss dabei auch an die katholische Kirche denken mit ihren zu Missbrauch verführenden patriarchalen Machtstrukturen. Und daran, dass Missbrauch jedweder Art – an der Erde, an Frauen und Kindern, an Schutzbefohlenen oder Ministranten – der grausame Schatten desjenigen ist, der in sich selbst die Verbindung zum Weiblichen verlor.

Vielleicht müssen wir daher nicht nur das Verständnis unserer selbst und das von Mutter Erde transformieren, sondern zu guter Letzt auch noch das von Gott? Sodass wir – nach einem uns jahrtausendelang vermittelten weltfernen männlichen Gott – jetzt die große Göttin mit ihrer unendlichen Liebe, Gnade und Barmherzigkeit in unserem *eigenen Herzen* aufscheinen sehen. Und ich wage die Hypothese, dass der Glaube an einen strengen, strafenden männlichen Gott noch jenem Bewusstseinszustand entspricht, in dem der Mensch weder die Welt noch das Leben noch sich selbst versteht, und sich daher ohnmächtig ausgeliefert fühlt an eine unberechenbare Macht.

Wer hingegen die großen Zusammenhänge begreift, weil seine Seele erwacht, der erblickt das liebliche Antlitz der göttlichen Mutter und erkennt das Göttliche in seinem männlichen und seinem weiblichen Aspekt. Dann findet die Vereinigung von Gott und Göttin statt, und der Mensch erfährt, was wahre LIEBE ist, „die Liebe, darin Geliebte und Liebender eins …“[26]

Der Duft von weißen Rosen

Eine Gestalt,
weit thronend über Zeit und Raum,
hoch über Himmeln und Göttern.
Sie reicht bis in die Unermesslichkeit,
die Erde ihrer Lotos-Füße Schemel.
Des allmächtigen Wesens Kopf und Rumpf
ragen über alles Sein hinaus,
bis dorthin, wo alle Blicke enden.
Weit jenseits aller Form, weit jenseits aller Leere.
Oh, göttliche Mutter, du Unendlichkeit,
deine Liebe durchtränkt die Welten,
und erblüht doch auch in des Menschen Brust,
so stark, so sanft, so süß –
dein Duft der von weißen Rosen.

Willkommen in der Unendlichkeit

Spirale ohne Ende von Aufstieg und Fall,
bis endlich erreicht ist der ungeheure Punkt,
wo durchstrahlt die Glorie von Ihm, für den wir sind,
und einbrechen wir in Gottes Unendlichkeit.

(Sri Aurobindo)[27]

Noch einmal kommt mir das Bild eines Fensters in den Sinn. Des Fensters als Symbol für die vermeintliche Persönlichkeit des Menschen. Und ich stelle mir vor, dass wir alle zunächst und für lange Zeit in einem engen, muffigen, dunklen Zimmer hausen. Dunkel, weil das einzige Fenster, das es dort gibt, mit Lagen über Lagen von Gardinen verhangen ist. Daher auch der Mief. Das aber fällt uns nicht auf, weil wir nichts anderes gewohnt sind. Denn dort, in dieser

Dunkelheit und Enge, findet unser kleines menschliches Leben statt. Dem Phänomen der Gardinen gilt dabei unsere besondere Liebe und Aufmerksamkeit, und wir genießen es, uns in der Beschreibung ihrer erlesenen Qualität, ihrer außergewöhnlichen Farben und Muster zu ergehen. Ja, sogar „Gardinen-Wissenschaften" und eine „Kultur der Gardine" entstanden daraus! Und so sind diese phänomenalen Vorhänge der Menschen ganzer Stolz. Wobei sie nicht ahnen, dass sich dahinter eine transparente Glasscheibe verbirgt und jenseits der Glasscheibe eine ganze, noch zu entdeckende *wirkliche Welt!*

Der eine Mensch ist stolz, weil an seinem Fenster noch immer die Gardinen seiner Urahnen hängen; zerschlissen, mottenzerfressen und staubig zwar, aber er nennt dies das „Pflegen von Tradition". Ein anderer ist stolz, weil er völlig neue Vorhänge über die alten gehängt hat, aus kostbaren Stoffen mit trendigen Mustern und bezeichnet sich als „up to date". Ein weiterer hat seine obersten Stofflagen stolz in den schrillsten Farben gefärbt, als offene Provokation gegen diese beiden vorgenannten Spießer. Nur das eigentliche Wunder hinter ihren so hochgelobten dichten Schleiern haben sie alle miteinander noch nicht entdeckt … Denn dieses findet man nur dann, wenn die Vorhänge dünner und dünner werden.

Das aber kann nur aus einem Grund geschehen: indem ein Mensch die richtige Frage – die nach dem Sinn des Lebens – und damit sich selbst in Frage stellt. Gelingt ihm dies, verbleibt von den dicken Stoffen irgendwann nur noch ein Hauch, durch den er plötzlich eine unbekannte Weite hindurchschimmern sehen kann. Und alles, was jetzt folgt, steht in Relation zum Grad seiner Furchtlosigkeit: Erschreckt ihn der erste Blick auf die jähe Weite, so wird er sein Fenster schleunigst mit neuen, wieder blickdichten Gardinen verhängen und bis ans Ende seines Lebens beteuern, nein, er habe nichts, aber auch gar nichts gesehen! Der Mutige hingegen schiebt beherzt diesen letzten Hauch von Nichts zur Seite, sieht einen Fenstergriff und macht das Fenster auf. Ein kurzer staunender Blick auf all das noch Unbekannte, Neue – dann schwingt er sich hinaus.

Und er sieht Wiesen und Hügel, Berge und Wälder, Flüsse, Meere und Seen. Sieht bunte Blumen und grüne Bäume, allerlei Himmels- und Landgetier, silbrige Fischlein und graue Wale in einem riesigen blauen Ozean. Darüber einen hohen Himmel mit Sonne und Mond und funkelnden Sternen darin. Und was immer er sieht, er ist es selbst. Universen über Universen eröffnen sich im aufstrahlend klaren Licht, Welten über Welten in einer Schau, die alles Sichtbare weit übersteigt: Willkommen in der Unendlichkeit!

Er erkennt nun in allem ein einziges, mannigfaltig ausgedrücktes göttliches Sein und wie sich aus jedem Endlichen heraus wiederum ein Unendliches öffnet. Welche Fülle, welch Überfluss! Denn in der Wirklichkeit ist alles mit allem verwoben: ein Gewebe aus Licht, von Frieden durchdrungen – vollkommen und makellos im immerwährenden Jetzt. Und doch ist diese so unendliche Unendlichkeit nichts Fremdes, nichts Fernes, sondern etwas ganz Warmes, Vertrautes in jedem selbst: so herzensinnig, so spürbar nah – so eins!

GOTT IST – ICH BIN ist alles, was er jetzt noch fühlt und weiß. Und da erst fängt das wahre LEBEN an – das EWIGE LEBEN, welches niemals endet.

EPILOG

SPIRITUALITÄT – WAS WIR FANDEN

Dieses Buch jedoch neigt sich allmählich seinem Ende zu. Es war gewiss kein leichter philosophischer und kosmologischer Exkurs! Wir haben uns über viele Seiten und Kapitel hinweg mit Spiritualität befasst, mit ihren verschiedenen Facetten, mit theoretischen Hintergründen und realen Erfahrungen. Und mit dem, was all diese Facetten, Theorien und Erfahrungen eint: dem Erwachen der Seele und damit dem Übergang zu einem neuen Bewusstsein und dem Entdecken einer neuen Welt.

So fanden wir, dass Spiritualität eine Wende des Bewusstseins nach innen meint, hin zu etwas, das größer ist als das menschliche Ich. Denn nur dort, im Innern, lässt sich die Seele finden, die uns von da an zu immer höheren Wirklichkeiten und der unwandelbaren letzten Wahrheit führt.

Das Erwachen der Seele – oder unser Erwachen in ihr – ist etwas Einzigartiges, Wundervolles und ganz gewiss das größte Abenteuer, das es für uns Menschen gibt. Diesen spirituellen Weg zu beschreiten, ist jedoch keineswegs leicht. Er führt uns auf freundliche Lichtungen, sonnige Gipfel, aber auch durch schattige Täler und bis an den Rand so manchen Abgrunds. Aber auch hierbei gibt es keinen besseren Lotsen als unsere Seele selbst. Sie ist der Leuchtturm, der uns den Weg weist durch manch stürmische See, damit unser so fragiles menschliches Boot nicht an den schroffen Felsen des Lebens zerschellt.

Wir fanden zudem, dass die Evolution des Bewusstseins mit der Spezies Mensch noch nicht an ihrem Ende angekommen ist, sondern weiterschreitet. Spiritualität – zumindest eine zeitgemäße – bedeutet somit auch den Übergang von einem mentalen zu einem integralen oder spirituellen Bewusstsein, der sich derzeit nicht nur in immer mehr einzelnen Menschen, sondern auf der gesamten Erde vollzieht.

Die ganze Erde erwacht – ein neues Zeitalter dämmert herauf! Ein spirituelles Bewusstsein führt zu einem spirituellen Leben in einer spirituellen Welt. Und dort gibt es auch keine Spaltung mehr: in Subjekt und Objekt, Ich und Du, Innen und Außen oder Seele und Welt. Die Welt der Gegensätze ist noch die Welt, wie das Ich sie sieht. Die Seele hingegen begreift und erfährt alles als eines, als Einheit, die jegliche Dualität transzendiert.

Erlebt man diesen Übergang vom Ich zur Seele an sich selbst, wird man nicht nur selbst transparent, sondern auch die Welt ringsumher. So gelangen Mensch und Erde zu ihrer göttlichen Vollendung.

Und während es vom mentalen Bewusstsein aus betrachtet noch so erscheint, als würden wir durch die Umstände und Ereignisse des Lebens geformt, erkennen wir aus einem spirituellen Bewusstsein heraus, dass in Wirklichkeit wir selbst es sind, die unser Leben gestalten, vielmehr Gott durch uns, nach *Seinem Willen.*

Geben wir uns Ihm in Liebe und in Freude hin, dann bringt sich Gott durch uns zur Erfüllung – und *einzig das* ist FREIHEIT!

Quellenangaben

1 Mirra Alfassa: Gespräche 1957. Mirapuri-Verlag, Planegg 1989, S.153
2 Sri Aurobindo: Savitri. Sri Aurobindo Ashram Trust, Pondicherry/Indien 2005. S.699
3 Sri Aurobindo: Das Göttliche Leben Band 1. Hinder + Deelmann, Gladenbach 1991, S.58
4 Sri Aurobindo: Das Göttliche Leben Band 1, Hinder + Deelmann, Gladenbach 1991, S.221
5 Joel S. Goldsmith: Der Donner der Stille. Heinrich Schwab Verlag, Argenbühl-Eglofstal, 4.Auflage 2012, S.55
6 Sri Aurobindo: Die Synthese des Yoga. Hinder + Deelmann, Gladenbach 1976. S.455
7 zit. n.: Müller, Lutz & Walch, Gerhard M. (Hrsg.). Erich Neumann: Die Bedeutung des Erdarchetyps für die Neuzeit, Opus Magnum, Stuttgart 2005, S.26
8 Ebd., S.16
9 Ebd., S.6
10 Ebd., S.10
11 Ebd., S.26
12 Sri Aurobindo: Savitri. Sri Aurobindo Ashram Trust, Pondicherry/Indien 2005, S.510
13 Sri Aurobindo: Das Abenteuer des Denkens. Patmos Verlag, Düsseldorf 1986, S.49
14 Sri Aurobindo: Die Synthese des Yoga. Hinder + Deelmann, Gladenbach 1976. S.122
15 Sri Aurobindo: Savitri. Sri Aurobindo Ashram Trust, Pondicherry/Indien 2005, S.444
16 Friedrich Weinreb: Der Weg durch den Tempel. Thauros Verlag, Weiler im Allgäu 2000, S.76 (mit freundlicher Genehmigung der Friedrich Weinreb Stiftung in Winterthur, Schweiz)
17 Sri Aurobindo: Savitri. Sri Aurobindo Ashram Trust, Pondicherry/Indien 2005, S. 281
18 Sri Aurobindo: Die Synthese des Yoga. Hinder + Deelmann, Gladenbach 1976, S.116
19 Sri Aurobindo: Essays über die Gita. Hinder + Deelmann, Gladenbach 1992, S.122
20 Sri Aurobindo: Synthese des Yoga. Hinder + Deelmann, Gladenbach 1976, S.120
21 Sri Aurobindo: Das Göttliche Leben Band 2/1. Hinder + Deelmann, Gladenbach 1991, S.62

22 Inspiriert von: Israel Kamakawiwoʻole: „wind beneath my wings“ (Liedtext)
23 Sri Aurobindo: Savitri. Sri Aurobindo Ashram Trust, Pondicherry/Indien 2005, S.34
24 Ebd., S.194
25 Sri Aurobindo: Die Mutter, Sri Aurobindo Ashram Trust, Pondicherry/Indien 2014, S.25
26 Sri Aurobindo: Savitri. Sri Aurobindo Ashram Trust, Pondicherry/Indien 2005, S.298
27 Ebd., S.24

Bibliografie

Alfassa, Mirra: Gespräche 1957. Mirapuri-Verlag, Planegg 1989

Eckstein, Kiu: Kundalini-Erfahrungen. Aquamarin Verlag, Grafing 2008

Die Bibel. Einheitsübersetzung. Verlag Katholisches Bibelwerk, Stuttgart 1999

Harari, Yuval Noah: Eine kurze Geschichte der Menschheit. Penguin Verlag, München

Müller, Lutz: Suche nach dem Zauberwort. Kreuz Verlag, Stuttgart 1986

Müller, Lutz & Walch, Gerhard. Erich Neumann: Die Bedeutung des Erdarchetyps für die Neuzeit. Opus Magnum, Stuttgart 2005

Satprem: Sri Aurobindo oder das Abenteuer des Bewusstseins. Hinder + Deelmann, Gladenbach 1998

Sri Aurobindo: Das Abenteuer des Denkens. Patmos Verlag, Düsseldorf 1986

Sri Aurobindo: Das Göttliche Leben. Hinder + Deelmann, Gladenbach 1991

Sri Aurobindo: Das Rätsel dieser Welt. Sri Aurobindo Ashram Trust, Pondicherry/Indien 1977

Sri Aurobindo: Die Mutter. Sri Aurobindo Ashram Trust, Pondicherry/Indien 2014

Sri Aurobindo: Die Synthese des Yoga. Hinder + Deelmann, Gladenbach 1976

Sri Aurobindo: Essays über die Gita. Hinder + Deelmann, Gladenbach 1992

Weinreb, Friedrich: Der Weg durch den Tempel. Aufstieg und Rückkehr des Menschen, Thauros Verlag, Weiler im Allgäu 1990

Über die Autorin

Yvonne Ferger, 1960 in Mainz geboren, ist Diplom-Psychologin, approbierte Psychotherapeutin und Autorin.

Ihr spiritueller Hintergrund ist der Integrale Yoga Sri Aurobindos, des großen indischen Weisen und bedeutendsten Wegbereiters des neuen Bewusstseins, sowie The Infinite Way des amerikanischen Mystikers Joel S. Goldsmith.

Seit 2020 veröffentlicht sie regelmäßig in dem spirituellen Magazin „Visionen", weitere Veröffentlichungen in der Yogazeitschrift „Yoga aktuell" und der christlichen Zeitschrift „Der Pilger".

Heute lebt sie in Süddeutschland.

POMASKA-BRAND VERLAG
Edition »fabrica libri«
Holthausen 1 · 58579 Schalksmühle
Tel. 02355-903339
5-23 E-mail: info@pomaska-brand-verlag.de
www.pomaska-brand-verlag.de